仕事と介護の両立に悩んだとき読む本

山川 仁
Hitoshi Yamakawa

日本能率協会マネジメントセンター

まえがき

2012年の総務省統計局「就業構造基本調査」によると、2011年10月～2012年9月までの一年間に介護や看護を理由に離職あるいは転職した人は10万人[※1]を超えたことがわかりました。ただし、当時（2012年）の要介護認定者（要支援1～要介護5）が約560万人[※2]いたことから考えると、仕事と介護を両立しながら働いている方々はたくさんいることがわかります。

図版0-1　男女、現在の就業状態、前職の離職時期別介護・看護により前職を離職した15歳以上人口（平成14～24年）

（千人）

男女／現在の就業状態 ＼ 前職の離職時期	平成19年10月～24年９月 総数	平成23年10月～24年９月	平成22年10月～23年９月	平成21年10月～22年９月	平成20年10月～21年９月	平成19年10月～20年９月	平成14年10月～19年９月	平成９年10月～14年９月
介護・看護により前職を離職した者　総数	486.9	101.1	84.2	98.6	81.9	88.5	567.7	524.4
有業者	123.2	17.8	21.5	23.9	24.8	27.1	163.5	143.5
無業者	363.7	83.3	62.7	74.6	57.1	61.4	404.2	381.0
男	97.9	19.9	18.4	20.9	16.1	17.1	100.9	77.8
有業者	27.6	3.4	5.1	5.1	6.4	6.5	36.5	27.1
無業者	70.3	16.5	13.3	15.8	9.7	10.6	64.4	50.7
女	389.0	81.2	65.9	77.7	65.7	71.5	466.8	446.7
有業者	95.6	14.4	16.4	18.8	18.3	20.6	127.0	116.4
無業者	293.4	66.8	49.5	58.8	47.4	50.9	339.8	330.3

※１出典：総務省統計局「平成24年就業構造基本調査」P73　表Ⅱ－２－14参照。
http://www.stat.go.jp/data/shugyou/2012/pdf/kgaiyou.pdf

図版0-2　要介護(要支援)認定者数（平成24年度末現在）

（単位：人）

区　分	要支援1	要支援2	要介護1	要介護2	要介護3	要介護4	要介護5	合計
第1号被保険者	751,030	744,238	1,020,244	955,953	721,746	673,602	590,271	5,457,084
65歳以上75歳未満	106,140	107,005	122,818	124,834	84,094	71,807	69,011	685,709
75歳以上	644,890	637,233	897,426	831,119	637,652	601,795	521,260	4,771,375
第2号被保険者	13,030	21,328	25,372	33,444	21,530	18,147	21,015	153,866
総　数	764,060	765,566	1,045,616	989,397	743,276	691,749	611,286	5,610,950

※２出典：　厚生労働省「平成24年度　介護保険事業状況報告（年報）」P2　表4参照。
https://www.mhlw.go.jp/topics/kaigo/osirase/jigyo/12/dl/h24_zenkokukei.pdf

実際、2000年に介護保険制度が施行され、親の介護を経験した人がまわりにいるというケースはそれほど珍しいことではなくなりました。とは言え、目の前の親が特別に問題なく日常生活を過ごしていれば、「ウチの家庭には関係のないことだろう」と思ってしまうのではないでしょうか。

私は2004年から北九州市内でさまざまな介護相談に対応していますが、その経験がなければ親の介護については、何か問題が発生するまで気にも留めなかったかもしれません。なぜなら、介護の仕事をしていなければ、親が認知症を患ったり、脳梗塞などで倒れたりすると「日常生活がどのような状況に変わってしまうのか」ということ自体が想像できないからです。ましてや自身の仕事や私生活のことで精一杯の現代社会では、なかなか親の生活まで気が回らないのも仕方がないともいえます。

しかしながら、そうした状況でも強制的に訪れるのが親の介護問題です。当然、子供の立場として「親がどうなろうと私には関係がない」などと言うことはできません。そして、子供の出産とは違い、その時期を選ぶことはできませんし、どのような介護が必要になるかもわからないのです。

実際に同じ介護でもその内容は人それぞれで千差万別です。たとえば、子供が仕事に行っている間、デイサービスや訪問介護サービスなどを利用して日中を安全に過ごすことができるのであれば、家族はそれほど心配する必要はありません。その一方で、介護サービスが上手く活用できずに仕事と介護の両立で行き詰まってしまう人がいます。

では、一体どういったことが介護者である子供を悩ませてしまうのでしょうか？　その原因の一つに「子供の意向に沿った介護サービスを親が受け入れてくれない」ということがあります。

たとえば、親を自宅で一人にしておけないため、デイサービスの利用を勧めるが「頑なに拒まれてしまう」ということになれば、在宅の介護サービスは何の役にも立ちません。必要とするサービスを親が利用してくれることで、はじめて子供は安心して仕事に打ち込めるのです。

2007年に日本は超高齢社会に突入しました。当時は生産年齢人口（15

〜64歳）が8,301万5千人[※3]いましたが、2017年10月1日時点では7,596万2千人[※4]まで減少しています。反対に老年人口（65歳以上）はというと2007年が2,746万4千人だったのに対し、2017年には3,515万2千人まで増加しているのです。

つまり、この10年で働ける人口は約705万人減り、介護を受ける可能性がある老年人口は約769万人増えたことになります。これからも老年人口は増加傾向が続き、2042年に3,935万人[※5]でピークを迎え、その後は減少に転じると推計されています。

こうしたことから、ここ数十年にわたって介護の問題は家族一人ひとりに重くのしかかってくることが予想されます。実際、私のところに相談にくる人は仕事と介護を両立されている方々ばかりです。中には、両立が難しくて働く時間を短くしたり、転職したりする人などもいました。

そうしたとき、私も間接的ではありますが相談者の仕事の状況を考えながらアドバイスしていましたし、その内容で相談者の問題解決ができなければ、介護離職につながる恐れもあったのです。

ただ、実際には親の介護が必要になった人は皆、「仕事と介護の両立が難しくなるのか？」というと、決してそのようなことはありませんでした。実は仕事を続けることが難しくなるパターンは決まっているのです。そこで本書では、仕事と介護が難しくなる事例を基に「さまざまなところで働く人々に必要な知識と心構え」という内容に絞ってお伝えしていきたいと思います。

※3　総務省統計局「平成19年10月1日現在推計人口」参照。http://www.stat.go.jp/data/jinsui/pdf/2007-2.pdf）
※4　総務省統計局「平成29年10月1日現在推計人口」参照。
https://www.stat.go.jp/data/jinsui/2017np/pdf/gaiyou2.pdf
※5　内閣府「高齢化の状況」参照。
http://www8.cao.go.jp/kourei/whitepaper/w-2017/html/zenbun/s1_1_1.html

第1章

仕事と介護の両立が難しくなる３つのパターン

1 介護サービスを上手に活用することができない

子供が親の介護をするということは、そう何度も経験するものではありません。

いざ介護をするという場面に遭遇するとしても、対象となるのは自分の親、もしくは配偶者の親だけになる場合がほとんどです。

とは言え、最初に子供が親の介護場面に直面する場合には、実際は父親、母親のどちらかが先に介護状態（要介護者）となっており、もう一人の介護状態ではない親（介護者）が「介護」の役割を担っています。したがって、子供自身は介護をしている親を「サポートする役割」を果たすことになります。たとえば、定期的な病院受診の送り迎えや介護保険の申請代行などです。

このような状況下では子供が「仕事と介護の両立が難しい」と思うことはありません。なぜなら、日常的に必要な介護や見守りは介護者である親が担っているからです。さらにその親の多くは定年を迎えており、介護をする時間は充分にある場合がほとんどです。そのため、現役で働いている子供も日中は安心して仕事に取り組めるのです。

ただ、その両親のうち一方が配偶者を介護するという状況も、いつかは終わりを迎え、二人いた親もやがて介護者一人になる時期がやってきます。中には、介護者が脳出血などで倒れて要介護者が残されるというケースもあります。介護者が残された場合は、まだ本人も元気であることが多く、子供がすぐに介護をしなければならないというわけではありません。しかし、人生の最期を迎えた要介護者の介護から解放されたとき、残された親は喪失感を伴います。実際、その介護が大変であればあるほど、この喪失感も大きくなるようです。

多くの場合はそうした気持ちの状態も時間が経つことにより、少しずつ薄れていきますが、中にはそのまま一気にふさぎ込んでしまう人もいます。その結果、元気だった親が配偶者の死をきっかけにして、そのまま要介護状態になってしまうのです。そのような状態になってしまうと、介護が必要になった親の生活を誰が支援するのでしょうか？　もちろん、その役割を果たすのは子供になります。

しかし、突然の出来事に子供は、「どのような支援が親に必要なのか？」ということがわかりません。なぜなら、それまでは親に介護を任せていたため、子供が中心になって介護をした経験がないからです。

実際には子供が親と同居しているケースと別々に暮らしているケースでは支援方法も異なります。

同居しているケースでは、親の心身の状況を毎日見ているため、子供が支援方法で迷うことは少ないです。反対に別々に暮らしているケースでは、親の小さな変化に気づくことはできません。そのため、親の心身の状態が悪化したときに慌てて対応することが多くなるのです。

しかしながら、親の生活に支援が必要になったからといって、すぐに「親と同居しよう」と簡単に決められるわけではありません。やはり、親と子供、それぞれに同居をしていない理由があるからです。そこで今回は、一人暮らしの親が介護状態になったときのケースに焦点をあてて説明していきたいと思います。

親が介護サービスを受けられる状態なのかがわからない

ある日突然、自分の身に降りかかってくる介護に子供は戸惑います。「脳梗塞で倒れた父親に半身マヒが残ってしまった」「冷蔵庫の中に腐った食材がたくさんある」「薬の飲み忘れや飲みすぎが頻繁になってきた」など、一人で生活していながらも元気に過ごしていた親に異変が起こり、子供は慌てて対応することになります。

たとえば、脳梗塞で倒れた父親の退院後の支援であれば、家族も対応方法がイメージしやすいのではないでしょうか。

脳梗塞の後遺症で“一人で歩けない”というような状態になってしまった場合、家族は「親一人を自宅にそのまま帰すわけにはいかない」と考えるはずです。また、そのような状態になった親自身も「今までのような生活はできない」と感じています。こうしたことから、退院後の選択肢としては「子供と同居をする」「親を老人ホームに預ける」といった内容になります。

その一方で、一人暮らしの親が食材や薬を管理することができなくなった場合はどうなってしまうのでしょうか？　ただ単に食材や薬の管理ができていないことを親に指摘するだけでは、その問題を解決することはできません。なぜなら、親自身は子供が感じている以上に「今の状況を改善しなければならない」とは思っていないからです。むしろ、家族の指摘の仕方によっては親の反発を招くだけです。

また、問題の捉え方の違いではなく、認知症の進行によって「食材や薬の管理ができていない」という場合もあります。その時は、子供が親にどのような説明をしても問題を解決することはできません。そこで、子供の介入が必要になってくるのです。

子供が実家の近くに住んでいるのであれば、まずは実家に頻繁に通うことになります。そして、冷蔵庫の食材を管理したり、薬の飲み忘れなどをチェックしたりすることで親の生活状況を改善することができます。

反対に実家は地方にあるが、子供は都心で暮らしているといった場合はどうすればよいのでしょうか。このような状況では、親の日々の生活を子供が支えるというのは、現実的には不可能です。なぜなら、食材については家族が週に2，3回訪問することで管理することはできますが、薬の管理については、毎日のようにチェックしなければならないからです。

そのため、まず子供は「親を都心に呼び寄せる」「子供が実家に帰る」のどちらかを検討するようになります。

しかしながら、親が今の生活状況に問題があるということを感じていなければ、都心に移ろうとは考えてくれません。ましてや、高齢になった親が慣れ親しんだ地域を離れて、新しい環境で生活をするということは、精神的にも体力的にも大きな負担を与えることになります。

では、子供が実家に帰ることで問題は解決するのでしょうか。それも現実的な話ではありません。一般的には介護が必要になるのは80歳を超えてからになります。そうすると必然的に子供の年齢は40代、もしくは50代になるのです。このような年代の方は責任のある仕事を任されており、親の介護をしながら与えられた仕事をこなすことは難しいという人も多いのではないでしょうか。ですので、実家に帰るということは「今の仕事を辞める」ということにつながってしまうのです。中には、転勤という形で親元に戻れるケースもありますが、そのような人はほんの一握りです。

そこで、次に「介護保険を利用する」という選択肢が出てきます。ただ、実際には介護保険にはどのようなサービスがあるのかをきちんと理解している人はほとんどいません。なぜなら、普通に生活していく上では介護保険制度をきちんと理解しておく必要はないからです。

親が交通事故や心筋梗塞などで急死するようなことがない限り、いずれ子供は親の介護を経験することになります。ただ、子供としては親に対して「いつまでも元気でいてほしい」と願っているものです。したがって、必要でもないのに積極的に介護のことを学ぼうとする機会はほとんどないのではないでしょうか。

こうしたことから、離れて暮らす親に支援が必要な状態になっていることがわかった時点では、介護保険のことをまったく知らないという人が多くなるのです。また、介護保険というネーミングから、主なサービス内容として“排せつ”や“食事”の介助などをイメージしている人は少なくありません。そのため、まだ普通に身体が動く親が介護サービスを利用できるとは思わないのです。

●介護保険の利用方法がわからない

親は普通に身体を動かすことができるので、「介護サービスを利用することはできないのではないか？」とは思っていながらも、認知症の進行で一人暮らしの親の生活が乱れてくると、子供も「この状況であれば介護サービスを利用することはできるだろう」と考えるようになります。

ただ、医療保険とは違い、介護保険制度は毎月の保険料を支払っていれば、すぐに使えるサービスではありません。そのため、利用方法がわからずに立ち止まってしまう人が多いのです。いよいよどうしようもなくなったときは、子供も役所やかかりつけ医などに相談に行きます。ただ、「自分が頑張れば何とかなる」と思える状況であれば、はじめてのことで慣れない手続きをどうしても後回しにしてしまうのです。

ここでは簡単に説明しますが、介護サービスを利用するためには、まず親の住民票がある市区町村の役所に要介護認定の申請を行う必要があります。一般的には介護サービスを利用する親が申請手続きを一人で行うことは困難であるため、家族（主に子）が代行するケースが多いです。中には、家族が実家と離れた場所で仕事をしているため、「平日だとすぐには申請に行くことができない」という方もいます。このようなときは、家族に代わって“地域包括支援センター”や“居宅介護支援事業所”のケアマネジャーなどに代行申請を依頼することも可能です。

ただ申請をする時点では、「主治医を誰にお願いするのか」を決めておかなければなりません。中には、普段から受診している病院がないため、主治医選びで苦労される方も多くいます。そして、申請をした後は、市区町村の担当者が本人（親）の生活状況などを確認するための訪問調査が行われますが、はじめは家族もどのように対応してよいのかがわかりません。このように、介護申請を行うだけでも家族が戸惑うポイントはいくつかあります。

【介護申請の流れ】

①主治医を決める

≪主治医選びのポイント≫

・心身機能の低下に最も影響を及ぼしている疾病を診てくれている医師にお願いする（認知症、脳梗塞など）

・介護が必要な親や家族の話をきちんと聞いてくれる医師にお願いする

・主治医には介護保険の申請をすることを事前に伝えておく

②役所に介護保険の申請書を提出する

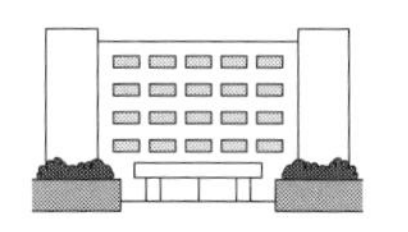

≪介護申請のポイント≫

・申請書の提出は本人や家族だけでなく、ケアマネジャー等が申請手続きを代行することができる
・申請書に添えて提出する"介護保険被保険者証"を紛失した場合は、介護申請と同時に再発行の手続きもできる

③訪問調査を受ける際に気をつけること

≪訪問調査のポイント≫

・はじめての訪問調査のときは、家族は仕事を休んででも立ち会うようにする
・認定調査票の内容を事前に確認して、本人（親）の状態が適切に調査員に伝えることができるようにする
・本人が困っていること、家族が困っていることを事前に整理しておき、調査員にきちんと伝える

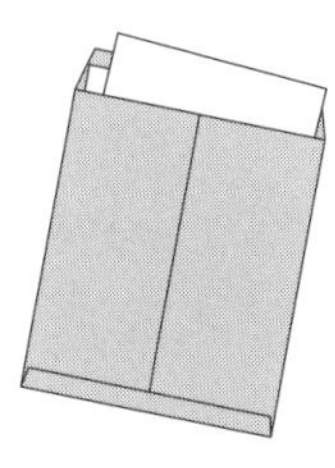

申請から1～2ヶ月後に認定結果の通知が本人のご自宅に届きます

とは言え、介護申請についてはわからないなりにも、何とか手続きを進めることはできます。しかし、それ以上に大変なのは、依頼する介護事業所選びです。要介護認定がおりるまでは基本的に誰もが同じ流れになりますが、それ以降は利用者ごとで異なります。

たとえば、日帰りで施設に通い、食事や入浴など日常生活上の介護や機能訓練（リハビリ）等を受けることができるデイサービスの利用でも、親に利用する意思があるかないかで進め方を変えなければなりません。子供の立場として「デイサービスの利用は親のため」と思っていても、本人に利用する意思がなければデイサービスに通わせることはできないのです。こうした気持ちのすれ違いも介護をする家族を悩ます原因につながっています。

中には、何度も足を運ばせて家族の代わりに親を説得してデイサービスの利用まで導いてくれる事業所もあります。しかしながら、そのように粘り強く対応してくれる事業所を探すのは家族の努力次第です。

たとえ要介護認定がおりていたとしても、依頼する事業所選びが間違っていれば、介護保険が有効に活用できないこともあるのです。

こうしたことから、介護保険を利用するためには、事業所選びが最も重要であると私は考えています。

親の介護を他人に任せてよいのかを迷っている

介護サービスを利用すれば「自分の生活が楽になる」とは思うものの、他人に親の介護を任せるのは「子供の立場として本当にいいのだろうか？」と悩んでしまうものです。

2000年４月に介護保険制度が施行され、介護サービスの利用者は年々増えていますが、基本的には“親がどのような状況になったら介護サービスを利用しましょう”というような判断基準はありません。

あくまで利用者本人、もしくはその家族が介護サービスの必要性を感じたときにはじめて利用するものです。そのため、寝たきりになった親を家族だけで介護する家庭もありますし、身体的な介助が必要ではなくても、介護予防のためにリハビリサービスを利用する家庭もあります。実際、そうした状況であることは介護保険を利用したことがない人にはわからないことです。また介護のことについては家庭の複雑な事情まで話す必要もあるため、知り合いにはなかなか相談しにくいものです。こうしたことから、親の介護に限界を感じるまで家族は頑張ってしまうのです。

では、その限界とはどの時点をさすのでしょうか？

これは介護をする家族が決めることです。たとえば、親が脳梗塞の後遺症で自力歩行が困難になってしまったのであれば、「家族の介護だけでは乗り切れない」と判断しやすいかもしれません。その一方で、少しずつ身体機能や判断能力が低下していく場合は、その見極めが非常に困難です。なぜなら、子供から介護を受けている親は、日常生活にあまり不安を感じていないからです。そのため、親の方から「子供の負担を軽減するために介護サービスを利用しよう」と言い出すことはそう多くはありません。

そうなると、介護サービスの導入の話を切り出すのは、子供の方からになります。つまり、介護サービスの必要性を感じていない親に利用を勧めることになるのです。

このようなとき、親はどのような受け答えをするのでしょうか？

中には、「これ以上は子供に迷惑もかけられない」と考えて、すんなり受け入れてくれる人もいるでしょう。しかしながら、多くの場合は「年寄りが受けるようなサービスは使いたくない」という反応が返ってきます。

そうなると嫌がる親に対して何度も説得することが苦痛になってくるのです。その結果、親の介護を他人に任せようとしている自分を責めるようになり、状況によっては転職などを考えるようになるのです。

2 親の介護を理由にして仕事を休めるような状況ではない

平成21年度厚生労働省委託調査「仕事と介護の両立に関する実態把握のための調査」によると、介護期間中に仕事を辞めた経験がある者の勤務先を辞めたきっかけ上位5位は次のとおりになります。

■当該家族の介護をきっかけとしておおむね過去5年以内に仕事を辞め、現在は仕事に就いている者（＝転職者）

1位　当時の勤務先では労働時間が長かったため（46.3%）

2位　当時の勤務先では出社・退社時刻を自分の都合で変えることができなかったため（44.9%）

3位　当時の勤務先では介護休業を取得することができなかった／取得しづらかったため（30.1%）

4位　当時の勤務先では在宅勤務を行うことができなかったため（22.5%）

5位　自分の意思で介護に専念しようと思ったため（18.9%）

■当該家族の介護をきっかけとしておおむね過去5年以内に仕事を辞め、現在は仕事に就いていない者（＝離職者）

1位　自分の意思で介護に専念しようと思ったため（40.3%）

2位　当時の勤務先では介護休業を取得することができなかった／取得しづらかったため（27.5%）

3位　当時の勤務先では出社・退社時刻を自分の都合で変えることができなかったため（26.1%）

4位　当時の勤務先では在宅勤務を行うことができなかったため（23.0%）
5位　当時の勤務先では労働時間が長かったため（22.0%）

図版1-1　介護期間中に仕事を辞めた経験があるものの、勤務先を辞めたきっかけ（すべて）

（在職者G-転職組・離職者Gのみの設問）

在職者G-転職組	合計(n)	当時の勤務先では労働時間が長かったため	当時の勤務先では出社・退社時刻を自分の都合で変えることができなかったため	当時の勤務先では介護休業を取得することができなかった／取得しづらかったため	当時の勤務先では在宅勤務を行うことができなかったため	自分の意思で介護に専念しようと思ったため	仕事と介護の両立がむずかしかったためではない	非該当
	815	46.3%	44.9%	30.1%	22.5%	18.9%	12.9%	109

離職者G	合計(n)	自分の意思で介護に専念しようと思ったため	当時の勤務先では介護休業を取得することができなかった／取得しづらかったため	当時の勤務先では出社・退社時刻を自分の都合で変えることができなかったため	当時の勤務先では在宅勤務を行うことができなかったため	当時の勤務先では労働時間が長かったため	仕事と介護の両立がむずかしかったためではない	非該当
	949	40.3%	27.5%	26.1%	23.0%	22.0%	7.6%	0

出典：平成21年度厚生労働省委託調査　仕事と介護の両立に関する実態把握のための調査結果について（調査結果のポイント　P13下部表を参照）
http://www.mhlw.go.jp/bunya/koyoukintou/shigoto_kaigo/

この調査から転職者や離職者が仕事を辞めた主な理由としては「労働時間の長さや働く時間帯を変えることができなかった」という内容のものが多いことがわかります。

ただ、実際には労働時間を短くしたり、働く時間帯を変更したりするだけで「親の介護問題が解決するのか」というと必ずしもそうではありません。親の突発的な体調不良に対応したり、認知症の進行で常に見守りが必要になったりするからです。そこでこの節では、親の介護と仕事の両立を困難にする3つの状況について説明していきたいと思います。

そもそも近くに親が住んでいない

親の介護と仕事の両立方法を検討する際によく比較されるのが、育児と仕事の両立になりますが、介護と育児で異なる点は「介護が必要になった親と子供が一緒に暮らしていない場合がある」ということです。育児の場合、一人では自立した生活ができない子供が親と同居していないケースはほとんどありませんが、核家族化が進んだ日本では介護が必要になった親と子供の同居は大幅に減少しています。

図版1-2 「家族形態別にみた65歳以上の高齢者の割合」

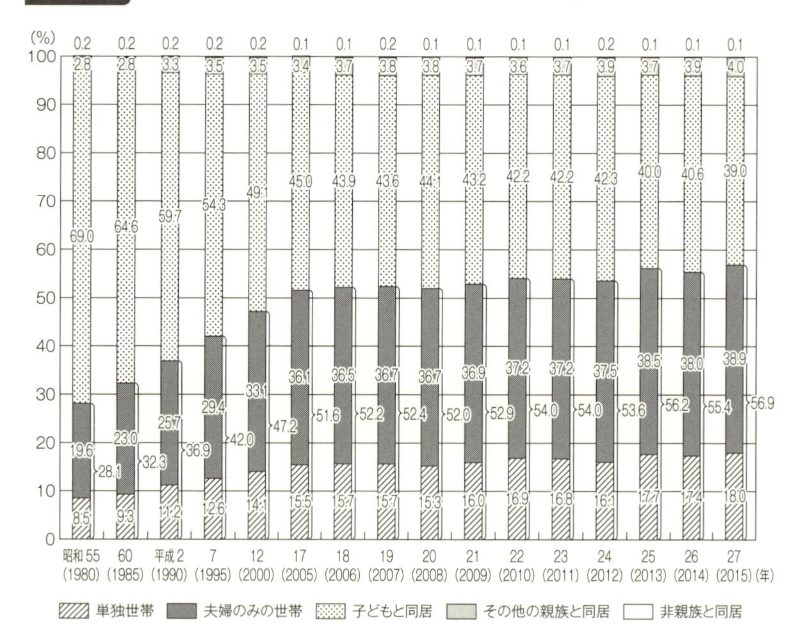

資料：昭和60年以前は厚生省「厚生行政基礎調査」、昭和61年以降は厚生労働省（厚生省）「国民生活基礎調査」
（注）平成7年の数値は兵庫県を除いたもの、平成23年の数値は岩手県、宮城県及び福島県を除いたもの、平成24年の数値は福島県を除いたものである。

出典：平成29年版高齢社会白書（全体版）「1高齢者の家族と世帯」図1－2－1－2「家族形態別にみた65歳以上の高齢者の割合」
http://www8.cao.go.jp/kourei/whitepaper/w-2017/html/zenbun/s1_2_1.html

平成29年版高齢社会白書（全体版）「1 高齢者の家族と世帯」の報告では、65歳以上の高齢者と子供との同居率をみると、昭和55年にほぼ7割であったものが、平成27年には39.0％となっています。その一方で単独世帯又は夫婦のみの者については、昭和55年には合わせて3割弱であったものが、平成27年には56.9％まで増加しているのです。

そうした中で実際に仕事と介護の両立が難しくなるのは「親と子供が別々に暮らしている」というケースが多いです。ただ別々に暮らしていても、歩いて通える距離に親の実家があるのであれば問題ありませんが、頻繁に通えないようなところに親が住んでいると子供が日常生活の支援をするのは非常に難しくなります。

とは言え、子供の自宅と離れた場所で一人暮らしをしている親が自立した生活が送れなくなったとしても、在宅の介護サービスを利用することで無事に過ごせるのであれば問題はありません。その一方で、下半身の筋力低下から自宅内でもふらつくようになったり、認知症の進行でお金や服薬の管理ができなくなったりすると在宅の介護サービスだけで一人暮らしを継続することは困難になります。

そのような状況になると、今の仕事を継続するために子供は「親との同居」や「近くに親を呼び寄せる」ということを検討することになりますが、どちらにしてもそう簡単に実行できるわけではありません。

そもそも高齢になった親は慣れ親しんだ土地を離れることを嫌がる傾向にあります。やはり、高齢者にとって長年住み慣れた自宅を手放したり、親しい友人と離れ離れになったりすることは体力的にも精神的にも大きな負担になるのです。

しかしながら、こうした負担を親にかけさせないために親が住んでいる地域に子供が引越しをするということも現実的には難しいことです。なぜなら、親の介護を理由にしてスムーズに転勤することができればよいのですが、親の住んでいる地域に勤務先の会社の拠点があるというケースはほとんどないからです。また転勤希望を出したからといっても、すぐにその希望が通るとは限りません。

そのため、多くの場合は子供が暮らしている地域に親を呼び寄せることが大前提になります。実際、そこで親を説得することができれば、身近にいるという安心感から子供の不安は少しずつ解消されます。

その一方で、親を説得できなかった場合はどうなるのでしょうか？ 離れた地域で一人暮らしをしている親の生活状況が気になり、仕事がだんだん手につかなくなってしまうのです。そして心配事が増えるだけではなく、実際に「親が外出先で転倒して救急車で運ばれた」「認知症が進行してご近所の方に迷惑をかけるようになった」というような出来事が起こってしまうといよいよ仕事どころではなくなります。

しかしながら、離れて暮らしている親に子供が支援できることは本当に限られています。こうしたことから、為す術がなくなった子供は「親を実家の近くにある老人ホームに預けるのか？」もしくは、今の仕事の継続を断念して「親の住んでいる地域で再就職をするのか？」というような決断を迫られるのです。

親の介護はしたいが仕事も休みたくない

なぜ、仕事と親の介護の両立は難しいと考えられているのでしょうか。その理由としては「どちらも大切なことであるため、優先順位が決めにくい」ということが挙げられます。

たとえば、脳梗塞の後遺症で体にマヒが残ってしまい、転倒のリスクが高い親の介護のケースで考えてみましょう。この場合、一人では動けないような親が自宅にいるにも関わらず「仕事が終わってから介護をすればいい」というような選択を果たして実行できるのかということです。

親の身体の状態によっては、子供が仕事から帰るのを待つことができる場合もあるでしょう。しかしながら、常に見守りや介助が必要な状況の高齢者を介護するためには子供や介護スタッフがいつでも素早く対応できるような体制を整えておかなければなりません。

では、その「いつでも素早く対応できる体制」というのは、一体どのようなものなのでしょうか？　それは緊急時に「いつでも駆けつけられる場所に介護者（子供）がいる」ということです。もっと具体的に説明すると、子供は「いつも親のそばにいなければならない」というようなことを意味しています。

こうした体制を整えながら、いつも通りの仕事をこなすということは現実的には非常に困難です。そのため、親の介護を優先するということは、仕事を続けることができない状況を招いてしまうのです。

反対に次は仕事を優先するとどうなるのかについて考えてみたいと思います。たとえば、親が自宅で倒れて子供の助けを必要としていたとしても、仕事が終わるまで待ってもらえばよいのでしょうか？　どう考えても大切な親に対してそのような対応はできませんよね。やはり、どのような状況だったとしても仕事を中断して親のもとに駆けつけなければならないのです。

ただ、読者であるあなたは親の介護と同様に現在の仕事も「きちんとこなしたい」と思われているはずです。実際に親の介護に携わることになると、あなたが思っているような働き方ができなくなる可能性は高まります。

今では、仕事と介護の両立のために介護休業制度を整えたり、勤務時間の短縮などに柔軟に対応したりする企業も増えてきています。これは、親を介護する子供にとって本当にありがたいことです。

しかしながら、親の介護で仕事を休んだり、働く時間を短くしたりすると子供が受け持っている仕事の進行状況や目標の達成度合いはどうなるのでしょうか？　仕事にかけられる時間が減るということがあなたの仕事の遅れにもつながってしまいます。さらには顧客と約束した納期に間に合わせるために無理が生じてしまい、仕事のミスを誘発させる可能性もあるのです。

このような状況で親の介護だけでなく、仕事もきちんとこなしたいと考えている人（子供）が、仕事で納得のいく成果を出すことはできるのでしょうか？　現実的には少なくとも親の介護か仕事のどちらかを疎かにすることになります。この板挟みの状況が介護をする子供を悩ませる原因につながっているのです。

親の介護をすることで同僚に迷惑をかけたくない

親の介護といっても、その内容や捉え方はさまざまです。まず多くの方がイメージするのは「一人では動けなくなった高齢者の入浴介助やオムツ交換」などになりますが、身体機能が低下した高齢者の買い物の付き添いや調理の支援などを介護と捉える人もいます。

その他にも2000年に介護保険制度が施行されてからは「介護認定を受けた親の生活を支えている」という状況が、子供にとっての“親の介護が始まった”と捉える判断基準になっている場合もあります。

このように一口に介護といっても、その内容は人それぞれですが、仕事と介護の両立が難しくなってくるのは仕事をしている時間帯と介護をしなければならない時間帯が重なってくるときです。

たとえば、入浴介助が必要になった高齢者でもトイレには一人で行けるということであれば、介護と仕事との両立はそれほど難しくはありません。なぜなら、子供が仕事で日中外出していたとしても、親は一人で過ごすことができるからです。そして入浴の介助だけであれば、仕事から帰った後でも問題ありません。

その一方で入浴だけではなく、トイレの介助も必要になったときは状況が全く異なってきます。もしその介助を子供が担うのであれば、仕事に行くことはできなくなるでしょう。そこで親の介護を行うために介護休業や有給休暇の活用を検討することになりますが、実際にはその利用率は高くないのが現状です。

総務省「平成24年就業構造基本調査」によると、親の介護をしている人の中で介護休業を利用した人の割合は全体の約3.2%にとどまっています。この理由としては、まず親の介護を「他人任せにしてはいけない」ということが考えられますが、「自分が仕事を休むことで同僚に迷惑をかけてしまう」という理由から取得率が増えていかないのではないのかということも考えられます。

図版1-3 雇用形態，介護休業等制度利用の有無，介護休業等制度の種類別介護をしている雇用者数及び割合

（千人、%）

介護休業等制度利用の有無 介護休業等制度の種類 雇用形態		介護をしている						
		総数	制度の利用なし	制度の利用あり				
				総数	制度の種類　注)			
					介護休業	短時間勤務	介護休暇	その他
実数	総数（役員を含む雇用者）	2,399.3	1,998.0	377.6	75.7	56.2	55.4	196.5
	正規の職員・従業員	1,119.1	921.1	187.7	43.8	17.4	38.1	92.0
	非正規の職員・従業員	1,065.7	898.4	155.5	23.2	33.2	15.3	86.2
割合	総数（役員を含む雇用者）	100.0	83.3	15.7	3.2	2.3	2.3	8.2
	正規の職員・従業員	100.0	82.3	16.8	3.9	1.6	3.4	8.2
	非正規の職員・従業員	100.0	84.3	14.6	2.2	3.1	1.4	8.1

注)「制度の種類」については複数回答のため，各種類の合計は，「制度の利用あり」の総数と必ずしも一致しない。

出典：総務省「平成24年就業構造基本調査」P72（表Ⅱ−2−13）
http://www.stat.go.jp/data/shugyou/2012/pdf/kgaiyou.pdf

自身の体調不良などのように突発的な理由で休むときとは違い、親の介護では数日休んだだけでは解決しないケースがほとんどです。そのため、親の介護を理由にして仕事を休むということは「親の介護が終わるまで会社や同僚に迷惑をかけ続ける」ことになってしまうのです。

はじめのうちは同僚も介護休業を利用する社員の仕事を快く引き受けてくれるかもしれませんが、それが半年、一年と続くと、社内での人間関係はどうなっていくのでしょうか？　同僚も気持ちを口には出さないかもしれませんが、少しずつ不満は高まっていくでしょう。

仮に介護休業を遠慮なく取得できる環境だったとしても、会社に負担をかけ続けていることに違いはありません。こうしたことから、まわりに負担をかけ続けていることが重荷になって介護者（社員）は介護休業や有給休暇の利用を諦めて退職を決断するのです。

3 親を老人ホームに預けることができない

2000年に介護保険制度が施行されてから、日本では毎年多くの老人ホームが開設されています。厚生労働省が発表した資料によると2000年時点では4,463軒だった「特別養護老人ホーム」は2016年10月時点には9,645軒になり、その数は2倍以上になりました。

図版I-4　高齢者向け住まい・施設の件数

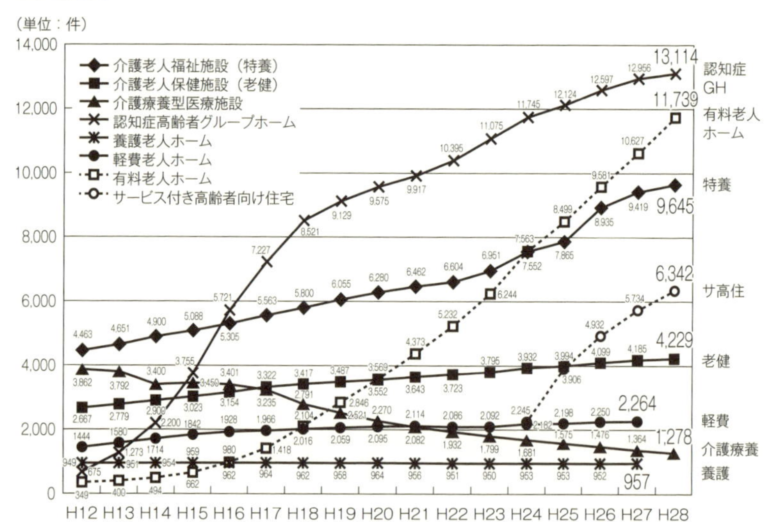

※1：介護保険３施設及び認知症高齢者グループホームは、「介護サービス施設・事業所調査（10/1時点）【H12・H13】」及び「介護給付費実態調査（10月審査分）【H14～】」による。
※2：介護老人福祉施設は、介護福祉施設サービスと地域密着型介護福祉施設サービスの請求事業所を合算したもの。
※3：認知症高齢者グループホームは、H12～H16は痴呆対応型共同生活介護、H17～は認知症対応型共同生活介護により表示。
※4：養護老人ホーム・軽費老人ホームは、「社会福祉施設等調査（10/1時点）」による。ただし、H21～H23は調査対象施設の数、H24～H27は基本票に基づく数。
※5：有料老人ホームは、厚生労働省老健局の調査結果（7/1時点）による。
※6：サービス付き高齢者向け住宅は、「サービス付き高齢者向け住宅情報提供システム（9/30時点）」による。

出典：第143回「社保審－介護給付費分科会」介護老人福祉施設
https://www.mhlw.go.jp/file/05-Shingikai-12601000-Seisakutoukatsukan-Sanjikanshitsu_Shakaihoshoutantou/0000171814.pdf

日本の65歳以上の高齢者人口はこれからも増加傾向が続き、国立社会保障・人口問題研究所が2017年に発表した資料では2042年に3,935万人でピークを迎え、その後は減少に転じると推計されています。そのため、先ほど紹介した「特別養護老人ホーム」だけではなく、その他の種類の老人ホームも各地域の高齢者人口の増加に合わせて増え続けていくことが予想されます。

老人ホームが増えるということは、それに伴って施設で生活している高齢者も増えていることになります。そうした中、親を老人ホームに預けることができたことで仕事と介護の両立が続けられた人はたくさんいるでしょう。

その一方で、親を施設に預けることができずに仕事の継続を諦めたという人もいます。こうした方々はどのような気持ちで仕事の継続を諦めたのでしょうか？　実際に「親の介護に専念したい」というように前向きな気持ちで勤めていた会社を退職された人もいますが、中には「本当は仕事を続けたい」と思っていたにも関わらず、さまざまな事情で泣く泣く退職された人もいます。

私の経験上では、仕事と介護の両立の継続が難しくなるタイミングは、介護をしている子供が在宅で親を介護し続けることに限界を感じたときです。つまり、「親を老人ホームに預けなければ仕事を続けることができない」というような状況が介護をする家族にとって最も大変な時期なのです。そこでこの節では、親を老人ホームに預けることができない理由などについて説明していきたいと思います。

親を老人ホームに預けることは介護を放棄したように感じてしまう

私は2011年11月に起業して、これまでにいろいろな老人ホームの入居（※注）相談に対応してきましたが、その中で「後ろめたさをまったく感じずに老人ホームの入居を親に勧めている」という家族と出会ったことはありません。たとえ、どんなに立派な施設だったとしても、親を介護することができない状況に家族は申し訳なさを感じています。

実際、老人ホームを探しはじめるきっかけは、入居する本人ではなく、まずは介護をしている子供が「もうこれ以上、在宅介護を続けることができない……」と感じてから施設を探すケースが多いです。ここで、もし介護が必要な親自身が「これ以上は家族に負担をかけられないから老人ホームに入りたい」と希望したのであれば、家族も罪悪感なく老人ホーム選びの支援ができるでしょう。しかしながら、そのようなケースはほとんどありません。なぜなら、多くの高齢者は長年住み慣れた自宅でずっと暮らしたいと考えているからです。

そのため、子供は恐る恐る親の気持ちを伺いながら老人ホームの入居を勧めることになるのです。ただ、親の介護を一生懸命頑張ってきた家族にとって、すべての介護を施設の職員（＝第三者）に任せるということにはじめは戸惑いを感じてしまいます。

こうしたことの根底には、家族に「私がもう少しだけ頑張れば、親も在宅生活を続けることができるのではないか」という思いがあるからです。しかしながら、この「もう少し」という基準がないから介護をしている人は困ってしまうのです。

実際、親の介護に専念するために仕事を辞めた人とフルタイムで仕事をしている人では、親にしてあげられることは全く異なりますし、その他にも介護を担う人の年齢や近くに住んでいる兄弟・親戚からどのような支援が受けられるかによって、子供ができる介護の内容は大きく変わります。

たとえば、親が寝たきりの状態になったとしても一日中寄り添いながら介護ができる人もいれば、仕事帰りに食事を持っていくだけで精一杯という人もいます。こうしたことは明確な基準というものはなく、「どの状態まで親を自宅で看るのか」については介護をしている家族が決めなければなりません。その最終的な判断を家族がしなければならないという状況が頭を悩ます原因につながっているのです。

（※注）本書では以下の通り「入所」と「入居」を使い分けて使用しています。
「入所」施設に入る人の収入に応じて費用負担が軽減される特別養護老人ホーム・養護老人ホーム・軽費老人ホームのときに使用。

「入居」上記以外の有料老人ホーム・サービス付き高齢者向け住宅・グループホーム、また老人ホーム全般のときに使用。

●親が老人ホームに入ることを拒否している

私が運営している介護相談窓口には在宅の介護サービスの導入から老人ホームの入居までさまざまな問い合わせが入ってきます。連絡してくる方の多くは介護をしている立場の人になりますが、中には介護サービスを利用する高齢者から直接相談が入る場合もあります。

高齢者自身が相談してくる場合は、ご自身が介護サービスの必要性を感じていたり、在宅での生活が困難になってきたので老人ホームに入居しようと考えていたりするため、本人を支える家族が親の介護で行き詰まってしまうケースは少ないです。しかしながら、多くの高齢者は住み慣れた自宅でいつまでも生活したいと思われているため、家族が在宅介護に限界を感じて親を老人ホームに預けようとしても、本人をなかなか説得できないのです。

こうしたとき、無理やりにでも老人ホームに預けることができればよいのかもしれませんが、現実的には入居することに納得していない高齢者を預かってくれる施設はほとんどありません。なぜなら、家族でも親を説得できないのに他人である老人ホームの職員が本人を説得することはとても難しいことだからです。

とは言え、実際には本人が納得していない状況で老人ホームに入居しているケースもありますが、その場合は「大腿骨頚部骨折により一人で動くことができないから渋々納得している」というようなケースになります。

その他にも認知症が進行して「お金や薬の管理が一人でできない」「外出先で道に迷ってしまい、一人で家に帰れず警察のお世話になった」というような状況になると家族は慌てて老人ホームに預けようとします。このときは本人の意向を確認している余裕などはありません。そのため、こうした場合では本人が老人ホームの入居を拒否していたとしても、騙し騙しで入居に導くこともあります。

しかしながら、このような流れで無理やり施設に預けた場合は、入居後に本人が不穏な状況になり、介護スタッフだけではなく、他の入居者に迷惑をかけてしまうこともあります。そうなってしまうと、他の入居者も不穏な状況になることもあるため、最終的には施設を退去しなければならない可能性も出てきます。

このようなことから、原則としては親を老人ホームに預けるときは、本人をきちんと説得した状態で入居の手続きを進めていかなければなりません。ただ、この説得が上手くいかない場合でも在宅の介護サービスを手厚くすることで家族の介護負担を軽減することができれば、気持ちに余裕も出てくるため、ゆっくり時間をかけながら親を説得することができます。

しかしながら、いくら介護負担を軽減できたとしても「親を説得できるかわからない」という状況が長く続くということは家族にとって大きな負担になります。中には、主治医や本人が信頼している人からのアドバイスでスムーズに入居につながる場合もありますが、どのような説得が親に有効なのかがわからずに多くの家族は悩まれているのです。

毎月の利用料を支払うことが難しく、親を老人ホームに預けることができない

先ほどまでは介護をする家族、もしくは介護を受けている親の気持ちから「老人ホームの入居手続きを進めていけない」という内容の話をしてきました。では、親と子供の気持ちが一致したときは老人ホームの入居手続きをスムーズに進めていけるのでしょうか？

決してそのようなことはありません。その他にも解決しなければならないのが、老人ホームの利用料金の支払い問題です。老人ホームには「ケアハウス」「介護付有料老人ホーム」「特別養護老人ホーム」など、さまざまな種類があります。実際に各施設の介護サービス内容や月々の料金形態は異なりますが、その費用が支払えずに「親を老人ホームに預けることができない」という人も存在します。

老人ホームの費用には、入居時に支払う「入居一時金」「敷金」や毎月支払う「家賃」「食費」「管理費」「介護費用」などがあります。原則として要介護３以上の認定がおりている方しか入所できない「特別養護老人ホーム」については、入居一時金や敷金はかかりませんが、「ケアハウス」や「介護付有料老人ホーム」になると、そうした費用が発生する場合が多いです。

この費用も各施設によってさまざまであり、入居一時金が10万円で済むところもあれば、都心では１億円を超えるようなところもあります。そして月々の利用料金についても月額15万円程度に抑えることができる施設もあれば、月に50万円以上するような施設もあるのです。

高額な有料老人ホームのほとんどは三大都市や地方都市に集まっていますが、そうした地域には地方から就職した子供が生活しているケースも多いです。そのため、子供が通いやすいよう、まずは「自宅の近くにある施設に親を預ける」ということを検討しますが、都心にある高額な老人ホームは親の年金や預貯金だけでは支払うことができずに申し込みを断念する方々もいます。

そこで都心に比べて料金が安い地方の老人ホームを探すことになるのですが、就職で地元を長年離れていることもあり、土地勘や人間関係も薄れていますし、そもそも施設情報の集め方がわからずに悩まれている人は多いです。また施設情報が集まったとしても、親が生活している地域が子供の住まいから遠く離れていると「気軽に見学に行けない」という問題なども発生します。

こうしたことから、「親を預ける老人ホームをどの地域で探すのか」という考えがまとまらずに不安な日々だけが続いて仕事に集中することができないのです。

第2章

介護離職につながる時期を見極める

1 親に介護が必要になる時期

はじめに読者であるあなたに質問をさせていただきますが、親の介護はどのような状況であなたの身に降りかかってくると思いますか？　私はテレビや新聞で「突然訪れる親の介護にあなたはどう対応しますか？」というような報道をよく目にしますが、実際に親の介護は皆さんにある日突然降りかかってくるのでしょうか？

2004年から介護の仕事をはじめ、私も数多くの介護相談に対応してきましたが、「子供がまったく予想していない状況で親の介護に対応することになった」というケースはそれほど多くないように感じています。つまり、珍しいことだからメディアに取り上げられるのではないでしょうか。

では、世の中の介護問題の多くは突然訪れるわけではないので、親に介護が必要になったときに考えればよいのかというと決してそうではありませんよね。むしろ、子供は親が介護状態にならないように支援していくことが大切なのではないでしょうか。

とは言え、人は誰しも年齢を重ねるたびに身体能力は衰え、判断能力や記憶力などは少しずつ低下していきます。そのため、子供の立場としては加齢とともに日常生活に少しずつ支援が必要になってくる親の変化を見逃さずに見守っていくことが重要になってきます。

子供が親の介護をしなければならない背景

はじめの前提条件として「どのような環境の方が仕事と親の介護の両立で悩むことになるのか？」について解説していきたいと思います。その環境を説明するためには、親と子の生活環境をそれぞれ分けて考える必要があります。

まず、親の前提となる環境は「配偶者がすでに亡くなっている」、もしくは「両親それぞれが介護状態になってしまった」というような状況です。厚生労働省「平成28年　国民生活基礎調査の概況」によると、介護が必要な人（要介護者）を介護している人（介護者）の構成割合は、同居している配偶者（25.2%）が最も多く、次いで同居している子（21.8%）、事業者（13.0%）、別居の家族等（12.2%）、子の配偶者（9.7%）となっています。

図版2-1　要介護者等との続柄別主な介護者の構成割合（平成28年）

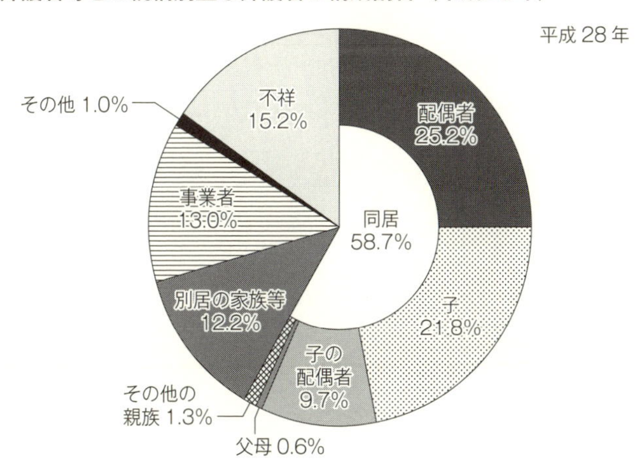

注：熊本県を除いたものである。

出典：厚生労働省「平成28年　国民生活基礎調査の概況」P30　図35参照（ただし熊本県を除く）
http://www.mhlw.go.jp/toukei/saikin/hw/k-tyosa/k-tyosa16/dl/16.pdf

この割合については、あくまでも「主になっている介護者が誰なのか？」ということを示しているだけであって、その他の家族は何も支援（介護）をしていないわけではありません。ただ、間違いなく言えることは、配偶者（親）が要介護者であるもう一人の親を介護している状況で、子供が仕事と親の介護が両立できずに離職してしまうというケースは少ないということです。なぜなら、介護者である親は仕事をしていないという人が多いため、要介護者の介護に専念できる時間にも余裕があるからです。

ただし、要介護者が一人で歩くことができなくなったり、認知症が進行して常に目が離せなくなったりするような状況になってしまうと、高齢になった親（介護者）だけでは、対応しきれなくなります。このような状況下では、先ほどの介護者の構成割合でも紹介した事業者（介護事業所）の力を借りる必要性も出てきます。

ここで、介護者と介護事業所で要介護者の日常生活の支援ができているのであれば、子供は安心して仕事に集中することができます。しかしながら、現実的には介護者が要介護者の介護を「最後まで続けられるのか」というと必ずしもそうではありません。なぜなら、高齢になった介護者も要介護状態になってしまうことがあるからです。実際、介護者が要介護者より先にお亡くなりになることもあります。

このような状況になってしまうと、それまで親の介護に対して負担を感じていなかった子供にも介護問題が重くのしかかってくる可能性は高まってしまいます。

そこで、もう一つの鍵となるのが子の生活環境です。先ほどの図では配偶者の次に多いのが「同居している子」となっていました。やはり親の介護となると、実子が行うケースが多いです。ただ、親の介護に携わっているけれど仕事に支障は出ていないという場合、実際は親の要介護認定が低い傾向にあります。具体的な状態としては、「長い距離を一人で歩くことはできないが、自宅内では自由に移動できる」「認知症を患ってしまったが、日中一人で過ごすことができる」というような方などを指します。つまり、加齢による身体能力や認知機能の低下はあるものの、子供の支援があれば普通に暮らしていける方々です。

こうした親に対しては、常に介護者がそばにいる必要はありませんので、子供も日中は仕事に専念できるのです。しかしながら、親の心身の状態が悪化して「自宅内で転倒を繰り返すようになった」「認知症が進行して目を離すことができない」というような状況になってくると、仕事と介護の両立が難しくなってきます。

ただし、実子が男性であるか、それとも女性であるかで状況も異なりますが、今回は男性のケースで説明していきます。要介護者を日中一人にしておけなくなったとき、男性の介護者を支えてくれるのが、配偶者（妻）や男性の姉妹の存在です。

厚生労働省「平成28年　国民生活基礎調査の概況」によると、同居の主な介護者は男性が34％、女性が66％となっています。つまり介護者３人のうち２人が女性なのです。

図版2-2 **同居の主な介護者の性別構成割合（平成28年）**

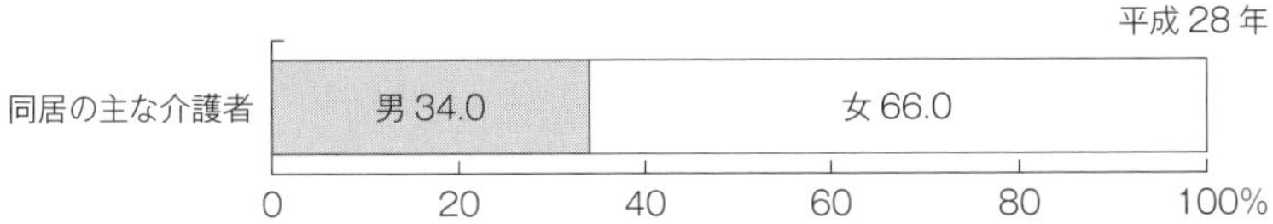

平成 28 年

	男	女
同居の主な介護者	34.0	66.0

0　20　40　60　80　100%

出典：厚生労働省「平成28年　国民生活基礎調査の概況」P30　図36参照　（ただし熊本県を除く）
http://www.mhlw.go.jp/toukei/saikin/hw/k-tyosa/k-tyosa16/dl/16.pdf

また親の介護で中心的な役割を果たしている男性が既婚者である場合は、配偶者（妻）が代わりになって義理の親の世話をしているケースは多いです。このようなとき、夫が仕事を続けて家庭を守ってくれていることにより、妻は安心して親の介護に専念することができます。そのため、もし妻も働いていたとしても親の介護をきっかけに退職したり、働く時間を短くしたりすることができるのです。つまり、生活自体は大変になりますが、どん底まで追い込まれるという状況にはなりません。したがって、親の介護を無事に乗り越えていけるのです。

しかしながら、未婚者や姉妹がいない男性の場合はどうなるのでしょうか？　常に介護者がそばにいなければならないような状態の親を介護しながら、これまで通り仕事を続けるのは非常に困難なことです。

<仕事と介護の両立が最も困難な家族の状況>

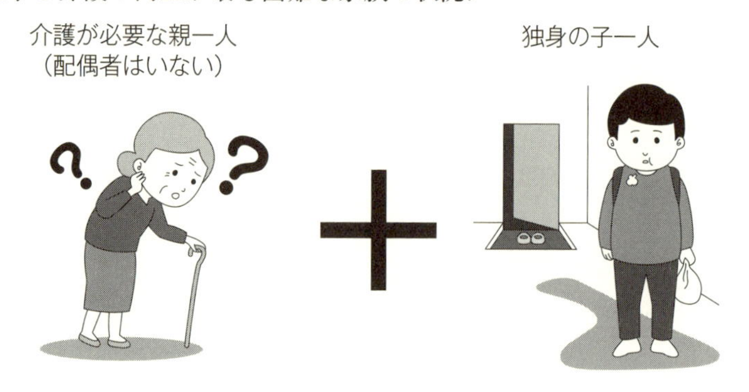

そのため、今の仕事を続けるために「親を老人ホームに預ける」というような決断を迫られることもあります。しかしながら、親を老人ホームに預けるといっても、親の年金だけでは毎月の利用料金が支払えないというケースも少なくありません。その他にも経済的な問題だけではなく、感情面で「親の介護を他人任せにはできない」と考えて在宅介護を続ける人もいます。その結果、仕事と介護の両立が次第に困難になっていき、最終的には仕事を辞めてしまうのです。

親の介護が突然必要になったとき

この節のはじめにそれほど多くないと話した“ある日突然子供に降りかかる親の介護問題”ですが、介護をする家族が最も動揺してしまうケースであることに間違いはありません。それに、ある日突然ということは家族がその時期を予想していなかったということになります。したがって、このようなときは親の介護に対して子供は何も準備をしていなかったというケースが多いのです。

こうしたケースは、大きく分けると２つのパターンがあります。１つめは離れて暮らしている親が認知症を患ってしまったというようなケースです。具体的には子供が大学卒業後に故郷を離れてしまったため、親と会う機会が年に数回しかないというような状況の方に起こりうる可能性が高くなります。

なぜなら、親の心身の変化にいち早く気がつくためには、普段から親と子が顔を合わせてコミュニケーションが取れる環境を作っておかなければならないからです。したがって、子供は毎日仕事や子育てに追われて、お盆や年末年始に帰省しても実家で過ごす時間はほとんどないというような状況であれば、ちょっとした親の変化にも気づけません。

実際、認知症にもいろいろな症状がありますが、その代表的なものとして「もの忘れ」があります。ただ、初期の段階では症状も軽いため、たとえ親のもの忘れになんとなく気がついていても、家族は「歳だから仕方がないのかな」というように見過ごしてしまうのです。

こうしたことに加えて「うちの親に限って認知症になるわけがない」「一人暮らしができているのだから私の単なる思い違いだろう」という家族の思いも親の小さな変化を見過ごす原因の1つとして考えられます。そして、その他にも自分の仕事と家族を守っていくだけで精一杯なので、「離れて暮らしている親まで支援できない」というような状況が認知症の発見を遅らせてしまうのではないでしょうか。

しかしながら、親と子が近所に住んでいれば問題がないというわけでもありません。やはり、お互いがそれぞれの生活に関心を持たないような状況であれば、親の小さな変化に子供が気づくことはできないでしょう。そのため、こうした親子関係が「ある日突然‼」という介護を招いてしまうのです。

では、その突然というのはどういった状況なのでしょうか？　具体的には「外出先で親が迷子になってしまい、警察やコンビニ店員のお世話になった」「帰省したときに冷蔵庫を開けたら腐った食品でいっぱいになっていた」というような状況です。つまり、どう考えても早急に対応しないといけないようなトラブルが発生したときのことを意味しています。

このようなとき、自分の親が認知症になるなんて思ってもいなかった家族は動揺して頭が真っ白になってしまうのです。

そして2つめは元気だった親が脳梗塞で倒れて体に障害が残ってしま

ったというようなケースです。あなたも親の介護といえば、80代後半、もしくは90代になってから必要になるものだと思ってはいませんか？

厚生労働省「平成28年度　介護給付費等実態調査の概況」の調査によると、介護予防、及び介護サービス（以下、介護サービス）を受給している高齢者の数は85～89歳で約138万人、90歳以上になると約133万人となっています。また90歳を超えると２人に１人以上の割合で何かしらの介護サービスを利用しています。おそらく、こうした年代の親を持つ子供の多くは「親の介護が突然自分の身に降りかかってきた」などとは思わないはずです。どちらかと言えば「ついに私の親にも介護が必要になってきた」というように落ち着いた気持ちで受け止めることができるのではないでしょうか。

その一方で、実際には65～69歳（以下、60代）で約23万人、70代で約100万人の高齢者が介護サービスを利用しています。特に60代の高齢者といえば、定年を迎えたばかりで「余生を楽しんでいる人」というよう

図版2-3　65歳以上における性・年齢階級別にみた受給者数及び人口に占める受給者数の割合

平成28年11月審査分

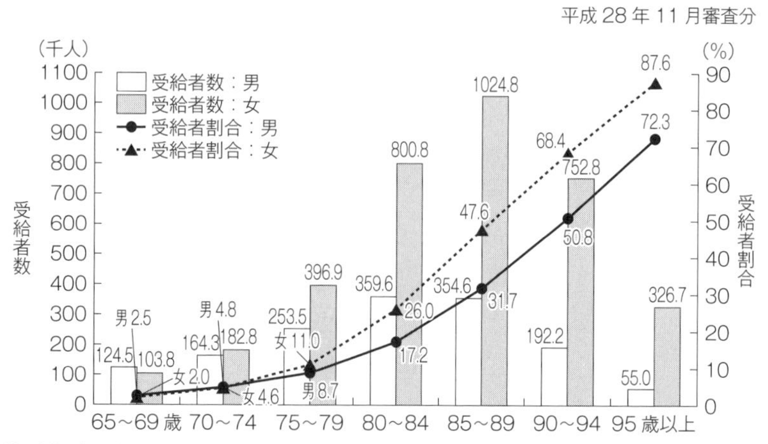

注：各性・年齢階級別人口に占める受給者割合（%）＝性・年齢階級別受給者数／性・年齢階級別人口×100
人口は、総務省統計局「人口推計平成28年10月1日現在（人口速報を基準とする確定値）」の総人口を使用した。

出典：「平成28年度　介護給付費等実態調査の概況」P6図２参照
https://www.mhlw.go.jp/toukei/saikin/hw/kaigo/kyufu/16/dl/02.pdf

なイメージを持ってしまいますよね。

しかしながら、現実的には60代で介護サービスを利用している人は全国で20万人以上もいるのです。実際、このような状況になった親を持つ子供の中には、親の日常生活から介護状態になることを事前に予測していた人もいるでしょう。ただ、こうしたことは本来であれば予測したくない現実になります。そのため、多くの場合は子供が予想もしていないような時期に親の介護問題が降りかかってくるのです。

●家族の支援が少しずつ必要になるとき

前項で紹介した「ある日突然子供に降りかかる親の介護問題」とは違い、親の生活に少しずつ支援が必要になる場合は子供も落ち着いて対応することができます。そして、実際にはこのようなケースが最も多いのではないでしょうか。

こうした方の介護が必要になる主な原因としては、「関節疾患」や「高齢による衰弱」「骨折・転倒」などが挙げられます。また、それがきっかけで急に寝たきりになったり、生活全般に見守りが必要になったりするようなケースはほとんどありません。中には、「骨折・転倒」が原因で寝たきりになるというケースもありますが、そのときは「骨折・転倒を何度も繰り返している」「高齢のためリハビリの意欲が低下している」というような要因も併せ持っているのです。

それに子供が少しずつ支援しているということは、親の生活を身近なところで見守っている状況でもあります。そのため、親のちょっとした変化に気がつくことができますし、異変を感じたときも早めに対応できるのです。

また、その支援内容の多くは「重たいものが持てなくなった親の買い物の支援をする」「介護サービスの手続きを代行する」などになります。したがって、このような支援であれば子供も仕事が終わってから親の買い物を手伝ったり、有給休暇や介護休暇などを活用しながら介護サービスの利用調整をしたりすることもできます。

そして、こうしたケースでは介護者だけでの支援が難しくなったタイミングで介護サービスを導入しています。実際に介護サービスを利用しているということは、担当のケアマネジャーや親の心身の状況を把握している介護事業所が身近にいるということになります。

そのため、すでに介護状態になっている親が脳梗塞で倒れたり、認知症が進行して在宅介護に限界を感じたりしたとしても、担当のケアマネジャーなどから状況に応じたアドバイスをもらうことができるのです。

ただし、そのケアマネジャーが「頼りになる」「相談しやすい」という存在でなければ、介護者の不安は解消されないかもしれません。したがって、依頼するケアマネジャー選びが重要なポイントになりますが、しっかり選んでおくことで介護離職も未然に防ぐことができるのではないでしょうか。

2 親が介護状態になる理由とその後の対応

加齢に伴い高齢者が介護を必要とする状態になるということは、誰でも想像できることです。しかしながら、親の介護を経験したことがない人にとって、その時期や状況を具体的にイメージできる人は少ないのではないでしょうか。

ただ、実際にはそうした状況を自ら率先して想像するような人はなかなかいません。なぜなら、親に介護が必要になる状況のことなど、誰も想像したくないからです。むしろ「親にはいつまでも元気でいてほしい」と願い続けるのが子供の在り方なのではないでしょうか。

しかし、そう言いながらも多くの高齢者は、いずれ誰かの支援を受けなければ在宅生活を維持できなくなる時期が訪れます。そのため、この節では介護が必要となった病気に焦点を当てて「どのような介護が必要になってくるのか」などについて解説していきます。

高齢者に多い病気としては、高血圧や糖尿病、また悪性新生物（がん）などがあります。その他にも白内障や心筋梗塞などもありますが、病気になったからすぐに介護が必要になるというわけではありません。病気によっても介護に直結しやすいものとそうではないものがあるのです。

内閣府「平成28年版高齢社会白書」の発表によると、65歳以上の要介護者等の介護が必要になった主な原因として挙げられているのは、脳血管疾患（17.2%）が最も多く、次いで認知症（16.4%）、高齢による衰弱（13.9%）、骨折・転倒（12.2%）となっています。そこで、まずは介護に直結しやすい原因ごとに解説していきたいと思います。

図版2-4　65歳以上の要介護者等の性別にみた介護が必要となった主な原因

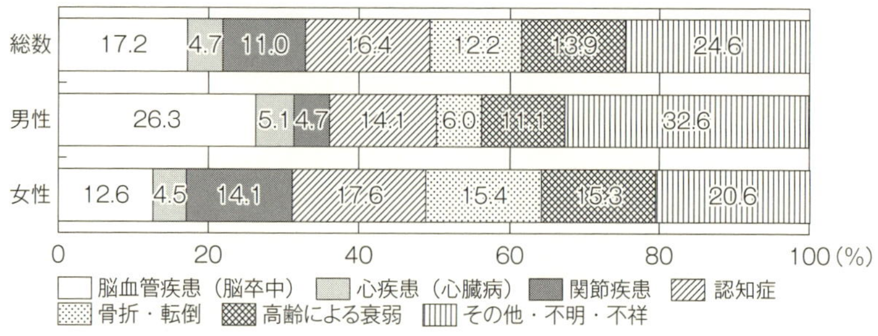

資料：厚生労働省「国民生活基礎調査」（平成 25 年）

出典：内閣府「平成28年版高齢社会白書」図1－2 - 3－11参照
http://www8.cao.go.jp/kourei/whitepaper/w-2016/html/zenbun/s1_2_3.html

脳血管疾患の発症

介護保険が定めている要介護度の中で最も高い認定の要介護度５になる原因の第１位は「脳血管疾患」になっています。脳血管疾患には、脳の血管を流れる血液の一部が固まってできた血栓や心臓などから流れてきた血栓が脳の血管を詰まらせることで引き起こさせる「脳梗塞」と脳の血管が破れて引き起こさせる「脳出血」などがあります。

厚生労働省「平成28年人口動態統計（確定数）の概況」の統計によると、平成28年の脳血管疾患による死亡者総数は約11万人となっており、その半数以上は「脳梗塞」を患った方です。そこで、この項では脳梗塞を患った方を例に挙げながら話を進めていきます。

図版2-5 死因簡単分類別にみた性別死亡数・死亡率（人口10万対）

（3－2）

死因簡単分類コード	死因	平成28年						平成27年	
		死亡数（人）			死亡率			死亡数(人)	死亡率
		総数	男	女	総数	男	女	総数	総数
05000	精神及び行動の障害	14 181	4 414	9 767	11.3	7.3	15.2	13 190	10.5
05100	血管性及び詳細不明の認知症	11 894	3 377	8 517	9.5	5.5	13.3	11 118	8.9
05200	その他の精神及び行動の障害	2 287	1 037	1 250	1.8	1.7	1.9	2 072	1.7
06000	神経系の疾患	33 357	14 940	18 417	26.7	24.5	28.7	30 911	24.7
06100	髄膜炎	288	165	123	0.2	0.3	0.2	293	0.2
06200	脊髄性筋萎縮症及び関連症候群	2 664	1 507	1 157	2.1	2.5	1.8	2 266	1.8
06300	パーキンソン病	7 543	3 686	3 857	6.0	6.1	6.0	7 159	5.7
06400	アルツハイマー病	11 969	3 747	8 222	9.6	6.2	12.8	10 544	8.4
06500	その他の神経系の疾患	10 893	5 835	5 058	8.7	9.6	7.9	10 649	8.5
07000	眼及び付属器の疾患	7	4	3	0.0	0.0	0.0	4	0.0
08000	耳及び乳様突起の疾患	15	6	9	0.0	0.0	0.0	14	0.0
09000	循環器系の疾患	339 847	161 575	178 272	271.8	265.5	277.9	339 134	270.6
09100	高血圧性疾患	6 841	2 720	4 121	5.5	4.5	6.4	6 726	5.4
09101	高血圧性心疾患及び心腎疾患	3 097	1 142	1 955	2.5	1.9	3.0	3 213	2.6
09102	その他の高血圧性疾患	3 744	1 578	2 166	3.0	2.6	3.4	3 513	2.8
09200	心疾患（高血圧性を除く）	198 006	93 419	104 587	158.4	153.5	163.0	196 113	156.5
09201	慢性リウマチ性心疾患	2 266	741	1 525	1.8	1.2	2.4	2 313	1.8
09202	急性心筋梗塞	35 926	20 470	15 456	28.7	33.6	24.1	37 222	29.7
09203	その他の虚血性心疾患	34 534	19 959	14 575	27.6	32.8	22.7	34 451	27.5
09204	慢性非リウマチ性心内膜疾患	11 044	3 493	7 551	8.8	5.7	11.8	10 656	8.5
09205	心筋症	3 800	2 149	1 651	3.0	3.5	2.6	3 831	3.1
09206	不整脈及び伝導障害	31 045	15 121	15 924	24.8	24.8	24.8	30 300	24.2
09207	心不全	73 545	28 254	45 291	58.8	46.4	70.6	71 860	57.3
09208	その他の心疾患	5 846	3 232	2 614	4.7	5.3	4.1	5 480	4.4
09300	脳血管疾患	109 320	52 706	56 614	87.4	86.6	88.2	111 973	89.4
09301	くも膜下出血	12 318	4 556	7 762	9.9	7.5	12.1	12 476	10.0
09302	脳内出血	31 975	17 538	14 437	25.6	28.8	22.5	32 113	25.6
09303	脳梗塞	62 277	29 384	32 893	49.8	48.3	51.3	64 523	51.5
09304	その他の脳血管疾患	2 750	1 228	1 522	2.2	2.0	2.4	2 861	2.3
09400	大動脈瘤及び解離	18 145	9 268	8 877	14.5	15.2	13.8	16 887	13.5
09500	その他の循環器系の疾患	7 535	3 462	4 073	6.0	5.7	6.3	7 435	5.9
10000	呼吸器系の疾患	208 603	120 238	88 365	166.9	197.5	137.7	208 400	166.3
10100	インフルエンザ	1 463	748	715	1.2	1.2	1.1	2 262	1.8
10200	肺炎	119 300	65 636	53 664	95.4	107.8	83.6	120 953	96.5
10300	急性気管支炎	451	198	253	0.4	0.3	0.4	445	0.4
10400	慢性閉塞性肺疾患	15 686	12 649	3 037	12.5	20.8	4.7	15 756	12.6
10500	喘息	1 454	567	887	1.2	0.9	1.4	1 511	1.2
10600	その他の呼吸器系の疾患	70 249	40 440	29 809	56.2	66.4	46.5	67 473	53.8
11000	消化器系の疾患	48 737	25 606	23 131	39.0	42.1	36.1	48 275	38.5
11100	胃潰瘍及び十二指腸潰瘍	2 657	1 527	1 130	2.1	2.5	1.8	2 666	2.1
11200	ヘルニア及び腸閉塞	6 971	3 279	3 692	5.6	5.4	5.8	6 919	5.5
11300	肝疾患	15 773	10 112	5 661	12.6	16.6	8.8	15 659	12.5
11301	肝硬変（アルコール性を除く）	7 702	4 153	3 549	6.2	6.8	5.5	7 649	6.1
11302	その他の肝疾患	8 071	5 959	2 112	6.5	9.8	3.3	8 010	6.4
11400	その他の消化器系の疾患	23 336	10 688	12 648	18.7	17.6	19.7	23 031	18.4

出典：厚生労働省「平成28年人口動態統計（確定数）の概況」 第７表P17参照
http://www.mhlw.go.jp/toukei/saikin/hw/jinkou/kakutei16/dl/11_h7.pdf

テレビなどでも芸能人が「脳梗塞で倒れて緊急搬送された」という報道が流れることも少なくはないため、介護に縁のない人であっても「脳梗塞」＝「重篤な状態になる」というイメージを持たれている人も多いのではないでしょうか。

また、認知症や老衰などとは異なり現役世代にも十分起こりうる病気であることが特徴の1つです。たとえば、40代や50代の人でも高血圧などが原因で脳梗塞になる場合もあります。つまり、前日までいつも通り生活していた親が脳梗塞を発症して緊急搬送されることもあるのです。

このようなとき、家族は突然の出来事に慌ててしまい「何をどう進めていけばよいのか？」「今後親の生活がどのように変化するのか？」ということがわからずに途方に暮れてしまうのです。

身体にマヒが残るか、残らないかで生活が一変する

脳梗塞については、健康に関するテレビ番組でもよく取り上げられているため、読者の皆様も症状や後遺症について一度は耳にしたことがある人も多いのではないでしょうか。たとえば、脳梗塞の初期症状としては「手足のしびれ」や「ろれつが回らない」、また「言葉が上手く出ない」などがあります。

このような症状がみられた際には、躊躇せずに救急車を要請して速やかに病院で治療を受けることが重要です。なぜなら、脳梗塞の治療は時間との勝負だからです。脳梗塞は、脳の血管が詰まることによって起こる病気なのですが、そのことによって脳に血液が行き届かなくなり、脳細胞は酸欠と栄養不足で死んでしまう壊死（えし）という状態になります。その壊死した部分が担っていた機能が損なわれてしまうことで後遺症が残るのです。

なお、脳梗塞による後遺症には次のようなものがあります。

・運動障害（運動マヒ）

顔や手足の片側にマヒが残って自由に動かせなくなるものです。後遺症の中でも多くの人にみられ、体の左右どちらかにマヒが残る場合もあります。またマヒの程度は「細かい動きができない」、もしくは「まったく動かない」というように人それぞれ異なります。

・感覚障害

体の片側の感覚が鈍くなったり、しびれたりするなどの感覚の異常が起こります。そのため、熱いお湯に皮膚が触れても温度を感じずに火傷してしまうなどの問題も発生します。その他にも、味覚や聴覚、嗅覚、視覚の低下がみられることもあります。

・摂食・嚥下(えんげ)障害

食べ物や飲み物を上手に飲み込むことができなくなる障害です。後遺症の程度が重いと口から食事がとれなくなる場合もあります。

・構音障害

話をするときに使われる筋肉の運動障害です。そのため、言葉の理解や自分が思っていることを言葉にすることはできますが、ろれつが回らなかったり正しい発音が出来なかったりというように上手くしゃべることができなくなります。

・高次脳機能障害

大脳の知的活動を司る機能が損傷を受けることによって、精密な情報処理が上手くできなくなって起こる障害です。主に、記憶障害や注意障害、遂行機能障害、社会的行動障害などによって、日常生活や社会生活にうまく適応できなくなることがあります。
ここで高次脳機能障害の具体的な症状を紹介していきます。

[失行] 運動障害もなく動作の内容も理解できるのに、着替えや字を書くなどの行動がうまくできなくなります。

[失認] 見たり聞いたりはできるのに物の認識などができなくなります。

[半側空間無視] 片側の空間をまったく認識できなくなる状態です。左側の視野を無視する人が多いといわれています。そのため、食事などのときに左側に置かれている物を認識できずに全く手をつけないなどの症状が現れます。

[記憶障害] 同じことを何度も聞いたり、新しいことが覚えられなかったりなどの症状です。

[失語症] 話す、書く、また読んだり聞いたりしたことを理解するというような言葉に関する機能の障害です。人の話は理解できるが自分では上手く話せず、ぎこちない話し方になる「ブローカ失語」や自分で話すことはできるが言い間違いが多く、聞き手には理解しにくい話し方になる「ウェルニッケ失語」などがあります。

[注意障害] 日常生活の中で注意力や集中力が無くなります。そのため、同じ作業を長く続けられなかったり、注意力散漫になってミスが多くなったりすることが特徴です。また、2つのことを同時におこなうと混乱します。

[遂行機能障害] 自分で計画を立てて物事を実行することができなくなります。周囲の人や状況に合わせて行動することが難しくなるため、社会生活で困難な場面が多くなる障害です。

[社会的行動障害] 感情のコントロールができなくなる障害のため、急に怒り出したり、怒られているのに笑ったりというように不適切な行動をとってしまうことがあります。また、思い通りにならないと大声を出したり暴力をふるったりと、自己中心的な言動をしてしまうことがあります。

・排泄障害

尿意や便意を感じなくなってしまったり、頻繁にトイレにいったりして我慢できずに失禁してしまう症状が現れます。

・認知症

脳血管性認知症とよばれるものです。脳梗塞をおこすたびに進行していきます。

その他にも、うつ病や感情のコントロールができなくなるなどの精神障害も後遺症の１つです。このように、同じ脳梗塞による後遺症であっても「脳のどの部分が壊死したかによって後遺症の症状や程度はさまざまです。

もちろん、後遺症が残ったとしても、リハビリテーション（以下、リハビリ）を受けることで日常生活の動作を一人で行える程度まで回復する人もいます。しかしながら、親が高齢であればリハビリをしても日常生活に家族の介護が欠かせない状態になってしまうケースは多いです。

では、ここで具体的に右半身マヒの後遺症が残ったときにどのような介護が必要になるのかを想像してみましょう。私たちでも利き手を怪我した場合、日常生活のさまざまな場面で苦労します。洋服の脱ぎ着でボタンを留めるだけでも至難の業になるのではないでしょうか。また料理をするためには片手で食材を押さえながら、もう一方の手で包丁を持たなければなりませんし、右足に力が入らないだけで体のバランスを崩し、転倒してしまう恐れもあります。

このようなことからもわかるように、洋服を着替えたり、料理をしたりするというように今まで親が当たり前のようにしていた日常の動作も簡単にはできなくなるのです。また、後遺症の有無によって親が生活する場所も見直さなければなりません。たとえば、脳梗塞の後遺症で嚥下（えんげ）障害や運動機能障害が残ってしまい「口から食事がとれなくなる」「車いす生活になる」などの状態になってしまった場合はどうなるのでしょうか。

口から食事をとることができなくなった人の中には、胃に穴をあけてチューブで直接栄養分を流し入れる「胃ろう」という方法を取られている人もいます。しかしながら、胃ろうにした場合、1日に2、3回ゆっくりと時間をかけて補給しなければなりません。

このような状態では、家族も親自身も自宅に戻って生活をするのは難しいと判断して、老人ホームへの住み替えを決断される方が少なくありません。たとえ、親が自宅で生活できるくらいまで回復したとしても、子供はこれまで以上に親の生活を気にかける必要があります。

このように、脳梗塞の発症によって後遺症が残るかどうかで親の生活は一変するといっても過言ではありません。また、後遺症が残ることによって一番ショックを受けるのは親自身です。そのため、親の精神的なサポートも家族の重要な役割の１つになります。

家族も知っておくべき入院期間やリハビリテーションの流れ

親が脳梗塞で緊急搬送されたとき、たとえ後遺症が残ったとしても、まわりの家族は一命を取りとめたことにほっと胸を撫で下ろすのではないでしょうか。しかしながら、息つく暇もなく親の今後の生活について家族は対策を練らなければなりません。なぜなら、病院は親をずっと入院させてくれるわけではないからです。

緊急搬送された親は急性期医療機関（一般病棟）などで治療を受けます。一般病棟では必要な治療が終わり患者の症状が安定すると退院を勧められます。そのため、後遺症の程度によっては在宅に戻ることが難しい状態での退院となる可能性もあるのです。

そこで、引き続きリハビリを行うためには回復期リハビリテーション病棟（以下、回復期リハ病棟）へ転院することになります。

ここで注意しなければならないのは、回復期リハ病棟への転院には「脳梗塞を発症もしくは手術から２ヶ月以内であること」という条件を満たしておかなければなりません。そのため、急性期医療機関で親の病状が安定するまでに２ヶ月以上かかってしまうと転院できなくなってしまうこともあるのです。

特に、後遺症が残った場合には脳梗塞を発症して３ヶ月〜６ヶ月程度が回復期のリハビリにとって重要な期間だと考えられています。その後は、回復のスピードが鈍くなり、１年が経過すると状態が固定してしまうケースは多いです。したがって、後遺症がある場合は回復期リハ病棟で集中的にリハビリを受ける必要があります。

それらも考慮して医師から回復期リハ病棟への転院を勧められることもありますが、退院後の生活に不安がある方は早い段階から医療ソーシャルワーカー（以下、ソーシャルワーカー）に相談するようにしましょう。ソーシャルワーカーは、退院調整や受療の援助、また退院後の生活や入院費の工面など幅広い相談に対応してくれます。

医師や看護師などとも連携を図りながらさまざまな面で親の状態に合った提案をしてくれますので、入院中の心配事はソーシャルワーカーに相談するとよいでしょう。ただし、病院によっては退院調整看護師がそれらの相談対応を行うこともあります。

なお、回復期リハ病棟も脳梗塞によるリハビリでの入院は150日～180日以内と期間が定められています。とは言え、これらはあくまでも目安であって、リハビリの状態や病院自体が抱える患者数の状況によっては入院期間が短くなる場合もあります。したがって、リハビリの進み具合や退院時期などを考慮しながら在宅復帰への準備を行うことが大切です。

また、回復期リハ病棟への転院については「家族が面会に行きやすい場所」などの希望も挙げながら病院を探していきますが、家族が希望する病院のベッドが必ずしも空いているとは限りません。もし、ベッドが空いていなければ別の病院を探したり代替案を検討したりする必要があります。そのため、一般病棟での親の状態が安定した時点でソーシャルワーカーに退院時期や転院について相談しておくようにしましょう。

さらに、回復期リハ病棟に転院した後も「入院期間の目安」や「リハビリ後の親の状態」「今後どのような介護が必要になるのか？」について医師や看護師、またリハビリの専門家である理学療法士や作業療法士などからアドバイスを受けておくことが大切です。このような内容の話は退院前にきちんと説明を受ける場を設けられますが、早めに聞いていた方が慌てずに済みます。したがって、病院側から説明があるのを待つのではなく、家族側から積極的にアドバイスを求めていきましょう。

このように、家族も入院期間や転院の条件、リハビリの流れなどを知っておくことで早めに対策をとることができます。また、対策のポイントを知っておくことで仕事と介護の両立についても負担を最小限に抑えることができるのではないでしょうか。

病院でのリハビリでどのくらい回復するのかを想定して在宅復帰への対策を練っておく

私が脳梗塞で入院された方の家族から相談を受けた場合、後遺症の状態によっては老人ホームへの入居を勧めることもあります。たとえば、リハビリをしても回復が見込めず寝たきりになってしまうケースや車椅子が手放せない状態で退院となるようなケースです。このようなケースでは、入院期間中に親と家族の希望に見合う施設を探し、退院と同時に老人ホームに入居できるよう支援します。

反対に退院後に在宅復帰を目指すケースでは入院期間中に在宅介護サービスの利用調整や住環境を整えるなどの対応をしなければなりません。つまり、先ほど説明した回復期リハ病棟の入院期間に親の回復具合を見ながら自宅で安心して生活できるような体制を整える必要があるということです。

まずは、「親にどのような後遺症が残るのか？」「リハビリをして身体機能がどこまで回復するのか？」という点がわかっていなければ対策のしようがありません。

そこで、家族が行うべきことは「面会時に医師やリハビリ担当者（理学療法士、作業療法士など）などに親の現在の状態やリハビリの進行状況について具体的に尋ねる」ということです。こうした確認を定期的に行うことで、「どのような後遺症が残るのか？」という点をある程度見極めることができるはずです。

そして後遺症の程度にもよりますが、在宅復帰への準備をする時間に余裕を持たせるためにも回復期リハ病棟へ一旦転院して、しっかりとリハビリを受けてから在宅復帰へとつなげる方が家族も落ち着いて対応できます。

実際、回復期リハ病棟の入院期間中には自宅に帰ることを想定して介護サービス導入の準備を行います。もし、親がすでに介護サービスを利用していた場合は担当のケアマネジャーに「親の現在の状態」や「退院がいつ頃になりそうなのか」などを報告してください。そうすることで、担当のケアマネジャーが今までの親の生活も踏まえながら「これからどのようなサービスが必要になるのか？」ということについてアドバイスをしてくれるでしょう。

その一方で入院する前に介護サービスを利用したことがない場合は、

介護保険のサービスを利用するために「要介護（要支援）認定」を受ける必要があります。そのため、親の住民票がある地域の役所で要介護認定の申請手続きを行ってください。

要介護認定については親が入院中であっても申請することはできますが、親の病状がある程度安定するまで訪問調査を行ってもらえない場合もあります。そのため、事前に入院先のソーシャルワーカーや医師に「介護保険の申請をする」という意思を伝えて、申請時期などを病院と話し合っておくことが大切です。

そして、実際に自宅へ帰ることが決まった際には、親の後遺症や生活環境に合わせた介護サービスの利用調整と住環境の整備が必要になります。

具体的には、親の後遺症に合わせた通所リハビリテーション（デイケア）の利用や生活動線を考えた福祉用具の選択や手すりの取り付け工事（住宅改修）などです。もちろん、これらすべてのことを家族だけで手続きしていく必要はありません。介護サービスを利用するための事業所への連絡・調整は、居宅サービス計画書（ケアプラン）を作成するケアマネジャーにお願いすることができます。

したがって、家族は要介護認定の申請と同時に親のケアプランを担当してくれるケアマネジャー選びをしておく必要があるのです。

特に、住宅改修などは役所へ必要な書類を申請してからではないと工事をしてはいけないという介護保険制度の決まり事があるため、担当のケアマネジャーを事前に決めてから一緒に手続きを行うことが大切です。

担当のケアマネジャーが決まれば、その後はケアマネジャーを中心に家族、介護サービス事業者、入院中の病院の担当者（医師や理学療法士など）を交えながら親の在宅復帰に向けての話し合いを行います。話し合いの内容の中には、「自宅のどこに手すりを設置すればよいのか？」「退院後はどのようなリハビリが有効なのか？」「病状で気をつけること」などが含まれます。

そして、何よりも親が自宅で安心して過ごせる環境にすることが重要です。自宅に戻っても親が一人で日中を過ごすことができなければ家族の誰かが常に見守っておかなければなりません。そのため、親と同居しているケースであっても家族が仕事で家に居ない日中を親一人でも過ごせる状態にしておく必要があります。

具体的には、「トイレに一人で行ける」「食事を一人でとることができる」「昼食後の薬を親が一人で管理することができる」「緊急事態を家族に知らせることができる」などです。

もちろん、介護保険のデイサービス（通所介護）などを利用することで日中は施設内で安心して過ごすことができます。ただ、認定を受けた要介護度によっては介護保険の支給限度額を超えてしまうこともあるため、場合によってはデイサービスを希望通りに利用できないこともあります。したがって、親が一人で自宅内でも過ごせるように壁に手すりをつけたり、室内の段差をなくしたりするというような工夫も必要になってくるでしょう。

このように、親の限られた入院期間の中で早い段階から「今後の生活」を見据えて動き出すことで退院後の生活環境に対しての不安は和らいでいきますし、そうすることで家族は仕事と親の介護の両立を実現していけるのではないでしょうか。

親の状態に合わせた介護サービスを利用しながら脳梗塞の再発を防ぐ

脳梗塞で緊急搬送されて急性期医療機関に入院した際、早ければ入院日の翌日からベッド上でのリハビリが始まります。たとえば、親の治療状況に合わせながら身体を横に向けたり、起き上がったりすることで腕や足の関節が拘縮（こうしゅく）（動かさないことで固まること）しないように曲げ伸ばしをするのです。

以前は症状が安定するまで安静にしていた方が良いという考えもありましたが、それでは拘縮などの「廃用症候群」になる危険性が高まります。こうしたことから、現在はできるかぎり早い段階からリハビリを始めた方が良いという考えに変わってきています。

しかしながら、脳梗塞発症直後は治療と並行しながらになるため、積極的な機能回復のためのリハビリというよりも、あくまで廃用症候群を防ぐためのプログラムが中心になります。そのため、後遺症への機能回復を促す本格的なリハビリは回復期リハ病棟に転院してからと考えてもよいかもしれません。

回復期リハ病棟では、後遺症に対しての機能回復と残された機能を活かして生活するための訓練を行います。たとえば、右半身マヒの方に対してはマヒのある右手が使えない分、左手の機能を向上させて補うように訓練します。その他には、杖や歩行器を利用して安全に歩けるようになるための訓練などです。

このように、機能を回復するためのリハビリだけでなく、在宅復帰をめざして日常生活に活かせるように残された能力を強化したり補助具を利用したりといった代償的なリハビリなど専門的な指導を受けられるのが回復期リハ病棟の特徴です。しかしながら、前項でもお話ししましたが、こうした病院にも入院期間が定められています。そのため、親や家族が納得いくまでリハビリを受けられるとは限りません。

また、せっかくリハビリを頑張って身体機能が少しずつ回復したとしても、退院後にリハビリを中断してしまうと回復した機能も再び低下してしまいます。したがって、自宅に戻った後も介護保険のサービスなどを利用して親がリハビリに取り組める環境を整えることが重要になります。

後遺症を抱える親がリハビリするための介護サービスとしては、自宅にリハビリの専門家が訪問して心身機能の維持回復および日常生活の自立を助けるために理学療法、作業療法などが受けられる訪問リハビリテーション（訪問リハビリ）や親自身がリハビリをする場所へ通う通所リハビリテーション（デイケア）があります。

なお、ここで言うリハビリの専門家というのは、「理学療法士」「作業療法士」「言語聴覚士」の３職種に分かれます。そして、この３職種はそれぞれ専門分野（強み）が違うため、当然ながら親（利用者）に必要なリハビリの内容によって、依頼する専門家は異なります。

理学療法士…「座る」「立つ」などの基本的な動作ができるように、身体の機能回復をサポートする専門家
作業療法士…「指を動かす」「食事をする」「入浴をする」などの日常生活を送る上で必要な、応用的動作の獲得を支援する専門家
言語聴覚士…「話す」「聞く」などのコミュニケーション能力の回復や、食べ物をうまく飲み込めない嚥下（えんげ）障害の訓練を行う専門家

まずは「理学療法士」が行うリハビリから順番に説明していきます。理学療法士は「座る」「立つ」などの基本的な動作ができるように、身体の機能回復をサポートする専門家です。それに対して、作業療法士は「指を動かす」「食事をする」「入浴をする」などの日常生活を送る上で必要な、応用的動作の獲得を支援する専門家になります。そして、言語聴覚士は「話す」「聞く」などのコミュニケーション能力の回復や、食べ物をうまく飲み込めない嚥下（えんげ）障害の訓練を行います。

たとえば、脳梗塞を発症して間もない時期で、「ベッドや車椅子から一人で立ち上がれない利用者」というケースで考えてみましょう。このような状況の方が先に行うことは、ベッドや椅子からの立ち上がり動作の訓練ではないでしょうか？

立ち上がり動作のリハビリでは、筋力の向上だけでなく、立ち上がるための身体の使い方の指導なども必要になります。こうしたケースでは、「座る」「立つ」などの基本的な動作獲得の専門家である理学療法士にリハビリをお願いするのがよいでしょう。

その一方で、立ったり歩いたりといった基本的な動きはできるけれども、箸を使って食事をする、化粧をするといった細かい動作ができないような場合には、作業療法士にリハビリを依頼します。

このように、リハビリの専門職（理学療法士や作業療法士）の強みな

どを把握することで利用者の状況に合った専門家を絞ることができます。

そして、退院後のリハビリと同じように脳梗塞の予防も大切になります。なぜなら、脳梗塞を発症するには必ず何らかの要因があるからです。たとえば、高血圧や脂質異常症、糖尿病などの生活習慣病が主なものです。これらの持病がある場合は、脳梗塞の再発を繰り返す恐れもあります。実際に脳梗塞の再発率は高く、再発した場合には後遺症も残りやすくなることがわかっています。

したがって、脳梗塞の再発予防はかかせません。具体的な予防方法は、継続的な服薬管理と生活習慣病の改善です。親一人では長年培ってきた生活習慣を変えることは難しいため、親を支える家族の積極的な関わりも必要になります。

※本項では、以下の文献を参考にいたしました。
「ゼロからわかる脳梗塞」(木村哲也 著、聖路加国際病院 監修　世界文化社　2013年)
「NHKここが聞きたい　名医にQ　脳卒中のベストアンサー」(高木誠、横田裕行、辻哲也監修　主婦と生活社　2013年)

●認知症を患う

はじめに読者の皆様は「認知症」という言葉をきいて、どのような印象をお持ちでしょうか？　以前は、認知症という言葉ではなく「痴呆」と呼ばれていました。しかし、痴呆という言葉は侮蔑感を感じさせる表現であるため、2004年を境に「認知症」という名称に改められました。

そして、介護保険制度と共に「認知症」という言葉が世間でも飛び交うようになり、今では「認知症」という言葉を知らない人の方が少なくなっています。現在では自宅で認知症の親を介護されている家族もたくさんいます。

ただ、名称が変わっても認知症の方に対する理解が思うように進んでいないため、「親が認知症になっても他人にはなかなか相談できない」と感じている人は多いのではないでしょうか。

平成24年の調査によると認知症患者数は462万人にのぼり、65歳以上の高齢者７人に１人が認知症を患っているということがわかっています。

図版2-6　65歳以上の認知症患者数と有病率の将来推計

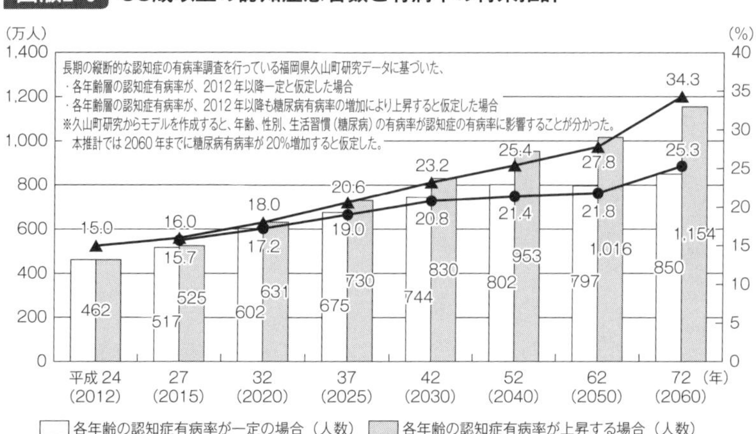

資料：「日本における認知症の高齢者人口の将来推計に関する研究」（平成26年度厚生労働科学研究費補助金特別研究事業　九州大学二宮教授）より内閣府作成

出典：内閣府「平成28年度版高齢社会白書」図１－２－12参照
http://www8.cao.go.jp/kourei/whitepaper/w-2016/html/gaiyou/s1_2_3.html

現在では患者数の増加に伴って、テレビや雑誌でも認知症の症状や予防方法などの情報が数多く取り上げられるようになりました。認知症がここまで注目される理由は、親に介護が必要になる原因の１つになっているということだけではなく、認知症を治す方法が未だに見つかっていないからではないでしょうか。

認知症の治療に用いられている薬は、認知症そのものを治す薬ではなく、あくまでも症状の進行を遅らせる効果しかありません。つまり、現在の医療では他の病気と違って治療をすれば完治するというものではないのです。

また、認知症の症状の現れ方も人によってさまざまです。その人が生きてきた時代背景や生まれ持った性格、また周りの人との関係性や認知症の原因となる疾患によっても異なります。さらに、認知症は少しずつ症状が進行していくことも特徴の１つです。進行の速度は３～15年と年齢や認知症の原因などによって異なりますが徐々に症状が進行していきます。そして最後には、食事や排泄、着替えなど生活全般において介護が必要な状態になるのです。そのため、認知症を患われた高齢者の介護は大変であるという印象を多くの人が持たれています。

もし、離れて暮らすあなたの親が「認知症かもしれない」と気づいたらどう対応しますか？　はじめは「親の一人暮らしをこのまま続けさせてもよいのか」「仕事をしながら認知症の親をみていけるのだろうか」「認知症の介護ってどのようなことをしなければならないのか」というような不安を抱えてしまうのではないでしょうか。

中には、「一人で生活できているし親が認知症になるはずがない……」と問題から目を背けようとする人もいるかもしれません。ただ、実際は「親が認知症になったかもしれない」と感じた時点できちんと対策をとらなければ、後々苦労することになります。なぜなら、認知症は早期に発見して病院で治療を受けたり、家族が親と適切に関わったりすることで進行を遅らせることができるからです。

そして、認知症の親を介護しながら仕事を続けるためには介護サービスや親の住む地域の人達の支援が欠かせません。そのため、早い段階から親の生活を支えるための環境を整えておくことが重要になるのです。

認知症の診断は本人を医療機関に連れて行くまでが難しい

親が「認知症かどうか」を調べるために病院へ受診することはとても大切なことです。なぜなら、認知症かどうかがはっきりしていない状況では要介護認定を受ける際の主治医意見書には認知症の症状について適切に記入してもらうことができない場合もありますし、診断がおりていなければそもそも治療を始めることができないからです。

ここで、もし認知症と診断された場合には「認知症状を引き起こしている原因」を知ることが重要になります。なぜなら、認知症を引き起こしている原因をきちんと調べることで適切な治療を早い段階で始めることができるからです。

一口に認知症と言っても、認知症を引き起こす原因によって治療方法は異なります。たとえば、アルツハイマー型認知症であれば薬を服用することで「認知症の進行を遅らせる」「周辺症状（妄想や昼夜逆転など）を抑えて穏やかに過ごせるようにする」というような治療が中心になります。その一方でレビー小体型認知症では記憶障害よりもパーキンソン病の症状にみられるような関節のこわばりや小刻み歩行など身体的な症状が現れます。また、薬に対して副作用が出やすくなる人もいるため注意が必要です。

このように、「認知症」という診断を受けるだけではなく「何が原因で認知症の症状が出ているのか」ということを細かく調べることが大切なのです。

しかし、子供や周りの人が「認知症かもしれない」と思っていても、親自身はそれを受け入れることができずに病院受診を拒否することもあります。実際に認知症の初期症状があったとしても、親が現状の生活に不安を感じていなければ「私はボケてない」と感情的になってしまい、受診につなげることができないのです。

では、このような場合、家族はどのように対応するべきなのでしょうか。認知症の初期段階では家族の見守りや支援があれば一人暮らしを継続できる方も多いです。したがって、一人暮らしをしている親からすれば「生活には困っていないし、私は認知症なんかではない」と思ってしまうのです。

もし仮に親自身も「今までの自分とは少し違うかもしれない？」と感じていたとしても、認知症と診断されるということは本人にとって「自分はボケてしまった」と認めざるを得ない状況になってしまいます。さらには「一人暮らしが続けられなくなって家族に迷惑をかける」「老人ホームに入れられてしまう」というような不安を抱えることになります。

そのため、親に病院受診を勧める時は本人を不安な気持ちにさせないよう慎重に言葉を選びながら説得しなければなりません。ここで大切なことは受診の目的（ゴール）を「認知症の診断」にしないということです。なぜなら、親にとっては認知症と診断されることによるメリットは全くないからです。

そのため、家族だけではなく、親にとってもメリットになるよう受診の目的を変える必要があるのです。ここで言う親のメリットとは「親が生活上で不安に思っていることを解決する」などのことを指します。実際、認知症を発症された方の中には、「今まで当たり前のようにできていた料理ができなくなった」「約束の日時や場所を間違えるようになった」というようなことをご自身でも薄々気づき始めている人もいます。

ただ、本人が気づいていたとしても、ご自身ではどうすればよいかがわからずに誰にも相談できないのです。したがって、まずは親自身が日常生活で不安に思っているようなことを聞き出すことから始めてみてください。

そうすることで、親がどのような心境なのかを子供は少しずつ把握できるようになります。実際にそこで親から「最近、よく物を失くしてしまう」「人の名前が覚えられなくなった」というようなことを聞き出すことができれば、子供も「認知症にならなくていいように早めに医療機関で検査を受けておこう」というような声かけもできます。

その声かけのポイントは、“認知症にならなくていいように”と付け加えることです。なぜなら、親としては「認知症にならない」ことにメリットを強く感じるからです。

とは言え、このような不安を持たれていたとしても、その気持ちを必ずしも打ち明けてくれるとは限りませんし、認知症の進行状況によっては、親自身が「今の自分がどのような状態になっているのか」をきちんと認識することができない場合もあるでしょう。

そのようなときは、可能なかぎり親を不安な気持ちにさせないように「最近、もの忘れが多い気がするけど大丈夫？」というような声かけから始めてみてください。このような声かけであれば、認知症かどうかを問い詰めていることにはなりませんし、親にとっても子供が気にかけてくれていることに安心感を抱きます。

そうすることで、親子の信頼関係が深まっていきますので、いずれは病院受診にも応じてくれるのではないでしょうか。

介護サービスの利用を拒否する認知症高齢者

親が認知症と診断され、現に介護が必要な状態であれば要介護認定はおりるため、子供は介護サービスの利用を検討します。たとえば、一人暮らしをしている父親の食事を確保するためにホームヘルパーの方に料理を依頼する。または毎日家でじっとしている母親が心配になってきたため、認知症を進行させないためにデイサービスに通ってもらうというようなことです。

実際に介護サービスを利用することで子供の介護負担は軽減されますし、ケアプラン（居宅サービス計画）の作成をお願いしているケアマネジャーから的確なアドバイスをもらえることで将来の不安も解消することができます。

そのため、子供は介護サービスの利用を親に勧めるのですが、中には「家に他人を入れたくない」「老人が集まるようなところには通いたくない」というように介護サービスの利用自体を拒否してしまう方もいます。実際、子供が介護サービスの必要性を感じていたとしても、利用対象者である親自身が渋々でも首を縦に振ってくれなければサービスの利用にはつながりません。厚生労働省「平成28年度　介護給付費等実態調査の概況」の調査によると、平成29年４月審査分においては、要介護認定者数に占める受給者（実際にサービスを利用した人）数の割合をみると、男性で76.5%、女性で81.3%となっています。つまり、約２割の方は要介護認定を受けただけで介護サービスは利用していないのです。

図版2-7　性別にみた認定者数・受給者数及び認定者数に占める受給者数の割合

各年4月審査分

	認定者数(千人)①		受給者数(千人)②		構成割合(%)		認定者数に占める受給者割合(%) ②／①	
	平成29年	平成28年	平成29年	平成28年	平成29年	平成28年	平成29年	平成28年
総数	6 471.3	6 349.2	5 162.5	5 172.4	100.0	100.0	79.8	81.5
男	2 038.2	1 989.3	1 558.6	1 554.0	30.2	30.0	76.5	78.1
女	4 433.1	4 359.9	3 603.9	3 618.3	69.8	70.0	81.3	83.0

出典：「平成28年度　介護給付費等実態調査の概況」P6表４参照
https://www.mhlw.go.jp/toukei/saikin/hw/kaigo/kyufu/16/dl/02.pdf

ただし、この2割の方の中には「いざ介護が必要になった時に困らなくていいように要介護認定だけは受けておく」という方もいますが、先ほどのように、親の理解が得られずに介護サービスの利用につながっていないというケースもたくさんあります。

私の経験上、介護サービスの利用を拒否する高齢者は「警戒心が強い」「他人との交流が苦手」「新しいことを始めるのがおっくう」というような特徴があります。そして、本人に今の状況を変えなければならないという意識がほとんどないため、家族が必死に説得してもその思いは届かないのです。

こうしたことから、実際に私が対応しても上手くいかない場合は「もう少し家族で見守っていきましょう」とアドバイスをすることもあります。なぜなら、親が嫌がっているにも関わらず、第三者であるホームヘルパーが自宅の中に入ったり、本人をデイサービスに無理やり連れ出したりするようなことはできないからです。そのため、このようなときは子供が親の生活全般を支援することになります。

しかしながら、親が介護サービスの利用を拒否しているからといって、そのままにしておけば家族の介護負担は増していくばかりですし、認知症の進行を早める可能性もあります。その結果、いずれは仕事と介護の両立も難しくなってくるでしょう。

そうならないために、次の項では介護サービスを拒否する親の説得方法について説明していきます。

介護サービスの利用を嫌がる親の説得方法

先ほどの項では介護サービスの利用を拒否する高齢者の特徴として「警戒心が強い」「他人との交流が苦手」「新しいことを始めるのがおっくう」という点を挙げました。また、親自身は「現状の生活を続けていても問題ない」と考えているため、介護サービスの必要性を全く感じていないケースが多いのです。

こうしたことから、親に介護サービスを利用してもらうためには、本人の警戒心を解くための人間関係づくりや介護サービスの必要性を感じてもらうための環境づくりが必要になります。

そこでまずは親（利用者）の警戒心を解く人間関係づくりから説明していきます。利用者の警戒心を解くために重要なことは「あなたに危害を加える人間ではない」と利用者に感じさせることです。

認知症を患った方は初期段階から記憶障害がある人もいます。そのため、利用者の中には「介護事業所のスタッフ（以下、介護スタッフ）の名前や顔をすぐに覚えることができない」「デイサービスに通っていても、その場所がどこであるかが認識することができない」という人もいるのです。

実際、利用者にとっては目の前にいる介護スタッフの名前や顔を覚えていなければ、「知らない人」という認識になります。したがって、「知らない人」と認識されているホームヘルパーが利用者の自宅に上がろうとしたり、デイサービスの介護スタッフが施設に連れて行こうとしたりしてもなかなか上手くいかないのです。

この問題を解決するためには利用者に名前や顔を覚えてもらえるよう介護スタッフが利用者の自宅に足しげく訪問する必要があります。しかしながら、介護スタッフが闇雲に訪問しても利用者と信頼関係を築くことができなければ意味がありません。したがって、訪問する介護スタッフには利用者から信頼を得るためのコミュニケーション能力が求められてきます。

そして、そのときに介護スタッフが必要とする情報は利用者の「性格」「生活歴」「趣味嗜好」などになります。たとえば、「健康には気を使っていた」「以前はゲートボールによく参加していた」「喫茶店で友人とおしゃべりをするのが大好きだった」など、会話が弾むきっかけになるような情報を訪問する介護スタッフに伝えておくのです。

実際、警戒心の強い親と介護スタッフが信頼関係を築いていくためには家族や介護事業所の労力を必要としますが、粘り強く対応し続けることで介護スタッフのことを「私に危害を加える人ではない」と感じてもらえるようになり、介護サービスの利用にもつなげていけます。

次は親が介護サービスの必要性を感じてもらうための環境づくりについて説明していきます。これまでに私が「親が介護サービスの利用を拒否してしまうため困っています……」というような相談を受けて感じたことは、「家族が親の介護（もしくは支援）で疲れ果ててしまっている」ということです。つまり、親が日常生活で困らなくていいように家族が頑張りすぎているのです。

その一方で、家族から支援を受けている親自身はどうなのかというと、当然ながら現状の生活で特別に困っているようなことはありません。なぜなら、重たい荷物が持てないのであれば家族が買い物に行ってきてくれるし、一人で入浴ができないのであれば家族が介助してくれるからです。

そのような状況で親は介護サービスの必要性を感じるのでしょうか？考えるまでもありませんよね。こうしたことから、私がこのような内容の相談を受けたときにアドバイスをさせていただくことは「あなたが頑張りすぎにならない方法を一緒に考えましょう」ということです。

実際に親の介護で行き詰まってしまう人の多くは「自分が親の介護をしなければならない」という思いが強い傾向にあります。その思いはとても大切なのですが、それが原因で子供の人生を犠牲にしてしまうのであれば親としても心から喜べないのではないでしょうか。ましてや、介護をする家族が倒れてしまっては元も子もありません。

こうしたことから、家族の介護負担を少しでも軽減するために食事は高齢者向けの宅配弁当サービスを利用したり、入浴介助の回数を可能な範囲で減らしたりするのです。そうしておくことで、子供も親の介護を無理なく続けることができますし、認知症を患われた親も次第に子供の身体を気遣って介護サービスの利用を検討してくれるようになります。

●高齢になり身体機能が低下する

親に介護が必要になるきっかけには病気だけでなく「老化・老衰」というように親が高齢になったからという原因もあります。人は誰しも80

代、90代になれば身体の機能は自然と衰え、日常生活において何かしらの支援が必要になります。そもそも、人間の身体の機能は30歳を過ぎたあたりから次第に低下していくと考えられています。

60代になれば体力や反射神経の低下が顕著に表れるようになりますし、70代、80代になれば視力や聴力の低下、そして足腰なども弱ってきます。そのため、長時間歩いたり同じ姿勢で過ごしたりすることを負担に感じるようになります。そしてこれらの動作は、日常生活に欠かせない「掃除」「洗濯」「買い物」「調理」といった作業にも影響してきます。

このように、病気などで介護が必要な状態になるケースとは違い、加齢による老化で少しずつ支援が必要になるケースでは徐々に介護状態になるのが特徴です。したがって、子供も親本人もどの時点で介護サービスを導入するべきなのかが分かりづらいのです

実際に身体機能の低下が原因で日常生活に支障をきたすようになったとしても、高齢になった親が自ら「介護サービスを利用したい」と子供に訴えることはそう多くはありません。どちらかというと、親の生活を支援している子供が「もうこれ以上は家族だけでは対応しきれない」ということで介護サービスの導入を検討するのです。

しかしながら、介護を必要とする高齢者の中には「他人の世話にはなりたくない」という理由から介護サービスの利用を拒まれる方もたくさんいます。やはり、高齢になっても年寄り扱いはされたくないし、家族以外からの支援を受けたくないと考えている人は多いようです。

このように、「他人の世話にはなりたくない」「年寄り扱いはされたくない」という思いは若さや健康を保つためには大切なことです。ただ、そうした思いはあるけれど、現実的には子供の支援で在宅生活が成り立っているという高齢者もいます。

こうした場合で介護をしている子供を悩ませるのは、介護サービスの導入時期です。そこで次の項では介護サービスの利用に前向きではない親を説得する方法について説明していきます。

介護サービスの利用に対して親から前向きな返事がもらえない場合の説得方法

親が脳梗塞の後遺症で身体にマヒが残ったり、骨折して一人で歩けなくなったりした場合、誰の目から見ても明らかに介護が必要な状態だとわかるため、子供は迷うことなく介護サービスの導入を検討することができます。その一方で、加齢に伴って親の日常生活に支援が必要になる場合では、買い物や通院の付き添いなどのように家族にとって負担が少ない支援から徐々に増えていくため、「どの時点から介護サービスを利用すればよいのか」という線引きが難しくなります。

そのため、子供が親の介護を一人で抱え込んでしまい、行き詰まってしまうケースは少なくありません。しかしながら、先ほどの項でも説明したように介護サービスの導入を検討するのは親の生活を支援している子供である場合が多いです。そのため、親から「まわりにこれ以上迷惑をかけられないから介護サービスを導入しよう」というような言葉を待つのではなく、子供の方から親を説得する必要があります。

ただし、前提条件として親には「他人の世話にはなりたくない」「年寄り扱いはされたくない」という気持ちがあることを肝に銘じておかなければなりません。したがって、介護サービスの利用を勧めるときは、親の尊厳を傷つけないよう慎重に言葉を選びながら説得する必要があります。

そこでまずは、親のこれまでの生活歴や価値観などを確認することが大切です。親が「どこで生まれ、どのように育ってきたのか？」また、「学校を卒業してから現在に至るまで、どのように過ごしてきたのか？」といった情報を整理していくのです。

ご家族の中には、「何十年も一緒に暮らしている親のことなのだから、何でもわかっているよ」と思われる方もいるでしょう。しかし実際には、親に介護サービスの利用を促していくためには、子供が想像している以上に親の生活歴や価値観を正確に把握しておく必要があります。

なぜなら、介護サービスの利用の促し方を間違ってしまうと、親に利用を拒否されてしまうからです。たとえば、子供のころから人見知りの性格で、趣味が全くなかった高齢者がいたと仮定します。このような方にカラオケや運動が活発なデイサービス（日帰りの通所施設）を勧めても、なかなか利用には結びつきません。

その他にも、戦時中にご両親を亡くし、子どもの頃はずっと親戚のお世話になっていたため、「なるべく周りに迷惑をかけないように生活してきた」という高齢者がいたとしましょう。このような生活をしてきた方には、たとえ家事ができなくなったとしても、「ホームヘルパー（他人）のお世話にはなりたくない」と考える人は多いです。

こうしたことから、介護のサービスを親に促すときは、その人の「生活歴」や「価値観」を考慮しながら説明していかなければなりません。

そして、ここで重要なポイントは、子供の希望を先に親には伝えてはならないということです。なぜなら、先に子供の希望を伝えた時点で「介護サービスを押し付けられている」と親が思ってしまうからです。

そうならないためにも、まずは「このまま安心して在宅生活を続けていくためにはどうするべきか」という視点で親と家族で話し合うことが大切です。そうすることで、「これから先、親がどのような生活を望んでいるのか」を確認することもできます。

親も「今のままではいけない」と考えていたとしても、自身の老いと冷静に向き合っていくのはとても難しいことです。そのため、こうした不安を取り除きながら親の話に耳を傾けることでお互いの信頼関係がより深まります。

その上で、親の生活で子供が支援できる内容とできない内容をきちんと伝えて、「支援できない部分を介護サービスで補っていけないか」について親子で話し合ってみてください。そうすることで、親は在宅生活していくためにあなたの提案を少しずつ受け入れてくれるようになるでしょう。

転倒して骨折する

高齢者の転倒には２つの特徴がありますが、１つめは「大怪我につながりやすい」ということです。現役世代の人であれば擦り傷程度で済むような転倒事故でも、高齢者になると骨折につながってしまう可能性は高まります。

これは加齢に伴って骨が脆くなってしまい、少しの衝撃でも折れてしまうことが原因になっています。特に女性は、閉経後に女性ホルモンの分泌が低下することによって骨の密度が減るため、男性に比べて約３倍骨粗鬆症（骨の中がスカスカな状態になる）になりやすいといわれています。そのため、転倒による骨折も女性に多くみられます。中には骨粗鬆症の悪化でくしゃみをした衝撃で骨にヒビが入ったという事例もありますが、一度の骨折がきっかけで要介護状態になる高齢者は非常に多いです。

また、人は誰しも加齢に伴って身体機能や反射神経は低下していきます。その結果、転びそうになった時にとっさに受け身をとったり、手をついたりという動作ができずに大怪我につながってしまうこともあるのです。

次に高齢者の転倒には「意外な場所での転倒が多い」という２つめの特徴があります。高齢者に転倒した場所を尋ねると「なぜ、そのようなところで転倒したの!?」と思える事例はたくさんあります。

実際にこの書籍を読まれているあなたも駐車場の車止めブロックや歩道と車道の間にある段差などに足を引っかけて転倒しそうになったことがあるのではないでしょうか。ここで現役世代の方であれば、とっさの反応で転倒せずに済むかもしれません。

しかしながら、身体機能などが低下した高齢者は家の中の敷居や絨毯の端などのようなわずかな段差にもつまずいて転んでしまうのです。これらは、加齢に伴って目が見えにくくなったり、足を上げているつもりでも実際は上がっていなかったりすることなどが原因だと考えられます。

このようなことからもわかるように、高齢になった親にとって自宅の中でも転倒して骨折する危険が多く潜んでいるのです。このような状況では、親がいつ転倒するのかを予想することもできません。つまり、親が骨折して介護が必要な状態になるときは突然訪れるということです。

そこで、親が骨折して介護が必要になったとき、どのように対応していけばよいのかについて説明していきます。

親の年齢や骨折箇所で必要な介護は異なる

高齢者が転倒したときに骨折しやすい部位としては「大腿骨頚部」「胸腰椎」「上腕骨頚部」「橈骨遠位端（とうこつ：前腕の親指側にある長骨）」などがあります。

＜高齢者の骨折部位＞

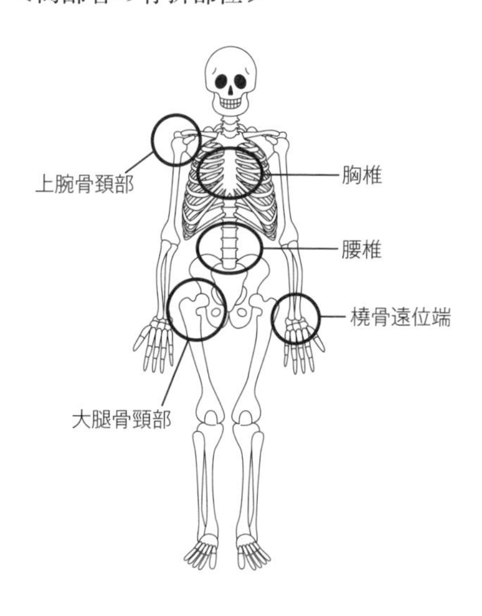

一口に「骨折」といっても骨折箇所が腕なのか、それとも足なのかによってその後の生活や必要な介護の内容は異なります。たとえば、利き手ではない方の手を骨折した場合には「洗濯干し」や「重たいものを持つ」などのように両手を必要とする動作が難しくなる程度で済みます。

しかしながら、利き手を骨折した場合では食事で箸を使ったり、料理をしたりといった日常生活で欠かせない動作にも支障をきたします。そのため、利き手を骨折したケースでは家事全般の支援が必要になる可能性もあるのです。

とは言え、腕の骨折のように一時的に支援が必要な状態では、家族が頼りにしている介護保険サービスを利用できない場合があります。なぜなら、介護保険サービスを利用するために必要な「要介護認定」がおりない可能性があるからです。

介護保険では65歳以上で介護が必要な人であればサービスを利用することができますが、この介護認定を受けるためには「要支援・要介護状態が6ヶ月以上継続すると見込まれる」という条件に該当しなければなりません。そのため、腕の骨折が回復する期間が短ければ介護認定はおりない可能性があるのです。

したがって、認定がおりなかった場合は家族（主に子供）が親の生活支援をしなければなりません。ただ、実際には子供が遠方に住んでいるため、頻繁には親の実家に通えない場合もあります。このようなときは骨折が治るまで民間の家事代行サービスなどを利用している人もいます。

一時的な支援であれば家事代行サービスだけでもなんとかしのぐことができます。また、骨折箇所も腕や手首であれば日常生活自体がリハビリテーション（以下、リハビリ）になるため、あえて介護保険で受けられるデイサービスなどに通う必要もありません。ただし、腕や手首の骨折では入院にはならないケースもあります。たとえ、入院することになったとしても、それほど長い期間ではありません。そのため、腕などを骨折した親の生活を支える体制づくりではゆっくり時間をかけることができないのです。

その一方で骨折箇所が大腿骨頚部の場合では、折れてしまった骨の代わりに人工骨を埋め込む「人工骨頭置換術」や骨をボルトで補強するなどの手術を行うことが多いです。この手術を行うことによって、早い段階で歩くためのリハビリに取り組むことができるようになるのですが、リハビリの進み具合によっては入院期間が1ヶ月以上になる場合もあります。加齢に伴って身体機能が低下しているうえに、筋力が衰えるスピードも早くなっている親にとって、この1ヶ月の入院期間は後々の日常生活に大きな影響を与えます。

また、腕の骨折と違って足や腰の骨折では一人で自由に動くことができないため日常生活全般に支障が出てきます。たとえば、退院して自宅に戻ったとしても一人で歩くことができなければ家族の手助けなしではトイレにも行けない状態になります。それだけではなく、食事の準備や入浴など日常生活の全てにおいて介護が必要な状態になってしまうのです。

そのような状況にならないよう、入院中は早ければ手術の翌日からベッド上でのリハビリが始まります。さらに、手術後１週間も経つと足に体重を乗せる起立訓練を行い、状態に合わせて歩行訓練に入る人もいます。このように自宅に戻るためには、少しでも歩けるように親自身もリハビリに励んでもらわなければなりません。

とは言え、高齢であればあるほど基礎体力が低いため、リハビリにも時間がかかります。さらに、入院生活が長くなるとリハビリに対する気力や意欲が少しずつ失われていく傾向にあります。やはり、親自身の「自分で歩けるようになりたい」という気持ちがなければ、おのずとリハビリの効果が出にくくなってしまうのです。

そのため、親の精神状態によっては大腿骨頚部の骨折が原因で車椅子生活になってしまい、退院後は老人ホームに入居せざるを得ないケースもあります。このようなことからもわかるように親の年齢や骨折箇所によって、その後の生活や必要になる介護の内容も異なってくるのです。

「親の思い」と「退院期限」のあいだで悩む人が多い

親の介護でお困りの方の中には「病院は病気やケガを治療する場所だから親が元気になるまで入院させてくれるだろう」と思われている人は多いです。しかしながら、実際に病院では足を骨折した親が歩けるようになるまでずっと入院させてくれるわけではありません。なぜなら、病院は必要な治療が終わった時点で退院に向けた準備を進めるような仕組みになっているからです。

たとえば、親が緊急搬送された場合に搬送先となるのは急性期医療機関になります。急性期医療機関では、主に緊急を要する患者を受け入れて高度な医療を提供する役割を担っています。実際、65歳以上の方の骨

図版2-8 傷病分類別にみた年齢階級別退院患者の平均在院日数

（単位：日）　　　　　　　　　　　　　　　　　　　　平成26年９月

傷病分類		総数	0～14歳	15～34歳	35～64歳	65歳以上	75歳以上（再掲）
総数		31.9	8.4	12.0	24.4	41.7	47.6
Ⅰ　感染症及び寄生虫症		20.9	4.6	7.1	18.3	31.5	37.1
結核	（再掲）	58.7	32.8	40.7	65.2	58.4	58.6
ウイルス肝炎	（再掲）	16.3	5.1	12.5	12.5	21.4	38.2
Ⅱ　新生物		18.7	19.8	14.0	14.0	21.1	25.3
悪性新生物	（再掲）	19.9	32.1	18.6	15.4	21.7	26.1
胃の悪性新生物	（再掲）	19.3	5.5	12.1	13.9	21.0	25.7
結腸及び直腸の悪性新生物	（再掲）	18.0	8.0	10.8	13.5	20.0	24.5
肝及び肝内胆管の悪性新生物	（再掲）	18.8	47.8	12.1	15.8	19.3	21.6
気管，気管支及び肺の悪性新生物	（再掲）	20.9	10.1	9.8	16.7	22.3	26.9
乳房の悪性新生物	（再掲）	12.5	－	6.8	8.9	15.9	19.8
Ⅲ　血液及び造血器の疾患並びに免疫機構の障害		21.8	10.4	10.7	19.8	26.0	27.3
Ⅳ　内分泌，栄養及び代謝疾患		28.5	5.4	12.4	19.0	36.3	43.1
糖尿病	（再掲）	35.5	13.0	14.1	20.0	47.4	65.2
高脂血症	（再掲）	29.4	1.0	4.5	7.4	62.3	83.8
Ⅴ　精神及び行動の障害		291.9	36.2	60.1	204.4	523.0	473.0
血管性及び詳細不明の認知症	（再掲）	376.5	－	231.0	267.5	380.7	383.1
統合失調症，統合失調症型障害及び妄想性障害	（再掲）	546.1	91.4	93.3	334.1	1 295.8	1 470.9
気分[感情]障害（躁うつ病を含む）	（再掲）	113.4	41.1	45.7	93.7	157.0	161.3
Ⅵ　神経系の疾患		82.2	15.7	44.7	51.8	113.2	134.9
アルツハイマー病	（再掲）	266.3	－	－	217.8	267.4	257.6
Ⅶ　眼及び付属器の疾患		4.1	3.8	6.6	4.6	3.9	4.1
Ⅷ　耳及び乳様突起の疾患		7.8	4.6	6.8	8.3	8.1	8.1
Ⅸ　循環器系の疾患		43.3	18.2	13.6	21.4	50.6	62.7
高血圧性疾患	（再掲）	60.5	8.9	11.0	13.8	68.4	83.3
心疾患（高血圧性のものを除く）	（再掲）	20.3	30.5	10.2	9.0	23.7	30.5
脳血管疾患	（再掲）	89.5	20.7	44.6	46.9	100.7	116.0
Ⅹ　呼吸器系の疾患		27.3	5.3	10.4	15.2	39.0	41.7
肺炎	（再掲）	29.7	6.1	9.2	16.2	36.0	38.4
慢性閉塞性肺疾患	（再掲）	68.1	9.9	9.4	25.1	72.4	80.4
喘息	（再掲）	10.8	4.9	5.9	8.4	29.0	35.1
ⅩⅠ　消化器系の疾患		13.0	5.6	7.5	9.7	16.0	19.3
う蝕	（再掲）	1.6	0.4	1.1	2.4	4.5	5.2
歯肉炎及び歯周疾患	（再掲）	2.1	0.4	1.8	3.3	3.3	3.5
肝疾患	（再掲）	25.8	9.3	10.7	17.1	33.2	40.7
ⅩⅡ　皮膚及び皮下組織の疾患		22.7	5.9	9.7	16.2	29.6	32.8
ⅩⅢ　筋骨格系及び結合組織の疾患		31.1	11.1	13.7	20.9	38.1	45.2
ⅩⅣ　腎尿路生殖器系の疾患		23.6	9.4	5.9	12.4	32.4	37.8
慢性腎不全	（再掲）	62.9	46.8	15.9	35.0	72.0	88.1
ⅩⅤ　妊娠，分娩及び産じょく		7.9	5.0	7.4	9.3	－	－
ⅩⅥ　周産期に発生した病態		10.9	10.9	44.9	29.0	－	－
ⅩⅦ　先天奇形，変形及び染色体異常		15.5	14.0	15.8	17.6	29.2	43.5
ⅩⅧ　症状，徴候及び異常臨床所見・異常検査所見で他に分類されないもの		23.7	3.6	7.7	11.4	33.0	37.2
ⅩⅨ　損傷，中毒及びその他の外因の影響		31.7	5.1	13.7	20.5	42.8	47.7
骨折	（再掲）	37.9	5.3	14.4	21.9	47.7	51.9
ⅩⅩⅠ　健康状態に影響を及ぼす要因及び保健サービスの利用		9.9	5.3	5.4	5.6	20.5	24.4

注：1）平成26年9月1日～30日に退院した者を対象とした。
　　2）総数には、年齢不詳を含む。

出典：厚生労働省「平成26年　患者調査の概況」P12　表6参照
http://www.mhlw.go.jp/toukei/saikin/hw/kanja/14/dl/kanja.pdf

折による入院では平均在院日数が約48日となっていますが、果たしてその期間でどこまで親の身体機能は回復するのでしょうか。親の年齢によっても回復具合は異なりますが、高齢になればなるほど、より介護が必要な状態で退院することになるのです。

そのため、親一人では生活することができない状態で退院となるケースも少なくありません。また、入院した高齢者の多くは面会に行くたびに「早く家に帰りたい」とあなた（家族）に訴えかけてきます。

このように、家族は病院側から「入院期間内の退院」を迫られ、親からは「早く家に帰りたい」と詰め寄られる状態になってしまうこともあるのです。もし、親がリハビリに励んでも車椅子が手放せない状態であれば老人ホームの入居も検討しなければなりませんが、少しでも回復する見込みがあるのであれば家族も自宅に帰してあげたいと思うのではないでしょうか。

しかしながら、そうは言っても一人で歩くのもおぼつかない状態で自宅に戻ったとしても、また転倒を繰り返してしまう可能性があるため、安易に判断するわけにはいきません。そこで、このような状況では無理に自宅へ帰すのではなく、一旦別の病院に転院してリハビリを受ける期間を長くするという方法もあります。

自宅に戻る前に回復期リハビリテーション病棟（以下、回復期リハ病棟）や地域包括ケア病棟などに転院して専門家によるリハビリを集中的に行うのです。これら病棟への転院については、病院に所属している医療ソーシャルワーカー（以下、ソーシャルワーカー）に対応をお願いすることで支援が受けられます。

実際、入院期間中に転院先を家族だけで見つけることはなかなかできません。やはり、医療の専門家ではない家族だけでは「どの病院に回復期リハ病棟があるのか」「病棟の空き部屋はどうやって調べればよいのか」という情報を集めることが難しいからです。

そのため、骨折の症状などが安定した時点で病院のソーシャルワーカーや病棟の看護師に「退院後について相談したいのですが」と声をかけてみてください。そうすることで、早い段階でソーシャルワーカーなどから退院後のさまざまなアドバイスを受けることができますので、退院の手続きで慌てなくて済むでしょう。

親が入院中に在宅生活で必要となる介護サービスを想定する

急性期医療機関から回復期リハ病棟に転院することでリハビリの期間を長くすることができますが、だからといって安心することはできません。なぜなら、これらの病棟にも入院期間が定められているからです。たとえば、大腿骨頚部骨折の場合では回復期リハ病棟でリハビリを受けることができる期間は90日以内（人工骨頭置換術を行った場合）とされています。やはり、転院先の病院でもリハビリを行っている間に親が自宅で生活できるような体制を整えなければならないのです。

なお、人工骨頭置換術をおこなうと１週間程度で足に体重をのせてリハビリをすることができるようになりますが、実際は骨折前と全く同じように過ごせるわけではありません。

特に手術した部分が脱臼しやすくなるため、細心の注意が必要になります。たとえば、手術した足を内転、内旋（内側に曲げる）するような体制は最も危険です。その他にも、あぐらの姿勢、しゃがみ込むような姿勢をとるときも注意しなければなりません。そのため、和式のトイレを洋式に変更したり、布団で寝ていたのをベッドに変えたりする必要があるのです。

また、リハビリ期間が延びたからといっても、退院時は必ずしも安全に歩ける状態まで回復するとは限りません。たとえば、杖を使いながらの歩行であったり壁をつたいながらの不安定な歩き方だったりすることもあります。

このような場合には、親が安全に生活できるように住宅環境を見直すことが重要です。具体的には、先ほどのようにトイレを洋式に変更（住宅改修）したり、介護用ベッドをレンタル（福祉用具貸与）したりするのです。これらは介護保険を利用することで実際にかかった費用の１～３割（本人の収入に応じて異なる）の自己負担で済みます（※）。

※2018年８月より特に所得の高い層の方は負担割合が３割となりました。

ただし、介護保険を利用するためにはさまざまな手続きが必要になるため、親が入院中に要介護認定の申請を行っておくことが大切です。そして、それと同時に親の居宅サービス計画書の作成を依頼するケアマネジャーを探しておかなければなりませんが、その探し方については第4章 第2節をご参照ください。

なお、ここで特に注意しておきたいことは住宅改修の工事を行う日です。住宅改修は介護保険の「居宅サービス」に位置づけられていますので、親が入院中に工事を行うと介護保険が適用されないケースがあるのです。したがって、親の退院日に合わせて工事を行うなどの調整が必要になります。さらに、住宅改修の工事を行う前に必要書類を役所に提出しなければなりません。これらの手続きについては、漏れがないよう役所の介護保険課やケアマネジャーに相談しながら進めていくとよいでしょう。

その他にも、退院後に訪問介護（ホームヘルパーの派遣）やデイサービスを利用することで入浴や食事、またリハビリなどのサービスを受けることもできます。これらのサービスは入院中に親の希望を聞きながらケアマネジャーと調整しておくことで自宅に帰ってからすぐに利用することができます。

このように、親が入院中に自宅での生活を想像しながら「どのような介護サービスが必要になるのか？」「安全に過ごせる住宅環境には何が必要なのか？」ということについての対策を講じておくことで安心して退院することができるでしょう。

転倒した原因を突き止めて、転倒を繰り返さないように支援する

病院を退院して自宅で親が生活していける体制を整えておけば家族の支援が終わるというわけではありません。高齢になった親が一度転倒して骨折したということは、今後もまた同じことを繰り返してしまう可能性が高いということです。とは言え、転倒を予防するために親が外出する機会を奪ってしまえば、結果的に下半身の筋力低下につながってしまいます。これでは元も子もありません。

したがって、まずは親が転倒を繰り返さないように転倒した原因を探りながら対策を講じていくことが重要になります。

では、実際に高齢者が転倒する原因にはどのようなものがあるのでしょうか。ここでは、転倒につながる3つの問題を紹介します。

まず1つめは、親の歩行状態に問題があるケースです。たとえば、歩いている時に足がしっかり上がっておらず「すり足歩行」になっていたり、身体の向きを変える時にバランスを崩してふらついたりすることが転倒につながっているのではないかということです。

また、親自身も歩行が不安定な状態になっていることを気にしていない場合も多いため、実際には何も対策をしていないのです。そうなると、加齢とともに転倒するリスクはどんどん高まってしまいます。

こうした状況を防ぐためには、下半身の筋力を維持することができるよう日常的に体を動かす機会を作ることが大切です。具体的には、介護保険を利用してデイケア（通所リハビリテーション）に通ったり、地域で行われている介護予防教室に通ってみたりするという方法です。その他にも歩行が不安定な場合には杖や歩行器などを使うことで転倒を予防することもできます。

次に2つめの問題は身体状況の変化です。身体状況の変化といっても足の筋力低下だけではなく、その他にも視力の低下や危険予知能力、とっさの判断力の低下なども考えられます。そのため、足元にある物に気づかずにつまずいてしまうことが増えてしまうのです。そこで、室内を整理整頓して床などに物を置かないようにしたり、夜でも足元が見やすいように足元を照らすライトを設置したりするような対策が必要になります。

最後に3つめの問題は親の生活環境です。これまでの原因からもわかるように、親自身は気にしていないかもしれませんが、加齢に伴って身体機能は少しずつ低下していきます。そのため、今までは安全に過ごすことができていた生活環境であっても転倒リスクのある場所へと変わっていくのです。

高齢者が自宅内で転倒しやすい場所として代表的なのは「浴室」「玄

関先」「ベランダの出入り口」などです。これらに共通するのは、小さな段差があること、床材が変わる境界であること、とっさに掴む場所がないことなどが挙げられます。このような場合、対策としては手すりをつけたり、段差を解消するために台などを設置したりする方法などが考えられます。

その他にも室内や屋外で転倒する原因としては以下のようなものが挙げられます。

・高い棚に置いている物を取ろうとする
・歩行中に室内履きのスリッパが脱げてしまう
・絨毯や座布団につまずいてしまう
・靴のサイズが合っていないため、歩行が安定しない
・洋服を着替えるときに立ったままの状態で行っている
・靴を履くときに座れる場所がない
・夜間、トイレに行くまでの廊下に明かりがない
・階段に手すりがない

このように、さまざまな原因を見つけることにより、転倒を繰り返さないための対策を練ることができます。親が住み慣れた自宅で安心して暮らすためには、自身の足で歩くことができるかどうかが重要なポイントです。そのため、転倒して骨折を繰り返すことがないように親の生活習慣や環境などを見直していきましょう。

3 介護離職をしなくて済むように在宅介護の限界を見極める

親の介護をしながら仕事を続けていく上で重要なことは、「あなた自身が無理をしない」ということです。そうするためには、親の心身の状態や生活状況などを把握するだけではなく、あなた自身が「親の生活をどこまで支援することができるのか？」、また周りの家族から「どこまで支援してもらえるのか？」などについて、頭の中を整理しておくことが大切です。

その上で、必要なタイミングで介護サービスを上手に活用することができれば、安心して仕事にも取り組めるのではないでしょうか。しかしながら、在宅の介護サービスを最大限に利用していても、いつか限界が訪れる場合もあります。

たとえば、親が寝たきりの状態になってしまい、食事や排泄の介助などが必要になった場合は常に誰かが親のそばにいなければならないような状況になります。その「誰か」とは、介護をする家族だけではなく、訪問介護サービスやデイサービスの介護スタッフも含まれますが、一日の半分以上はその役割を家族の誰かが担わなければなりません。

このようなとき、家族の中で介護に専念できる人がいれば、そのまま仕事を続けることもできますが、介護者があなた一人だけだった場合はどうなってしまうのでしょうか？　まず、考えられる選択肢としては「働き方を変える」ということです。働き方を変えるといっても、その方法はいくつかあります。たとえば、あなたの職場での働く時間を短くすることで対応できる場合もあるでしょう。その一方で、そうした勤務調整ができない職場に勤めている場合は転職も視野に入れなければなりません。とは言え、どちらにしても親の介護に積極的に関わろうとするのであれば、仕事で満足のいく結果を残すことは難しくなるでしょう。

こうしたことから、仕事を今まで通り続けるために「親を老人ホームに預ける」という選択をしなければならない場合もあります。ただ、このような判断をするタイミングは人それぞれで異なります。そこで、この節では介護離職を防止するための在宅介護の限界の見極め方について説明していきたいと思います。

在宅介護の限界とは

平成28年の厚生労働省の調査によると、平均寿命と健康寿命の差は男性で約９年、女性で約12年となっています。つまり、高齢者の日常生活では周りからの支援や介護が必要な期間が約10年間あることがわかります。

図版2-9 平均寿命と健康寿命の差

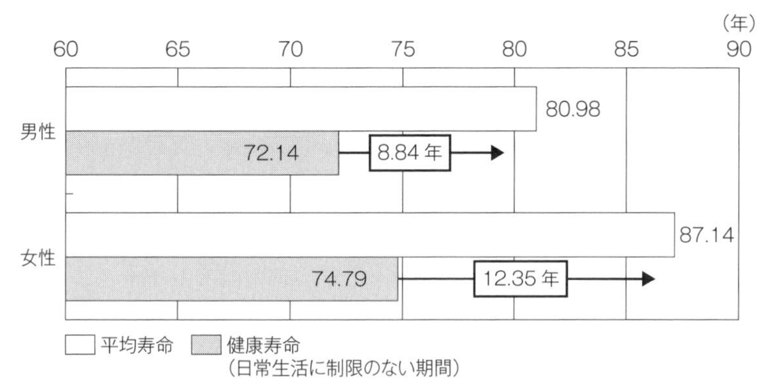

●「健康日本21」（第二次）の中間評価　日本人の平均寿命と健康寿命が延伸
http://www.seikatsusyukanbyo.com/calendar/2018/009577.php
●第11回健康日本21（第二次）推進専門委員会
1．健康寿命の延伸・健康格差の縮小
https://www.mhlw.go.jp/file/05-Shingikai-10601000-Daijinkanboukouseikagakuka-Kouseikagakuka/0000166297_5.pdf

この期間についてはすべての高齢者が自宅で過ごしているわけではありません。こうした高齢者の中には、老人ホームに入居されている方や病院で長期療養をされている方もいるでしょう。

実際、親の介護は育児とは違い、歳を重ねるとともに支援しなければならないことがだんだんと増えてきます。たとえば、はじめは一人で料理をすることができなくなった親のためにおかずを毎日届けにいくだけでよかったのが、少しずつ認知症が進行して服薬の管理も家族がしなければならなくなった。さらに、その数年後には足腰も弱ってしまい、トイレの介助も必要になったというように家族の介護負担は年々増える一方です。

そして介護をする家族も体力が低下していく年齢の方々（50代～60代）が中心になっています。こうしたことから、家族や在宅の介護サービスだけではいずれ限界に達してしまうのです。

それでは、その在宅介護の限界とはどのような時期に訪れるのでしょうか？　実際、こうした介護の限界というのは、親の心身の状態や介護をする家族の生活状況によって、それぞれ異なります。たとえば、親が一人で歩くことが難しくなった時点で「もうこれ以上は在宅介護を続けられない」と感じる人もいれば、親が寝たきりの状態になったとしても「家族みんなで協力し合えれば続けられる」と考える人たちもいるのです。

その他にも、親の介護が必要な期間の長さや親子の住まいの状況（同居・別居）によっても異なります。しかしながら、どのような状況においても、その大変さは介護者本人にしかわからないことです。実際、日々の仕事に追われながら親の介護を続けている人もいますし、夜間もまともに休むことができない日々が続くこともあるでしょう。

そうした中で在宅介護の限界を見誤ってしまうと、介護者自身が体を壊してしまったり、大切な親への暴言や暴力がストレスの捌け口になってしまったりする可能性もあるので、その見極めは重要になります。

●親に必要な介護はどのようなものがあるのかを整理する

一口に「介護」といっても、その内容はさまざまです。体が不自由な高齢者に対して入浴やトイレ介助を行う「身体介護」もあれば、加齢による体力の低下で家事を行うことが難しくなった高齢者の買い物や掃除を支援する「生活援助」などもあります。

そこでまずは、親の生活に必要な項目に沿って親が「できること」「できないこと」「支援があればできること」などを整理していきます。そうすることで、今の親に必要な介護を具体的に把握することができます。

特に親子が離れて暮らしているケースでは、子供が親の生活状況をきちんと把握できていない場合もあります。しかしながら、そのような状況では必要な支援を検討していくことができません。中には、親の「一人でも大丈夫」という言葉を鵜呑みにして、安心しきっていると後になって問題が次々に発生する場合もあります。したがって、親の在宅生活におけるトラブルを未然に防ぐためには、子供が積極的に親の生活状況を把握しておくことが大切なのです。

整理する項目としては、大きく分けて「日常生活動作（ADL：Activities of Daily Living）」と「手段的日常生活動作（IADL：Instrumental Activities of Daily Living）」の２つになります。この２つの動作項目を確認することで、どういった支援が親にとって必要なのかを検討することができます。

１つめの【日常生活動作（ADL）】とは、室内や屋外の移動、また食事、入浴、排泄、着替えなどの基本的な動作のことを指しますが、まずはこの動作を一人で行えるかどうかを確認します。たとえば、室内の移動が不安定な方でも廊下などに手すりをつけることにより、一人で安全に移動することができるのであれば「できること（自立）」として扱います。その一方で、廊下に手すりをつけたとしても移動の際には必ず誰かが付き添わなければならない場合は「できないこと（一部介助）」になり、室内でも車椅子が必要な場合であれば「できないこと（全介助）」になります。このように、日常生活に必要な一つ一つの動作を親一人で行うことができているかどうかという視点で情報を整理していくのです。

主な日常生活動作の確認事項			
室内での移動	□自立	□一部介助	□全介助
屋外での移動	□自立	□一部介助	□全介助
食事	□自立	□一部介助	□全介助
入浴	□自立	□一部介助	□全介助
排泄	□自立	□一部介助	□全介助
着替え	□自立	□一部介助	□全介助

次に【手段的日常生活動作（IADL)】とは、自宅の掃除や洗濯、また料理、買い物、金銭管理、服薬管理、交通機関の利用などの複雑な動作のことを指します。この動作については、親子が同居している場合は「掃除や買い物ができない」のではなく、家族がお願いしていないだけというケースもあります。

主な手段的日常生活動作の確認事項				
掃除	□自立	□一部援助	□できない	□していない
ゴミだし	□自立	□一部援助	□できない	□していない
洗濯	□自立	□一部援助	□できない	□していない
料理	□自立	□一部援助	□できない	□していない
買い物	□自立	□一部援助	□できない	□していない
金銭管理	□自立	□一部援助	□できない	□していない
服薬管理	□自立	□一部援助	□できない	□していない
通院	□自立	□一部援助	□できない	□していない

実際、高齢になった親に家事をお願いするのは申し訳ないと思ったり、「家族で行った方が早い」と考えたりして親に家事をさせていない場合もあるでしょう。ただ、本来できることを親にさせないという状況は、親に残された機能を奪ってしまうことになりますし、そうしたことが原因で心身の状態の悪化にもつながります。

そのため、親の負担にならない範囲で家庭での役割を増やしていけるように家族で話し合ってみてください。たとえば、料理を作ることはできなかったとしても出来上がったおかずの盛り付けをお願いする。その他にも、椅子に座って食材を切ることができれば仕事や家事で忙しい家族も助かるのではないでしょうか。

このように、まずは親の今の状態を客観的にみながら、チェック表に沿って整理してみてください。そうすることで、親が必要としている介護（援助）やどのような関わり方が必要になってくるのかについて具体的にイメージできるようになります。

家族の介護力を整理する

親の現状を確認した後は家族の介護力を整理していきます。ここでいう「家族の介護力」とは、介護に関する知識や実際に介助を行うための技術のことを意味しているわけではありません。具体的には、家族が「支援できること」や「親と関わることができる時間」のことを指しています。

その中で注意しておきたいのは、仕事や介護者の休息（またはリフレッシュ）する時間を除いて家族ができることを考えるということです。最初は無理をしてでも親の生活を支援したいと思うかもしれませんが、介護は無理をせずに長く続けることを意識して検討する必要があります。そのため、仕事やあなた自身の家族との時間などをきちんと確保した上で「家族ができること」を挙げていくことが重要です。

また、親の介護で悩んでいる人の中には、一人で抱え込んでしまっている人がたくさんいます。もちろん、兄弟がいないため周りの家族をあてにすることができないという場合もあるでしょう。しかし、たとえそのような状況であったとしても、親の介護を一人で抱え込まないようにすることが重要です。なぜなら、親の介護は時間が経つにつれて手をかけなければならないことが増えていきますし、知らず知らずのうちにストレスを溜めこんでしまうからです。そのため、家族からの協力が得られない場合は積極的に介護サービスなどを利用しましょう。

なお、兄弟やご自身の子供（親から見れば孫）がいる場合は、「病院受診を担当する人」「日用品の買い物をする人」「介護事業所と連絡を取り合いながらサービスの利用調整を行う人」「電話などで定期的に親の様子を確認する人」など細かく役割分担をするとよいでしょう。ただし、親の介護はどうしても近くに住んでいる人や責任感のある人に負担が集中してしまう傾向があります。実際、その負担の差が大きくなっていくと介護の中心的な役割を担っている人（キーパーソン）が不満を抱くようになり、家族関係がギクシャクしてしまう場合もあります。

しかしながら、不満を抱かれている側の家族からすると「いま何に困っているのか」「何をしたらいいのか」がわからずに支援できていないという場合もたくさんあるのです。もちろん、キーパーソンからすると「察して動いてほしい」という思いもあるかもしれませんが、お互いの信頼関係を崩さないためには言葉で確認し合うことも大切なのではないでしょうか。

こうした考えを基に前項で整理した親が「できないこと」の援助（もしくは介護）を考えてみましょう。たとえば、一人暮らしの親（Aさん）の「できないこと」が料理と買い物だけだと仮定します。その他の掃除や洗濯などについての支援は必要ありません。このようなケースでは、家族も頭の中で支援方法を検討することができるでしょう。子供が実家の近くに住んでいるのであれば毎日おかずを届けることもできますし、場合によっては配食サービスなどを利用することで毎日の食事の確保も可能になります。

その一方で、大腿骨頚部骨折により一人で入浴することができなくなった親（Bさん）の場合は、家族はどのような支援をしなければならないのでしょうか？　このようなケースでは、その他にも掃除・料理・買い物などの支援も必要になってくるため、家族の支援だけでは一人暮らしの継続が難しくなります。そこで、次の項では家族だけでは補えない部分を介護サービスで「どう乗り越えていくのか」について説明していきます。

料理や買い物ができない
Aさん

一人で入浴することができなくなった
Bさん

介護事業所に支援（介護）してほしいことを整理する

親が必要としている介護と家族の介護力を整理することができたので、次はそれらの情報から実際に介護サービスを利用して支援（介護）してほしいことを整理していきます。先ほどのAさんの事例では、要介護認定がおりる状態の方であれば訪問介護サービスを利用することで料理や買い物の支援が受けられます。ただ、実際に支援内容がこの２つだけであれば、介護サービスは利用せずに家族だけで対応する場合もあるでしょう。

その一方で、Bさんのような事例では少なくとも親の入浴時には必ず介護者が付き添わなければなりません。この介護者としての役割を家族の誰かが担うことができれば、必ずしも介護サービスを利用する必要はありません。しかしながら、親と子供が離れて暮らしているため、「親が入浴するたびに実家に帰ることはできない」というような状況であれば、介護サービスの利用を検討することになるでしょう。

ここで、検討される主な介護サービスは「訪問介護サービス」と「デイサービス」になります。訪問介護サービスでは、親の自宅に訪問したホームヘルパーが入浴の見守りや介助を行ってくれます。デイサービスでも、同じように施設内の浴室で入浴介助を受けることができます。

これらのサービスについては、親の希望などを伺いながら決めていくことになりますが、一人での入浴が難しくなったということで、その他にリハビリや食事の提供があるデイサービス（もしくはデイケア）の利用を選ばれる人が多いです。とは言え、一人暮らしの親がこのような状態になってくると、別の場所で生活している家族の心配事が増えてきます。

そうした中で、ヒヤッとするような出来事が何度か続くと、家族は「もうこれ以上は一人暮らしの生活はできないだろう」と考え、親との同居などを考えるようになるのです。

住まいを見直すことができるのかを検討する

あなたと親が別々に暮らしているケースでは、おのずと親に関われる時間は限られてきます。実際、自分の生活と仕事の両立だけでも大変な中で、休みの日に買い物や通院のために親の家に通い続けるのは大きな負担になります。

親の家まで「歩いて通える」というような距離であれば毎日通うことも可能ですが、「車で通っても１時間以上はかかる」というような場所にそれぞれが暮らしているのであれば親と子供のどちらかの住まいを見直さなければなりません。

ここで家族の介護力を最も高めるのは「親を呼び寄せて同居する」という方法です。同居することで親の生活を身近なところから見守ることができますので、別々に暮らしていたときのような不安は減ります。とは言え、親と同居することで全ての問題が解決するのかというと必ずしもそうではありません。中にはお互いの生活習慣や価値観の違いから、親子関係が急に悪化する場合もあるのです。

その一方で、こうしたトラブルを事前に予想して親と同居するのではなく、「子供の家の近くに親が引越しをする」という方法を取る方もいます。車で通っても１時間以上かかっていた親の自宅を、歩いて通えるような場所に住み替えてもらうことで家族の負担は大きく減ります。

ただし、高齢になった親が住み慣れた地域を離れることで、「ご近所付き合いが無くなる」「土地勘のない地域では外出する意欲が無くなる」というようなリスクを抱えることになります。中には、こうしたことがきっかけで親が家に閉じこもるようになり、認知症の発症にもつながる可能性があります。そうなると、別々に暮らしていたときとは異なる支援（介護）が必要になるため、「あの時、引っ越しをさせなければよかった……」と後悔してしまう場合もあるのです。

しかしながら、そのようなリスクを恐れて住まいの見直しを先送りにしても、親の生活に支援（介護）が必要な状況が変わるわけではありません。そのため、いずれは親の住まいを見直す時期が近づいてきますが、そのときは新しい地域に馴染んでいけるよう家族は積極的に親の生活に関わっていく必要があります。

●在宅介護に限界を感じたら親を老人ホームに預けることを検討する

これまで親に必要な介護や家族の介護力などを整理して「親の在宅生活をどのように支援していくのか？」ということについて検討してきました。その中で、実際は親の心身の状態や家族の置かれた状況によって、「在宅介護の限界はそれぞれ異なる」ということもおわかりいただけたと思います。

いずれにしても、そうした限界を決めるのは介護をしている家族になります。そして、家族が「もうこれ以上は親の在宅生活を支援できない」と感じたときは、親を老人ホームに預けることになるのです。ただ、そうは言っても介護を受けている高齢者の多くは老人ホームでの生活を心待ちにしているわけではありません。やはり、できるかぎり住み慣れた自宅で生活をしたいと思われているのです。

そのため、子供が親を老人ホームに預けようとしても「私はそのようなところで生活するつもりはありません」と拒否されてしまう場合もあるでしょう。しかしながら、言葉ではそう話していたとしても、現実的に「親一人では歩くことができない」というような状態になってしまえば、渋々でも家族の意見に従わざるを得ません。

そこで、この項では２つのケースに分けて在宅介護の限界についての目安となるタイミングを紹介していきたいと思います。

【ケース1】親と子が別々に暮らしている場合

この場合、親は家族からの支援に大きな期待を寄せるわけにはいきません。そのため、少なくとも自宅の中で安全に移動できることが最低条件になります。仮に加齢に伴う身体能力の低下で買い物に行ったときに重たい荷物が持てなくなったとしても、食材等の宅配サービスや介護保険の訪問介護サービスなどを利用すれば、日常生活に必要なものは揃えることができます。その他にも食材は用意することができるけど、料理ができないという状況なども考えられますが、この場合でも弁当の宅配サービスを利用したり、ホームヘルパーに調理をお願いしたりすることで日常生活を送るために必要な食事を確保することができます。

このような家事援助については別々で暮らしている家族も行うことができますので、親は子供の近くに住んでいた方がよいのですが、あとは家族自体がどれだけ支援できるかでその内容は変わってくるでしょう。実際、こうした状況の中で在宅生活の継続が難しくなってくるのは、下半身の筋力の低下で自宅の中で何度も転倒するようになったり、認知症を患ってしまい、お金や服薬の管理ができなくなったりしたときです。

たとえ介護サービスを利用できたとしても、そのほとんどが日中の見守りをサポートする内容になります。したがって、日中以外の見守りや服薬の管理などについては家族が中心に支援していかなければなりません。

このようなときに考えられるのが「親子の同居」「親を老人ホームに預ける」という2つの選択肢です。たとえ歩行が不安定になったとしても、親子が一緒に生活していれば、万が一の転倒にも家族は素早く対応できます。そして、毎日の服薬についても子供が管理をすることで「飲みすぎ」や「飲み忘れ」を未然に防ぐことができます。そのため、一人暮らしが難しくなったとしても、親子が同居をすることで在宅生活を続けられる場合もあります。

ただ、親自身は「住み慣れた地域を離れたくない」「子供（または息子の嫁）の世話になるのは申し訳ない」と考えて同居を望まないこともありますし、子供自身も「親を受け入れられる部屋が空いていない」「仕事と自分の生活の両立で精一杯なので親の介護は難しい」という状況から同居に至らないケースもあります。そうした場合は、もう一つの選択肢である「老人ホームの入居」を選ぶことになるのです。

【ケース2】親子が同居している場合

この場合では、先ほどご紹介したような状況で在宅介護に限界を感じることはそう多くありません。実際に同居をしている家族が介護の限界を感じるのは、さらなる悪化で「親一人ではトイレに行けない」「認知症が進行して常に目が離せない」というような状態になったときです。

たとえば、加齢に伴う下半身の筋力低下や大腿骨頚部骨折の影響などにより、親一人で自宅内を移動することができなくなった場合は、トイレに行くたびに家族の介助が必要になります。日中についてはデイサービスやデイケアを利用することで、家族も安心して仕事や買い物などで外出することもできます。しかしながら、そうした施設の多くは利用時間が6～8時間程度となっているため、正社員として働き続けることに対しては不安が残ります。

このようなときは、子供が職場や外出先から帰宅するまで一人で過ごすことができるのかが在宅生活を継続する上での一つの目安になるでしょう。実際、寝たきりの状態になった高齢者を在宅で介護をしている人もいますが、そのようなケースでは家族の誰かが親の介護に専念している場合が多いです。したがって、仕事と介護を両立するという意味では親が自宅内で安全に移動できるような住環境を整えることが重要なポイントになります。

ただし、そうした環境を整えていたとしても、認知症の進行で在宅介護の継続が難しくなる場合もあります。たとえば、「外出先で何度も道に迷って警察のお世話になった」「夜中に何度も起きて家族を起こしてしまう」「急に興奮して家族に暴言を吐いてしまう」というような出来事が続くと、家族は肉体的にも精神的にも大きな負担を感じるようになります。

そこで、介護サービスのショートステイ（短期入所生活介護）などを利用して一時的に親を施設に預けて「家族の介護負担を軽減する」という方法を取られる方もいます。とは言え、ショートステイの利用で介護負担が軽減できたとしても、根本的な問題解決には至りません。そのため、介護サービスを最大限に活用した状況でも、「これ以上の支援はできない」と家族が感じたときは親を老人ホームに預けることを検討するようになります。

このように、在宅介護の限界については人それぞれで異なります。実際、これまでに紹介した事例とあなたの今の状況を照らし合わせながら「どの時点まで在宅介護を続けることができるのか」については検討することができるでしょう。しかしながら、その後の最終的な決断（親を老人ホームに預ける）ができずに悩まれながら在宅介護を続けている人は多いです。

そうした中、無理がたたって体調を崩してしまい、親の介護を続けられない状況になってしまっては元も子もありません。実際に親を老人ホームに預けたとしても、仕事が休みの日に外へ連れ出したり、自宅に連れて帰って在宅介護を再開したりすることもできますので、在宅介護に限界を感じたときは早めの対応を心がけましょう。

第3章

介護保険制度について

1 介護サービスを利用するための必要な手続き

国の社会保障制度の１つでもある「介護保険」。2000年に施行された介護保険制度では、40歳以上のすべての国民が保険の対象となり、年金からの天引きや医療保険料と一緒に介護保険料が徴収される仕組みになっています。この制度のおかげで利用者の選択肢は広がり、多くの方々が介護サービスを利用できるようになりました。

こうしたことから、親に介護が必要になった場合でも家族だけで抱え込まずに介護保険制度を上手に活用することで仕事との両立ができるようになってきています。とは言え、いざ親に介護が必要になったとき「介護保険料は支払っているけれど、どのようにしてサービスを利用すればいいのかわからない」という人も多いのではないでしょうか。

介護サービスは、65歳以上で介護が必要な方であれば誰でも利用することができます。ただ、実際には介護保険課の担当者が高齢者一人ひとりに「日常生活でお困りのことはありませんか？」と訪問しているわけではありません。

原則としては自己申告が基本となっており、介護が必要になった方（もしくは家族）が保険者（市区町村）に申請することで要介護認定の手続きが始まります。そして、国が定める「要介護（要支援）認定」を受けて、介護が必要な状態であるということを認めてもらわなければいけません。そこで、第１節では要介護認定の申請方法や認定の結果が出るまでの流れについて解説していきます。

要介護認定の申請に必要なものを整理する

要介護認定の申請（以下、介護申請）を行う前にやるべきことが3つあります。

１つめは親の「介護保険被保険者証」があるかどうかの確認です。介護保険制度では、65歳以上を「第１号被保険者」、40歳以上～65歳未満を「第２号被保険者」といいます。65歳を迎えると自動的に第１号被保険者となり、市区町村から「介護保険被保険者証」が自宅に送られてきます。保険者証は市区町村によって異なりますが、オレンジやピンク、緑、黄色などの厚めの用紙に印字されています。

図版3-1 介護保険被保険者証の見本

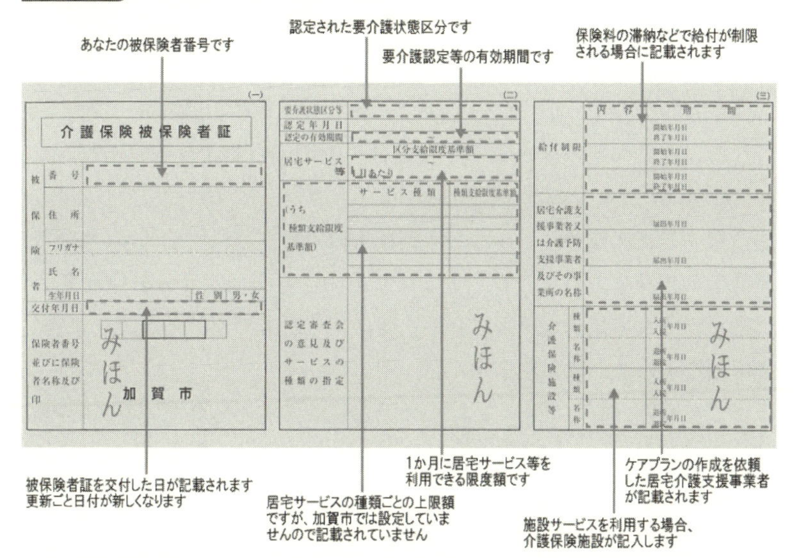

出典：石川県加賀市ホームページ
https://www.city.kaga.ishikawa.jp/kenkoufukushi/chouju/kaigohokennseidonoaramashi.html

ただ、後期高齢者医療被保険者証や健康保険被保険者証とは違い、介護保険被保険者証は介護サービスを利用するときにしか使用しないため、「保険証の保管場所がわからない……」ということで家族が慌てて探すケースは少なくありません。とは言え、これまで一度も使うことがなかったとしても、役所から送られてきた保険証となれば大切に保管している場合が多いです。そのため、親子で一緒に探しても「保険証が見つからない」となるケースはほとんどありませんが、どうしても見つからない場合は親がお住まいの市区町村で再発行の手続きをすることができます。

再発行の手続きについては、市区町村の介護保険の担当窓口で対応してくれます。被保険者自身が手続きをする場合は「本人の確認ができるもの（健康保険被保険者証やマイナンバーカード）」と「印鑑」を持参すれば、窓口にある申請書に必要事項を記入することで手続きは完了となります。その一方で、本人とは別世帯の家族や代理人が手続きをする場合は、それ以外に「被保険者からの委任状」と「代理人等の身元が確認できるもの」なども持参しなければなりません。ただし、手続きに必要なものは各市区町村で若干異なりますので、再発行をする際は、事前に問い合わせてから担当窓口を訪問するとよいでしょう。

なお、介護保険の被保険者は、65 歳以上の方（第 1 号被保険者）と、40 歳から64 歳までの医療保険加入者（第 2 号被保険者）に分けられます。第 1 号被保険者は、介護が必要な状態であれば原因を問わずに要介護認定の申請を行うことができます。その一方で、第 2 号被保険者は、加齢に伴う特定疾病が原因で介護状態になった方でなければ要介護認定の申請をすることはできません。

ここで言う「特定疾病」とは、介護保険法で定められている次の16種類の疾病を指します。これらは加齢との関係が認められる疾病で、一時的ではなく 3 ～ 6 ヶ月以上継続して要介護状態または要支援状態となる割合が高いと考えられている疾病です。

1．がん【がん末期】
（医師が一般に認められている医学的知見に基づき回復の見込みがない状態に至ったと判断したものに限る。）
2．関節リウマチ
3．筋萎縮性側索硬化症
4．後縦靱帯骨化症

5．骨折を伴う骨粗鬆症
6．初老期における認知症
7．進行性核上性マヒ、大脳皮質基底核変性症及びパーキンソン病

【パーキンソン病関連疾患】

8．脊髄小脳変性症
9．脊柱管狭窄症
10．早老症
11．多系統萎縮症
12．糖尿病性神経障害、糖尿病性腎症及び糖尿病性網膜症
13．脳血管疾患
14．閉塞性動脈硬化症
15．慢性閉塞性肺疾患
16．両側の膝関節又は股関節に著しい変形を伴う変形性関節症

したがって、親が第２号被保険者の場合は「特定疾病に該当する診断を受けているか」を確認してから介護申請を行ってください。

次に介護申請の前にやるべきことは「親の主治医」を決めることです。要介護認定では、主治医の記入する「主治医意見書」が必要になります。この主治医意見書の作成については、親がお住まいの市区町村から主治医に直接依頼するため、親（もしくは子供）が主治医に依頼する必要はありません。

ただし、主治医意見書の作成を依頼しようと考えている医療機関に対して直近の通院がない（最後の通院から期間が空いている）場合、依頼を断られてしまうこともあります。そのため、介護申請をする前に依頼する医師に「主治医意見書」の作成をお願いしておくとよいでしょう。

また、主治医については要介護状態の原因となる疾病の治療を担当している医師にお願いすることで親の心身の状況に応じた意見書を作成し

てもらうことができます。要介護認定の申請書（以下、申請書）には「主治医の氏名」「病院名」「受診科名」「病院の住所・電話番号」「親が最後に受診した年月」などを記入しなければいけません。したがって、事前にそれらの情報を調べておくと介護申請がスムーズに行えます。ここで、もし普段通っている病院がないため、「依頼できる主治医がいない」という場合は、市区町村の指定医の診察を受けることで主治医としてお願いすることができます。

そして、介護申請をする前にやるべきことの３つめは「訪問調査に関する希望をまとめておく」ということです。申請書には訪問調査の日程や訪問場所の希望などを記入できる欄があります。実際、親の心身の状態に見合った要介護認定を受けるためには、訪問調査の際に家族も立ち会うことが重要です。ここで訪問調査に立ち会える家族がいれば問題ありませんが、平日の日中は仕事をしているため「立ち会うことができない」という方もいます。そのため、平日の日中で休みが取りやすい曜日などを事前に検討しておくとよいでしょう。

ただし、親が入院中であれば、訪問調査員は自宅ではなく病院を訪問することになります。この場合は、親のリハビリや入浴と訪問調査の時間帯が重ならないよう、病院側にも訪問調査の日時について事前に相談しておきましょう。また、親が入院しているケースでは「心身の状態が安定してから」「退院の目途がたってから」ではないと訪問調査を受けることができないこともあるため、判断に迷った場合は担当医や病院の医療ソーシャルワーカーなどに相談してみてください。

市区町村に要介護認定の申請をする

前項で説明した情報を整理した後は、実際に介護申請を行います。申請は、親の住民票がある市区町村の役所や役場などで行わなければなりません。地域によって名称は異なりますが、役所の「介護保険課」などに必要書類を持って申請に行きます。

申請は、「本人」または「本人の家族」が手続きを行いますが、本人や家族が役所に行くことができない場合には、地域包括支援センターや居宅介護支援事業者、また被保険者（親）が指定した代理人などが代行することもできます。

しかしながら、居宅サービス計画（ケアプラン）を依頼する居宅介護支援事業者などに代行申請をお願いする場合、その事業者選びにも時間がかかってしまいますので、介護サービスを早く利用したい方は家族側で対応しておくことをお勧めします。なぜなら、介護申請から認定結果が出るまでに約１ヶ月かかってしまうからです。

実際、介護サービスについては、申請したその日から利用することもできますが、認定結果が非該当（自立）になってしまった場合は、利用したサービスの全額が自己負担となってしまいます。こうしたことから、多くの方は余計な費用負担の心配をしなくていいように認定結果がおりてから介護サービスを利用しています。

なお、親に代わって家族が申請する場合は委任状などを提出する必要はありません。ただし、その他の人が代行するケースでは市区町村によっては委任状が必要だったり、代行できる人が限られていたりすることもありますので、親がお住まいの市区町村に問い合わせをしておくと安心です。

介護申請時に必要なものは、「介護保険被保険者証」「要介護（要支援）認定申請書（介護保険課の窓口などにあります）」になります。その他にも、お住いの市区町村によっては申請者の身元を確認できるもの（マイナンバーカードや運転免許証など）が必要になる場合もありますので、申請に行く前に確認しておくとよいでしょう。

なお、第２号被保険者（40歳以上～65歳未満）の方については、はじめての介護申請では介護保険被保険者証が手元にないため、代わりに「医療保険の被保険者証」や「身元が確認できるもの」などを持参することになります。

申請書は役所の窓口などで入手できますが、市区町村のホームページなどでも記入用紙のデータをダウンロードして印刷することは可能です。ただし、市区町村によって書式が異なるため、必ずお住まいの市区町村

図版3-2 介護保険　要介護・要支援認定等申請書の記入例

介護保険 要介護・要支援認定等申請書

① [新規 ・ 更新 ・ 変更]

[illegible]

[illegible]	1 2 3 4 5 6 7 8 9 0 1 2
[illegible]	0 0 0 0 1 2 3 4 5 6
[illegible]	〒130-0001 [illegible]1−23−20
[illegible]	5608−1111

②

③ [illegible] 3622−9137

④ ムコウジマ ハナコ [illegible] 3611−6135

⑤

⑥ [illegible]5−16−2 [illegible] 3611−6135

⑦ [illegible] 平成 27年 12月 [illegible]

⑧

⑨

①〔新規・更新・変更〕欄

〔新規〕に○をつける場合

ア 現在認定を受けていない方が認定を受ける場合

イ 現在要支援1または2の認定を受けている方が、心身の状況の変化等により、要介護への変更を希望する場合（なお、「変更」に○をつけると要支援の中での変更となります。）

〔更新〕に○をつける場合

現在認定を受けている方の有効期間が満了となり、その更新を申請する場合（満了日の60日前から申請できます。）

〔変更〕に○をつける場合

現在認定を受けている方が、心身の状況の変化等により、要介護度の変更を希望する場合

②「理由」欄

ア 新規申請または、更新申請で介護保険サービスの利用が「無」の場合、必要とする介護サービスを記入してください。

イ 変更申請または、要支援1または2の認定を受けている方が心身の状況の変化等により要介護度の変更を希望する（新規申請）場合、心身の状況の変化の内容を記入してください。

③「調査場所」欄

本人が住所地以外の場所にいる場合は、その名称と所在地等を、入院中の場合は病室名まで記入してください。

④「連絡先」欄

訪問調査の日程調整等を行いますので、ご家族の方の連絡先を記入してください。日中連絡の取れる電話番号（携帯電話等）を記入してください。

⑤「訪問調査時の注意事項」欄

例えば、ガンを本人に告知していない場合等、認定調査員が訪問時に注意すべきことがあれば記入してください。

⑥「結果通知郵送先」欄

認定結果通知書と介護保険証は本人の住所に郵送します。本人以外のご家族に郵送を希望する場合は記入してください。

⑦「主治医」欄

認定を受けるため、区から主治医に意見書の作成を依頼しますので、現在の本人の心身の状況が分かる医師の病院名、氏名、診療科、前回受診年月を記入してください。

⑧「第二号被保険者」欄

40歳以上65歳未満の方が申請するときは、加入している医療保険の保険者名（例：墨田区）、被保険者証の記号・番号、特定疾病名を記入し、申請書に医療保険証のコピーを添付してください。

⑨「本人氏名」欄

訪問調査の内容や主治医意見書は、個人情報保護のため、原則として開示しませんが、例外として、ケアプラン等を作成する際に、当該ケアマネージャー等に情報提供することに同意される場合には、本人氏名を記入してください。

本人が自署することが原則ですが、できない場合には、申請代行者が本人氏名を代筆することもできます。代筆の場合は本人氏名の下に代筆者の氏名を記入してください。

〔問合せ先〕
墨田区介護保険課調査担当
〒130-8640 墨田区吾妻橋一丁目23番20号
電話 03-5608-6169

出典：東京都墨田区ホームページ
http://www.city.sumida.lg.jp/online_service/sinsei/kaigo/kaigo_nintei.files/kisairei.30.1.23.pdf

の書式であることを確認してから記入するようにしてください。

また手続きへ行く前に前項でも紹介した必要な情報を整理しておくことでスムーズに申請書の記入が行えます。窓口で申請書の記入を行ったとしても手続きだけであれば10分程度で完了しますが、申請時期によっては窓口が混み合う場合もありますので、時間に余裕を持って訪問しましょう。

主治医に介護申請をしたことを伝える

介護申請をすると、親がお住まいの市区町村から申請書に記載されている主治医に「主治医意見書」の作成依頼の連絡が入ります。そのため、申請者（介護サービスを利用する人やその家族）が主治医に「要介護認定の申請をした」ということを必ず伝えなければならないわけではありません。

しかしながら、要介護認定において主治医意見書の情報はとても重要な役割を果たします。したがって、申請者は介護申請をする前に主治医に連絡しておきましょう。そうすることで主治医は早い段階で「家族が親の介護で困っているという現状」を知ることになりますので、主治医意見書の作成についても早急に対応してくれるでしょう。

なお、要介護認定は、現在かかっている病気だけで判定されるわけではありません。認知症の周辺症状（妄想や昼夜逆転など）や下半身の筋力低下などから「介護の手間（要する時間）がどれだけかかるのか」ということを見極めながら判定が行われます。

たとえば、同じアルツハイマー型認知症の高齢者でも、夜中に徘徊してしまうため常に目が離せない人と夜間はぐっすり眠られているため見守りの必要がない人では、認定される要介護度は大きく異なります。

そのため、一見すると医療とは関係ないような、「認知症の影響で冷蔵庫の食材の管理ができていない（食材を腐らせている）」といった情報なども、主治医に必ず伝えなければならないのです。

実際、主治医の中には、こうした情報を親や家族にきちんと確認してくれる人もいますが、その一方で、これまでに知り得た情報（病気の症状など）だけで意見書を記入する医師もいます。したがって、正確な情報を主治医意見書に記入してもらうためには、親を支えている家族が率先して「親が日常生活でできていないこと」や「家族が在宅で行っている介護（介護の手間）」などを主治医に伝えなければなりません。

こうした情報を医師に伝える方法としては、親の受診時に家族が立ち会って口頭で伝えることができればよいのですが、日中は仕事でなかなか時間を合わせることができない場合もあるでしょう。このようなときは、病院や診療所の看護師に親の自宅での様子を伝えたり、それらをまとめたメモを渡したりすることで主治医が必要とする情報を伝えることができます。

具体的には、「一日中家に閉じこもっているため、親が認知症にならないか心配です」「自宅や病院内では一人でも歩けますが、外出時はシルバーカーがないと長い距離は歩けません」「最近、トイレの失敗が増えてきたのでリハビリパンツの着用を親に勧めていますが、なかなか話を聞いてくれません」というような情報です。さらには、認知症が進行して「昼夜が逆転して夜中に動き回ってしまうので、ゆっくり休むことができません」「目の前の鏡に映っている自分に話しかけている親を見るとすごく不安になります」といった状況になったとしても主治医には包み隠さず伝えてください。

特にこうした情報は親の受診時に本人を目の前にしながら話すことは難しい内容ですので、メモにまとめて主治医に伝えるとよいでしょう。その他にも、「親だけでは処方された薬の管理ができないので家族が毎回チェックしている」「スーパーで同じものを何度も買ってくるため、冷蔵庫は同じ食材だらけになっている」というような情報も認定結果に大きな影響を与えますので親の介護で気になっていることは必ず伝えてください。

このように、主治医意見書も要介護認定において重責を担っています。いつも忙しそうにしている医師に「親の自宅での様子を説明するのは迷惑になるのでは？」と思われるかもしれませんが、適切な要介護認定を受けるためには重要なことです。それに、主治医もこうした情報を事前に教えてもらうことで、主治医意見書の作成が楽になります。その結果、要介護認定がおりるまでの期間が短くなる場合もありますので、介護申請をすると決めた時点で主治医にはすぐに連絡しておきましょう。

●自宅や入院先で訪問調査を受ける

要介護認定の申請後は、市区町村から委託を受けた調査員などが親の心身の状態を直接確認することになります。基本的に訪問調査は親が暮らしている自宅で行うようになっていますが、入院中であれば入院先の病院で行われることもあります。調査日時については市区町村から事前に連絡が入るため、親や介護をしている家族が対応できる日程に調整することができます。

訪問調査では、調査員から「高齢者のマヒ、拘縮、寝返りといった基本的な動作や起居に関する能力」や「認知症等による行動障害の有無と程度」などについての質問を受け、本人が答えていく流れになりますが、調査自体は1時間程度で終わります。

ここで、実際に調査員が使用している認定調査票の内容についてご紹介します。

≪調査員が使用する認定調査票≫

認定調査票（概況調査）

概況調査は、「調査実施者（記入者）」「調査対象者」「現在受けているサービスの状況」「置かれている環境等」の4項目で構成されています。

具体的には、調査対象者（以下、対象者）の「氏名」「生年月日」「年齢」などを対象者に尋ねながら本人が正確に答えることができるかについても確認します。また現在、在宅の介護サービスを利用しているのであれば、そのサービスの種類と利用回数などを確認し、その一方で介護施設や医療機関に入居（院）しているのであれば、その施設名などについて質問があります。その他にも、対象者の家族状況や居住環境、また日常的に使用している機器・器械の有無等についての確認を行います。

認定調査票（基本調査）

基本調査は、「第１群 身体機能・起居動作」「第２群 生活機能」「第３群 認知機能」「第４群 精神・行動障害」「第５群 社会生活への適応」「その他 過去14日間にうけた特別な医療について」の６項目で構成されています。なお、この項では調査員が行う具体的な質問内容についてもご紹介していきます。

第１群「身体機能・起居動作」

第１群では、マヒ等や拘縮（関節や筋肉が固まること）による四肢の機能、また寝返りや起き上がり等の起居動作機能、そして視力や聴力の機能等の調査を行います。ここでは、高齢者が生活をしていく上で必要とされる基本的な生活動作の評価が行われることになります。なお、調査員の判断により、対象者の立ち上がりや歩行動作などの確認を行う場合もあります。

1-1　マヒ等の有無について、あてはまる番号すべてに○印をつけてください。（複数回答可）

1.ない　2.左上肢　3.右上肢　4.左下肢　5.右下肢

6.その他（四肢の欠損）

1-2　拘縮の有無について、あてはまる番号すべてに○印をつけてください。（複数回答可）

1.ない　2.肩関節　3.股関節　4.膝関節

5. その他（四肢の欠損）

1-3　寝返りについて、あてはまる番号に一つだけ○印をつけてください。
1.つかまらないでできる　　2.何かにつかまればできる
3.できない

1-4　起き上がりについて、あてはまる番号に一つだけ○印をつけてください。
1.つかまらないでできる　　2.何かにつかまればできる
3.できない

1-5　座位保持について、あてはまる番号に一つだけ○印をつけてください。
1.できる　　2.自分の手で支えればできる
3.支えてもらえればできる　　4.できない

1-6　両足での立位保持について、あてはまる番号に一つだけ○印をつけてください。
1.支えなしでできる　　2.何か支えがあればできる
3.できない

1-7　歩行について、あてはまる番号に一つだけ○印をつけてください。
1.つかまらないでできる　　2.何かにつかまればできる
3.できない

1-8　立ち上がりについて、あてはまる番号に一つだけ○印をつけてください。
1.つかまらないでできる　　2.何かにつかまればできる
3.できない

1-9　片足での立位保持について、あてはまる番号に一つだけ○印をつけてください。

1.支えなしでできる　　2.何か支えがあればできる

3.できない

1-10　洗身について、あてはまる番号に一つだけ○印をつけてください。

1.介助されていない　　2.一部介助　　3.全介助

4.行っていない

1-11　つめ切りについて、あてはまる番号に一つだけ○印をつけてください。

1.介助されていない　　2.一部介助　　3.全介助

1-12　視力について、あてはまる番号に一つだけ○印をつけてください。

1.普通（日常生活に支障がない）

2.約1m離れた視力確認表の図が見える

3.目の前に置いた視力確認表の図が見える

4.ほとんど見えない

5.見えているのか判断不能

1-13　聴力について、あてはまる番号に一つだけ○印をつけてください。

1.普通

2.普通の声がやっと聞き取れる

3.かなり大きな声なら何とか聞き取れる

4.ほとんど聞こえない
5.聞こえているのか判断不能

第２群「生活機能」

第２群では、移乗、食事摂取、洗顔等の日常生活動作の機能や外出頻度の生活活動についての調査を行います。

2-1　移乗について、あてはまる番号に一つだけ○印をつけてください。
1.介助されていない　　2.見守り等　　3.一部介助　　4.全介助

2-2　移動について、あてはまる番号に一つだけ○印をつけてください。
1.介助されていない　　2.見守り等　　3.一部介助　　4.全介助

2-3　えん下について、あてはまる番号に一つだけ○印をつけてください。
1.できる　　2.見守り等　　3.できない

2-4　食事摂取について、あてはまる番号に一つだけ○印をつけてください。
1.介助されていない　　2.見守り等　　3.一部介助　　4.全介助

2-5　排尿について、あてはまる番号に一つだけ○印をつけてください。
1.介助されていない　　2.見守り等　　3.一部介助　　4.全介助

2-6　排便について、あてはまる番号に一つだけ○印をつけてください。
1.介助されていない　2.見守り等　3.一部介助　4.全介助

2-7　口腔清潔について、あてはまる番号に一つだけ○印をつけてください。
1.介助されていない　2.一部介助　3.全介助

2-8　洗顔について、あてはまる番号に一つだけ○印をつけてください。
1.介助されていない　2.一部介助　3.全介助

2-9　整髪について、あてはまる番号に一つだけ○印をつけてください。
1.介助されていない　2.一部介助　3.全介助

2-10　上衣の着脱について、あてはまる番号に一つだけ○印をつけてください。
1.介助されていない　2.見守り等　3.一部介助　4.全介助

2-11　ズボン等の着脱について、あてはまる番号に一つだけ○印をつけてください。
1.介助されていない　2.見守り等　3.一部介助　4.全介助

2-12　外出頻度について、あてはまる番号に一つだけ○印をつけてください。
1.週1回以上　2.月1回以上　3.月1回未満

第3群「認知機能」

第３群では、意思の伝達等の意思疎通や短期記憶、また場所の理解や徘徊等の認知機能についての調査を行います。

3-1　意思の伝達について、あてはまる番号に一つだけ○印をつけてください。
1.調査対象者が意思を他者に伝達できる
2.ときどき伝達できる
3.ほとんど伝達できない
4.できない

3-2　毎日の日課を理解することについて、あてはまる番号に一つだけ○印をつけてください。
1.できる　　2.できない

3-3　生年月日や年齢を言うことについて、あてはまる番号に一つだけ○印をつけてください。
1.できる　　2.できない

3-4　短期記憶（面接調査の直前に何をしていたか思い出す）について、あてはまる番号に一つだけ○印をつけてください。
1.できる　　2.できない

3-5　自分の名前を言うことについて、あてはまる番号に一つだけ○印をつけてください。
1.できる　　2.できない

3-6　今の季節を理解することについて、あてはまる番号に一つだけ○印をつけてください。

1.できる　　2.できない

3-7　場所の理解（自分がいる場所を答える）について、あてはまる番号に一つだけ○印をつけてください。
1.できる　　2.できない

3-8　徘徊について、あてはまる番号に一つだけ○印をつけてください。
1.ない　　2.ときどきある　　3.ある

3-9　外出すると戻れないことについて、あてはまる番号に一つだけ○印をつけてください。
1.ない　　2.ときどきある　　3.ある

第４群「精神・行動障害」
　第４群では、被害的や昼夜逆転等の精神症状等、また介護抵抗や物を壊したり、衣類を破いたりする等の行動についての調査を行います。

4-1　物を盗られたなどと被害的になることについて、あてはまる番号に一つだけ○印をつけてください。
1.ない　　2.ときどきある　　3.ある

4-2　作話をすることについて、あてはまる番号に一つだけ○印をつけてください。
1.ない　　2.ときどきある　　3.ある

4-3　泣いたり、笑ったりして感情が不安定になることについて、あてはまる番号に一つだけ○印をつけてください。
1.ない　2.ときどきある　3.ある

4-4　昼夜の逆転について、あてはまる番号に一つだけ○印をつけてください。
1.ない　2.ときどきある　3.ある

4-5　しつこく同じ話をすることについて、あてはまる番号に一つだけ○印をつけてください。
1.ない　2.ときどきある　3.ある

4-6　大声をだすことについて、あてはまる番号に一つだけ○印をつけてください。
1.ない　2.ときどきある　3.ある

4-7　介護に抵抗することについて、あてはまる番号に一つだけ○印をつけてください。
1.ない　2.ときどきある　3.ある

4-8　「家に帰る」等と言い落ち着きがないことについて、あてはまる番号に一つだけ○印をつけてください。
1.ない　2.ときどきある　3.ある

4-9　一人で外に出たがり目が離せないことについて、あてはまる番号に一つだけ○印をつけてください。
1.ない　2.ときどきある　3.ある

4-10　いろいろなものを集めたり、無断でもってくることについて、あてはまる番号に一つだけ○印をつけてください。
1.ない　　2.ときどきある　　3.ある

4-11　物を壊したり、衣類を破いたりすることについて、あてはまる番号に一つだけ○印をつけてください。
1.ない　　2.ときどきある　　3.ある

4-12　ひどい物忘れについて、あてはまる番号に一つだけ○印をつけてください。
1.ない　　2.ときどきある　　3.ある

4-13　意味もなく独り言や独り笑いをすることについて、あてはまる番号に一つだけ○印をつけてください。
1.ない　　2.ときどきある　　3.ある

4-14　自分勝手に行動することについて、あてはまる番号に一つだけ○印をつけてください。
1.ない　　2.ときどきある　　3.ある

4-15　話がまとまらず、会話にならないことについて、あてはまる番号に一つだけ○印をつけてください。
1.ない　　2.ときどきある　　3.ある

第５群「社会生活への適応」
　第５群では、服薬の管理や買い物等の社会生活を行う能力、また日常の意思決定や集団への参加ができない等の社会生活への適応についての調査を行います。

5-1　薬の内服について、あてはまる番号に一つだけ○印をつけてください。

1.介助されていない　　2.一部介助　　3.全介助

5-2　金銭の管理について、あてはまる番号に一つだけ○印をつけてください。

1.介助されていない　　2.一部介助　　3.全介助

5-3　日常の意思決定について、あてはまる番号に一つだけ○印をつけてください。

1.できる（特別な場合でもできる）

2.特別な場合を除いてできる　　3.日常的に困難　　4.できない

5-4　集団への不適応について、あてはまる番号に一つだけ○印をつけてください。

1.ない　　2.ときどきある　　3.ある

5-5　買い物について、あてはまる番号に一つだけ○印をつけてください。

1.介助されていない　　2.見守り等　　3.一部介助　　4.全介助

5-6　簡単な調理について、あてはまる番号に一つだけ○印をつけてください。

1.介助されていない　　2.見守り等　　3.一部介助　　4.全介助

その他「過去14日間にうけた特別な医療について」

　ここでいう「特別な医療」とは、医師、または医師の指示に基づき看護師等によって実施される医療行為に限定されています。

なお、この医療行為は継続して実施されているもののみが対象となり、急性疾患への対応で一時的に実施されるものは含まれません。

6　過去14日間に受けた医療について、あてはまる番号すべてに○印をつけてください。
（複数回答可）

処置内容　1.点滴の管理　2.中心静脈栄養　3.透析
4.ストーマ（人工肛門）の処置　5.酸素療法
6.レスピレーター（人工呼吸器）
7.気管切開の処置　8疼痛の看護
9.経管栄養

特別な対応　10.モニター測定（血圧、心拍、酸素飽和度等）
11.じょくそうの処置
12.カテーテル（コンドームカテーテル、留置カテーテル、ウロストーマ等）

認定調査票（特記事項）

特記事項は、基本調査項目の分類に基づき構成されています。ここでは基本調査の各質問に対して対象者の状態が認定調査の定義にうまく当てはまらない場合や調査員が選択に迷った場合などに選択根拠を特記事項に明示します。その他、介護の全体量を把握するために介護の手間や頻度の聞き取りが行われます。

図版3-3 認定調査票

調査は、調査対象者が通常の状態（調査可能な状態）であるときに実施して下さい。本人が風邪をひいて高熱を出している等、通常の状態でない場合は再調査を行って下さい。

保険者番号 ＿＿＿＿ 被保険者番号 ＿＿＿＿

認定調査票（概況調査）

Ⅰ　調査実施者（記入者）

実施日時	平成　年　月　日	実施場所	自宅内・自宅外（　　）
ふりがな 記入者氏名		所属機関	

Ⅱ　調査対象者

過去の認定	初回・２回め以降 （前回認定　年　月　日）	前回認定結果	非該当・要支援（　）・要介護（　）		
ふりがな 対象者氏名		性別	男・女	生年月日	明治・大正・昭和 年　月　日（　歳）
現住所	〒　－			電話	－　－
家族等連絡先	〒　－ 氏名（　　）調査対象者との関係（　）			電話	－　－

Ⅲ　現在受けているサービスの状況についてチェック及び頻度を記入してください。

在宅利用 ［認定調査を行った月のサービス利用回数を記入。(介護予防)福祉用具貸与は調査日時点の、特定(介護予防)福祉用具販売は過去６月の品目数を記載］	
□訪問介護(ホームヘルプ)・訪問型サービス　月　回	□(介護予防)福祉用具貸与　品目
□(介護予防)訪問入浴介護　月　回	□特定(介護予防)福祉用具販売　品目
□(介護予防)訪問看護　月　回	□住宅改修　あり・なし
□(介護予防)訪問リハビリテーション　月　回	□夜間対応型訪問介護　月　日
□(介護予防)居宅療養管理指導　月　回	□(介護予防)認知症対応型通所介護　月　日
□通所介護(デイサービス)・通所型サービス　月　回	□(介護予防)小規模多機能型居宅介護　月　日
□(介護予防)通所リハビリテーション（デイケア）　月　回	□(介護予防)認知症対応型共同生活介護　月　日
□(介護予防)短期入所生活介護(ショートステイ)　月　日	□地域密着型特定施設入居者生活介護　月　日
□(介護予防)短期入所療養介護(療養ショート)　月　日	□地域密着型介護老人福祉施設入所者生活介護　月　日
□(介護予防)特定施設入居者生活介護　月　日	□定期巡回・随時対応型訪問介護看護　月　回
□看護小規模多機能型居宅介護　月　日	
□市町村特別給付　［　　］	
□介護保険給付外の在宅サービス［　　］	

施設利用	施設連絡先
□介護老人福祉施設 □介護老人保健施設 □介護療養型医療施設 □介護医療院 □認知症対応型共同生活介護適用施設(グループホーム) □特定施設入居者生活介護適用施設(ケアハウス等) □医療機関(医療保険適用療養病床) □医療機関(療養病床以外) □その他の施設	施設名 ＿＿＿＿ 郵便番号　－ 施設住所 電話　－　－

Ⅳ　調査対象者の家族状況、調査対象者の居住環境（外出が困難になるなど日常生活に支障となるような環境の有無）、日常的に使用する機器・器械の有無等について特記すべき事項を記入してください。

認定調査票（基本調査）

1-1　麻痺等の有無について、あてはまる番号すべてに○印をつけてください。（複数回答可）
1. ない　2. 左上肢　3. 右上肢　4. 左下肢　5. 右下肢　6. その他（四肢の欠損）

1-2　拘縮の有無について、あてはまる番号すべてに○印をつけてください。（複数回答可）
1. ない　2. 肩関節　3. 股関節　4. 膝関節　5. その他（四肢の欠損）

1-3　寝返りについて、あてはまる番号に一つだけ○印をつけてください。
1. つかまらないでできる　2. 何かにつかまればできる　3. できない

1-4　起き上がりについて、あてはまる番号に一つだけ○印をつけてください。
1. つかまらないでできる　2. 何かにつかまればできる　3. できない

1-5　座位保持について、あてはまる番号に一つだけ○印をつけてください。
1. できる　2. 自分の手で支えればできる　3. 支えてもらえればできる　4. できない

1-6　両足での立位保持について、あてはまる番号に一つだけ○印をつけてください。
1. 支えなしでできる　2. 何か支えがあればできる　3. できない

1-7　歩行について、あてはまる番号に一つだけ○印をつけてください。
1. つかまらないでできる　2. 何かにつかまればできる　3. できない

1-8　立ち上がりについて、あてはまる番号に一つだけ○印をつけてください。
1. つかまらないでできる　2. 何かにつかまればできる　3. できない

1-9　片足での立位保持について、あてはまる番号に一つだけ○印をつけてください。
1. 支えなしでできる　2. 何か支えがあればできる　3. できない

1-10　洗身について、あてはまる番号に一つだけ○印をつけてください。
1. 介助されていない　2. 一部介助　3. 全介助　4. 行っていない

1-11　つめ切りについて、あてはまる番号に一つだけ○印をつけてください。
1. 介助されていない　2. 一部介助　3. 全介助

出典：厚生労働省「認定調査員テキスト2009改訂版（平成30年４月改訂）」P17～19、30、69、100、114、131、146～147、159～163参照
http://www.mhlw.go.jp/file/06-Seisakujouhou-12300000-Roukenkyoku/0000077237.pdf

以上が調査員の主な聞き取り内容になります。質問自体はそれほど難しくはありませんが、じっくり考えないと答えられない内容もあります。実際、とっさの質問に対象者が上手く受け答えできない場合がありますが、本人の受け答えを見ながら調査員は判断能力や理解力なども確認していますので、本人がきちんと回答できるようにしておく必要はありません。

介護認定の結果が届くまでに依頼する事業所探しを行う

要介護認定では調査員が持ち帰った認定調査票をもとにコンピュータによる一次判定が行われます。そして、一次判定の結果や認定調査票の特記事項、また主治医意見書などをもとに介護認定審査会で二次判定が行われて要介護度が決まります。特別な理由がない限りは介護申請から原則として30日以内に市区町村から認定結果が通知されます。

図版3-4 要介護認定の流れ

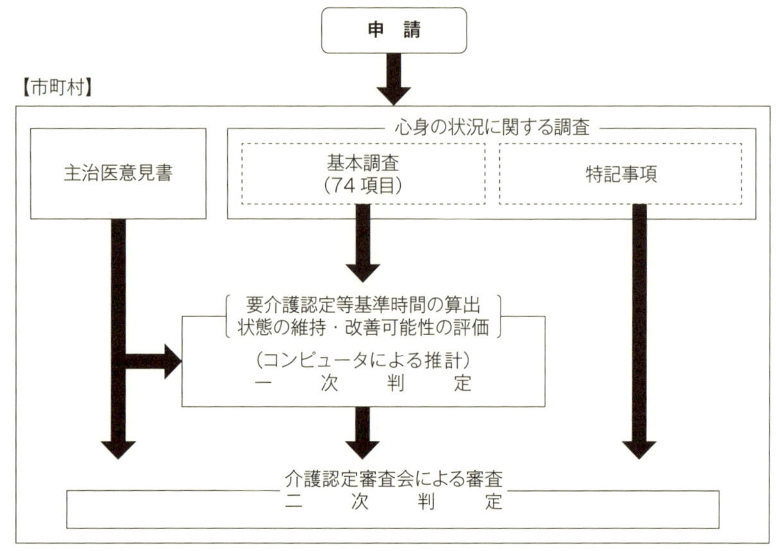

出典：厚生労働省「要介護認定に係る制度の概要」参照
http://www.mhlw.go.jp/topics/kaigo/nintei/gaiyo1.html

ただし、介護申請をする人の中には、今すでに介護サービスを必要としている状況で手続きをされている場合もあります。介護サービスについては申請日から利用できますが、利用者の心身の状態によっては要介護認定が「非該当（自立）」と判定され、保険の適用外となる場合もあります。そのため、要介護認定がおりてから介護サービスを利用しようと考えている人は多いです。

しかしながら、要介護認定がおりたからといって、あなたが希望する介護サービスをすぐに利用できるというわけではありません。なぜなら、サービスを利用する前に依頼する介護事業所を選んでおかなければならないからです。こうしたことから、介護サービスを早めに利用するためには要介護認定の結果がおりるまでの間に依頼する事業所を決めておくことが大切です。

実際に介護サービスを利用するためには、利用者（介護サービスを利用する人）の心身の状態や家族の希望などを基に居宅サービス計画（ケアプラン）を作成する必要があります。ケアプランとは、「どのサービスをどれくらいの頻度で利用するのか？」ということをまとめた計画書を指します。

ケアプランは利用者自身で作成することもできますが、依頼する介護事業所（ホームヘルパーやデイサービスなど）と毎月サービスの利用調整をしたり、細かい事務作業などが必要になったりするため、多くの方は「居宅介護支援事業所」に所属するケアマネジャーに依頼しています。

そこで、要介護認定の結果を待っている間に依頼するケアマネジャーを探しておくとよいでしょう。ケアマネジャーの探し方については第４章 第２節をご参照ください。

なお、居宅介護支援事業所にケアプラン作成を依頼するためには事業所と契約を結ばなければなりません。2000年に施行された介護保険制度では、利用者が自由に介護サービスや依頼する事業所を選ぶことができる「契約制度」になりました。そのため、利用者はケアプラン作成をお願いする居宅介護支援事業所以外に、実際にサービスを利用する訪問介護事業所（ホームヘルパーの派遣）やデイサービス（通所介護）なども契約書を交わす必要があります。

そして、居宅介護支援事業所と契約した後に、その事業所に所属する「介護支援専門員（ケアマネジャー）」が利用者のケアプランを作成することになります。担当になったケアマネジャーは、利用者本人や家族から「現在、どのようなことで困っているのか」「どのような介護サービスを希望しているのか」などについての聞き取りを行い、その内容に見合った提案をしてくれます。その上で、本人や家族の要望に見合ったサービスを提供してくれる介護事業所を紹介してくれたり、利用する曜日や回数などを調整してくれたりといった役割なども担っています。

ただし、ここで注意しておきたいのは自宅での生活を中心に介護サービスを利用する場合と介護付きの老人ホームなどに入居して介護サービスを利用する場合ではケアマネジャーの探し方が異なるということです。

居宅介護支援事業所のケアマネジャーが対応できる利用者は、主に自宅やサービス付き高齢者向け住宅、住宅型有料老人ホームなどで生活している人です。それに対して、特別養護老人ホームやグループホーム（認知症対応型共同生活介護）、介護付有料老人ホームなどに入居している方には、各施設に所属する施設ケアマネジャーが対応することになります。また、自宅で生活している人でも小規模多機能型居宅介護や複合型サービス（看護小規模多機能型居宅介護）を利用する場合には特別養護老人ホームなどと同様にその事業所に所属する専任のケアマネジャーが担当するように定められています。こうしたことから、実際にどのような介護サービスを利用するのかによって事業所の探し方が異なることを理解していなければなりません。

その他にも、自宅で生活をしながらデイサービス（通所介護）やデイケア（通所リハビリテーション）を利用しようと考えている場合は、親がお住まいの地域の事業所情報を集め、実際に依頼するデイサービスなどを決めておきましょう。そうすることで、要介護認定がおりた後にすばやくサービスの利用を開始することができます。もちろん、担当のケアマネジャーも地域の事業所情報を提供してくれますし、選び方についてもアドバイスをしてくれます。ただ、ケアマネジャーに丸投げをしてしまうことが原因で利用者の心身の状態や家族の希望に見合っていない事業所を利用しているケースも少なくありません。したがって、ケアマネジャーからのアドバイスなどを参考にしながら、利用者（家族も含む）自らも積極的に情報を集めるようにしてください。そうすることで、希望に見合った事業所を選ぶことができるでしょう。

2 介護申請で押さえておくべき3つのポイント

これから介護保険のサービスを利用しようと考えたとき、利用者（介護サービスを利用する人）、もしくは家族（利用者を介護する家族）がはじめに行わなければならないのは、要介護認定を受けるための申請（以下、介護申請）です。この申請については、お住まいの市区町村の窓口に行って「要介護認定を受けたいので申請の手続きをお願いします」と尋ねてください。そうすれば、窓口の担当者が申請書類の書き方を教えてくれますので、手続き上で利用者や家族がつまずくことはありません。

ただ、ここで要介護認定の申請後に行われる「訪問調査」や「主治医意見書」により、要介護度の認定結果が大きく変わることをあなたはご存知でしょうか？　実際、認定された要介護度によっては、利用者や家族が利用したいと思っている介護サービスが受けられない可能性もあります。

たとえば、床からの立ち上がりが難しくなった親のために介護用の電動ベッド（以下、ベッド）をレンタルしようと思った家族が介護申請をするケースで考えてみましょう。介護保険でベッドをレンタルするためには、原則として要介護２以上の認定が必要になります。そのため、要介護１以下の認定がおりた場合は、介護保険適用のベッドを利用者は借りることができません。（状態区分は、P136 図版３-５参照）

厳密に言えば、ベッドが借りられないわけではありませんが、その代わりに利用者は全額自己負担でベッドをレンタルすることになります。また、市区町村によっては要支援や要介護１の認定者でも例外的にベッドが借りられる場合もありますが、煩雑な手続きが必要になってきますので、できるかぎり利用者や家族が希望する介護サービスが利用できる要介護認定がおりていた方がよいでしょう。

※介護保険の適用となれば、実際にかかる費用の１割を負担（収入の多い方は２割もしくは３割を負担）するだけでベッドを借りることができます。

そのため、必要な介護サービスが利用できるよう、適切な手順に従って要介護認定を受けることが大切です。そこで、この節では「介護申請で押さえておくべき３つのポイント」について解説します。

●介護申請を行う時期の見極め方

１つめのポイントは、「介護申請はいつ行うべきなのか」ということです。親が介護を必要とする時期は人それぞれで異なります。実際、50代であっても脳梗塞や若年性認知症を患うことによって介護が必要となる人もいますし、90歳を過ぎた高齢者でも一人で元気に過ごされている人もいます。したがって、一概に親の年齢だけで申請時期を決めることはできません。

また、親自身も家族からの支援が受けられるのであれば「介護サービスは利用したくない」と思っているため、家族側が切り出さない限り介護サービスの利用に至らないケースが多いです。

実際、家族が介護サービスの利用を考えるタイミングは大きく分けて３つあります。１番目のタイミングは親の生活を見守っている家族が「（親が）このままの生活を続けていたら、介護状態になってしまうのではないか」と感じたときです。たとえば、家で一日中何もせずにダラダラと過ごしている親の生活を見かねて「これ以上足腰を弱らせないようデイサービスなどに通って運動をしてもらいたい」と考えるようになるのです。

ただ、このようなときに家族がデイサービスの利用を勧めても、親から「私はデイサービスに通うような年齢ではない」と拒否されてしまうケースは少なくありません。実際、多くの高齢者は不安定ながらも一人で歩けるときは「年寄り扱いをされたくない」と思っています。それに、一人で外出することができるにも関わらず、家で一日中過ごしているということは「外に出てやりたいことがないから家にいる」と捉えることもできます。
このようなときは、親にやりたいことを見つけてもらうと共に「今の生活は身体に良くない」と認識してもらわなければなりません。しかしながら、家族がどう説得しても「誰にも迷惑をかけていないし、自分の好きなように生きて何が悪いの？」と言い返されてしまう場合もあるでしょう。こうした状況下でしつこく説得しようとしても、お互いムキになってしまい親子関係が悪化するだけです。したがって、子供の提案に耳を傾けてくれない場合は親が落ち着いて話を聞いてくれるようになるまでじっくり待つようにしましょう。
ただし、デイサービスの利用を拒まれてしまったとしても、それはあくまでも１つの提案にしかすぎません。したがって、このようなときは介護保険のサービスだけに捉われず、あなたが定期的に親を外に連れ出せる方法から考えてみてください。たとえば、親子でカルチャー教室やスポーツジムに通うことができれば、定期的に外出する機会になります。実際にそうすることができれば、介護サービスなどを利用しなくても閉じこもりの防止につながるのです。
中には新しいことに挑戦するのが苦手な人もいますが、子供が積極的に関わることで親も安心して通い始めることができます。仕事をしている家族としては親の生活に合わせて通う必要のないカルチャー教室などに参加し続けるのは負担になってきますが、通い続けていると親にも気の合う友達が見つかるはずです。そのような状況になれば、家族が声をかけなくても自ら外に出るようになりますので、まずは親の性格を踏まえ、これまでで意欲的に取り組んでいたこと（料理、手芸）などを思い起こしながら「親がやりたい」と思えることを見つけてあげてください。そうした支援は親の介護予防にもつながりますし、「以前はカルチャー教室やスポーツジムによく通っていた」というような経験はデイサービスなどを利用するときにも活かされるでしょう。
次に２番目のタイミングは「子供の支援がなければ親の日常生活が成り立たない」というようなときです。具体的には、加齢による身体機能の低下で近隣にあるスーパーまで歩いて買い物に行けなくなったり、認知症の進行で親一人ではお金や服薬の管理ができなくなったりして家族が日常的に支援しているような状況です。

実際、買い物を支援するだけでよいのであれば、子供は親と別々に暮らしていたとしても、毎日実家に通う必要はないので、仕事と介護の両立で行き詰まるようなことはほとんどありません。ただ、その支援内容が毎日の料理、掃除、服薬の管理というように少しずつ増えていった場合、正社員として働きながら親の生活を支え続けることは次第に難しくなります。

こうしたときに家族は介護サービスの利用を検討しますが、1番目のタイミングと同様に親の身体に直接触れて行う介助（歩行や入浴）が必要ないのであれば、サービスの利用を拒否されてしまう可能性は少なくありません。ただし、このような状況でも介護サービスの利用を強引に勧めてはいけません。なぜなら、先ほども説明したとおり、高齢者はどれだけ歳を重ねても年寄り扱いをされたくないからです。実際に身体が思い通りに動かなくなったときは、介護サービスの利用もすんなり受け入れてくれるのですが、なんとか動ける間は介護保険のお世話になりたくないのです。

そのため、親がサービスの利用に納得してくれるまではしっかりと時間をかけながら説得する必要があります。しかしながら、仕事と介護を両立する上では、親が納得してくれるまでずっと待ち続けるわけにはいきません。なぜなら、介護サービスの必要性を感じているにもかかわらず、利用につながっていないということは家族の誰かに介護負担が重くのしかかっている可能性があるからです。

したがって、そうした状況下では、「重くのしかかっている介護負担をどのように軽減していくのか」ということから考えてみてください。前章（第2章）の第3節でもお話ししましたが、日本人の平均寿命と健康寿命の差から10年以上にわたって親の生活を支援（介護）している人はたくさんいることがわかります。中には、その支援期間が1年にも満たない場合もありますが、このようなことはそう簡単に予想できるものではありません。

そのため、介護が必要な期間が長くなったとしても、家族は無理なく対応できるようにしておくことが重要です。たとえば、週に2～3日は弁当の宅配サービスを利用して、実家で料理をする回数を減らしたり、「親の様子が心配だから」という理由で毎日実家に通っているのを電話での安否確認に切り替えたりするのです。こうしたことを「介護の手抜き」と捉えてなかなか行動に移せない人もいますが、現状に大きな負担を感じているのであれば、あなたが倒れてしまう前に実行しておかなければなりません。そうすることにより、あなたの体力を上手に温存しながら、親が介護サービスの利用を受け入れてくれるまで待ち続けることができるでしょう。

そして、3番目のタイミングは「どう考えても介護サービスを利用しなければ親の生活を支えることができない」というときです。これまでにご紹介した3つのタイミングで最も介護が大変な時期ではありますが、それゆえに「今すぐに介護申請をしなければならない」という判断ができる時期とも捉えることができます。

たとえば、脳梗塞の後遺症で片方の手足がマヒしてしまい、親一人では歩くことができなくなった場合、子供だけではなく親自身も介護が必要な状態である事を認識しているため、介護サービスを利用しようとしても拒まれるようなことはありません。とは言え、特に脳梗塞発症後などは患者自身も予期せぬ突然の事態をすぐには受け入れることができない人は少なくありません。そのため、あなたの大切な親がそのような状況になってしまった場合は本人の気持ちに寄り添う慎重な対応が求められます。

その一方で、身体は自由に動かすことができる状態なのに今すぐに介護サービスの必要性を感じるタイミングがあります。それは、認知症の進行に伴う周辺症状の悪化から「親の生活を支えている家族の精神的な負担が大きくなった」というような状況になったときです。

たとえば、感情のコントロールが難しくなった親が子供に対して乱暴な言葉を使うようになったり、睡眠のリズムが崩れて夜中に同居している家族を何度も起こしてしまったりするような出来事が頻繁に続いてしまうと「これ以上は家族だけで対応しきれない」と判断して介護申請を行います。

ただし、認知症を患った方に対しての介護サービスの勧め方は慎重に対応しなければなりません。なぜなら、患者自身には病識が無い場合も多いため、説得する方法を誤ってしまうと「私はボケてなんかいない」と言われて家族の話に耳を傾けてくれなくなるからです。こうしたことから、まずはその周辺症状が起こる原因を探りながら、親が安心して介護サービスが受けられるような環境を整えるようにしましょう。認知症を患われた方の対応方法などについては、第4章 第3節をご参照ください。

このように、親を介護する家族が介護サービスの利用を検討しても、それぞれの状況によって対応方法は異なります。したがって、親の心身の状況を慎重に見極めながらあなたが適切だと思う時期に介護申請をするようにしましょう。

●訪問調査には必ず家族が立ち会うようにする

2つめのポイントは、はじめての訪問調査には必ず家族が立ち会うということです。調査を受ける場所については可能なかぎり親が長く過ごしているところを選ぶようにしましょう。そうすることで、本人が日中どのように過ごしているのかについて把握しやすくなります。

介護をしている家族の中には平日の日中は働いているため、「訪問調査の時間に立ち会えない」と言われる人もいますが、特にはじめての訪問調査であれば、家族は仕事の休みを取ってでも立ち会うようにしてください。

なぜなら、親だけでは訪問調査員(以下、調査員)の質問に対して、適切な受け答えができない可能性もあるからです。そうなると、調査員は正しくない情報を持ち帰ることになるため、的確な要介護認定がおりない場合もあるのです。

こうしたことを避けるためにも、訪問調査では実際に介護をしている家族が立ち会うだけでなく、正確な情報を調査員に伝える必要があります。そうすることで、調査員は正確な情報を持ち帰ることができるのです。

とは言え、きちんと受け答えができる家族でも、はじめての訪問調査に緊張してしまい、現在の親の様子を調査員に上手く説明ができなかったり、本人が目の前にいたため、親ができていないことを正確に伝えることができなかったりすることもあります。そのため、家族が慌てずに対応できるよう質問内容を事前に把握しておくことが大切です。

まずは前節で紹介した認定調査票の質問内容と調査員がチェックする項目を確認しながら「あなただったらどう答えるか」を考えてみます。それと同時にうちの親は「調査員の質問にどう答えるだろうか」と考えておくことが重要です。なぜなら、あなたの親が調査員の質問に対して普段できていないことを迷いなく「できる」と答えてしまう場合があるからです。実際、調査を受ける高齢者の中には、身体機能などの質問に対して、「自分の体調が一番良いときの状態（もしくは、理想の状態）」を伝える人もいます。その他にも、家族の支援があるからこそ生活が成り立っているにもかかわらず、「一人で何でもできるから大丈夫です」と答えて家族を困らせる場合もあります。

このようなとき、あなたならどうしますか？　実際、親と調査員の会話に割って入って「今は一人で料理はできていないでしょ」と話すこともできます。しかしながら、本人を目の前にこのようなことを言ってしまうと、親のプライドを傷つけることになります。そうなってしまうと、親子の信頼関係が崩れてしまい「介護サービスなんて利用しない」という結果を招いてしまうこともあるのです。

したがって、あなたの親が調査員の前で「普段以上に元気な姿を見せようとするのではないか」と思われる場合は、本人がいないところで調査員に正確な情報を伝える工夫が必要です。たとえば、調査が終わったあとに調査員を外まで見送り、親がいないところで現状を正確に伝えるという方法もあります。ただ、口頭でいろいろなことを伝えようとすると、家族が言い忘れてしまったり、調査員も聞き逃してしまったりすることにもつながります。こうしたことから、正確な情報を伝えるために「親の心身の状態」や「普段はどのような介護を家族はしているのか」ということをまとめたメモを事前に作成しておき、帰り際に簡単な説明をしながら調査員に手渡すとよいでしょう。

たとえば、認知症を患う親の介護では、「徘徊（歩き回る行為）」「異食（食べられないものを口に入れてしまう行為）」「もの盗られ妄想」というような周辺症状が介護をする家族の大きな負担になってきますが、メモの内容も「異食があった」だけでなく「１月15日　13時頃　ティッシュを口に入れて噛んでいた」というように具体的に残しておくことでその様子が伝わりやすくなります。

・徘徊＝歩き回る行為
・異食＝食べられないものを口に入れてしまう行為
・もの盗られ妄想＝自分の持ち物が見つけられず、誰かが盗んだのではないかと疑い始める行動

また、調査員の質問に対しては「介助の必要はありません」「少しだけ介助しています」とだけ答えるのではなく、その介助方法を具体的に説明するようにしてください。たとえば、「食事は少し手伝えば、自分で食べることができます」という説明だけでは、どのような介助を行っているのかがわかりません。そのため、「お箸を持つように声をかければ、自分で食べることができます」「スプーンにおかずやご飯をのせるところを手伝えば、あとは自分で口元まで持っていきます」というように具体的に伝えることが大切です。

ただし、こうした介助内容についても、親の日々の状態によって異なります。そのため、調査員が来た日はすんなり立ち上がることができたけど、「日頃は家族の介助が無ければ上手く立ち上がれない」という場合もあるでしょう。そのようなときは、１日、もしくは１週間の生活を

振り返りながら「週に２、３日は体調の良い日もありますが、それ以外の日はふらつきもあるため必ず介助が必要です」というように具体的に答えてください。

はじめて要介護認定の申請をするときの主治医の選び方

３つめのポイントは主治医の選び方です。要介護認定を受けるためには主治医意見書の記入を依頼する主治医を決めておかなければなりません。実際、この主治医については親（介護が必要な人）の状況次第で選び方はそれぞれ異なります。具体的には「長年通っている医療機関があるかどうか」「申請時に在宅で生活をしているのか？　それとも入院中なのか？」という状況の違いから３つに分けることができます。

ケース１：長年通っている医療機関がある
ケース２：医療機関に長年かかっていない
ケース３：親が入院中にはじめて介護申請する

そこで、この項ではそれぞれの状況に応じた主治医の選び方について説明していきたいと思います。まずは、「現在は在宅で生活をされていて、長年通っている医療機関がある」というケースからご紹介します。主治医意見書では、病状だけではなく親のご自宅での生活状況なども把握していなければ記入できない内容もあるため、長年通い慣れている診療所や病院があるのであれば、まずはその医療機関の医師に相談してみてください。実際、長年通っているということはその医師との信頼関係も構築されていますし、親の性格や既往歴なども把握されているため、主治医意見書作成の依頼も快く引き受けてくださるでしょう。

ただ、介護が必要な高齢者の中には「整形外科」「脳神経外科」「眼科」などのように複数の診療科を受診されているという人もいます。そのため、「主治医をどの先生にお願いすればよいかがわからない……」と悩まれる人もいますが、このような場合では「要介護状態の原因となる主な疾病」の治療を担当している医師に依頼することが望ましいでしょう。

ここで、変形性膝関節症とアルツハイマー型認知症を患われている方を例に挙げながら詳しく説明します。この2つはどちらも要介護状態につながりやすい病気ではありますが、こうした場合では病気の症状の程度などで判断してください。たとえば、変形性膝関節症については床からの立ち上がりや歩きはじめなどに多少の痛みを感じるものの自宅内は安全に移動できるというような状態だと仮定します。その一方で、アルツハイマー型認知症については服薬の管理が一人でできなかったり、道に迷ってしまうにもかかわらず一人で外出しようとしたりするので、「家族は常に見守っていなければならない」というような状態だったとします。

このような場合、膝の痛みを和らげるための治療をしてくださっている整形外科の医師に主治医のお願いをすればよいのでしょうか？　それとも、認知症の症状を抑えるための治療をして下さっている脳神経外科の医師の方がよいのでしょうか？　実際、こうした情報だけでどちらの医師を選ぶことが正しいのかについて断定するわけにはいきませんが、判断に迷われた場合は、「どの症状が介護をしているあなたに負担をかけているのか」ということを考えながら選びます。

たとえば、膝の痛みにより一人で外出することができなくなった親の買い物や料理の支援をすることが最も負担になっているのであれば整形外科の医師にお願いすればよいでしょう。反対に買い物の支援などはそれほど負担になっていないが、毎日の服薬を確認したり、一人で外に出ないように見守ったりすることが負担になっているのであれば脳神経外科の医師にお願いすればよいのです。

しかしながら、どちらの医師を選ばれたとしても、主治医には「要介護状態の原因となっている親のすべての疾病」を把握してもらわなければなりません。したがって、整形外科の医師に主治医をお願いするのであれば、認知症の症状で家族が困っていることなどを正確に伝える必要があります。その一方で脳神経外科の医師を選ばれるのであれば、膝の痛みにより日常生活でどのような支援が必要になっているのかなどについても知ってもらわなければなりません。親の介護と仕事を両立する中で大変ではありますが、そうすることによって、どちらの医師に主治医意見書の作成をお願いしても適切な要介護認定はおりるでしょう。

２番目は「現在は在宅で生活をされているが、医療機関に長年かかっていない」というケースです。このようなケースでは、家族は病気の心配をしているにもかかわらず、親自身に「病気にかかっている」という自覚症状がないケースも少なくありません。そうなると、本人が病院に行く必要性を感じていないため、受診を拒まれてしまうのです。

その中で特に多いのが「認知症の疑いがあるが、年相応の体力はある」というようなケースです。第２章 第２節でもお話ししましたが、親に認知症と疑われるような症状があったとしても、本人が「私はボケていないし、手足も自由に動く」と思っていれば、なかなか受診につなげることができません。そのため、こうしたケースでは、しっかりと時間をかけながら説得する必要があります。

なお、親が受診に応じてくれるまでの間に認知症の診断を受けるための医療機関を探しておくことができれば説得した後の対応がスムーズになります。医療機関の探し方については、あなたがお住まいの市区町村の役所や地域包括支援センターに電話をして「認知症の診断ができる医療機関を教えてください」と尋ねることで必要な情報を得ることができるでしょう。ただし、役所などが把握している情報以外でも認知症の診断ができる医療機関はたくさんあります。診療科目でいうと、「精神科」「脳神経外科」「心療内科」「神経内科」「内科」などになります。

また、内閣府「平成29年版高齢社会白書」の発表では、日本の高齢者人口は2042年まで増え続けることが予想されているため、今後も認知症に詳しい医師は増えていくでしょう。とは言え、主治医になってもらう医師を「認知症に詳しい」という条件だけで選べるわけではありません。その他にも「親と医師の相性が良い」「親の不安や家族の悩みをしっかりと聴いてくれる」「親の自宅から病院に連れていくのが負担にならない距離である」という条件などもあります。

特に相性というのは人それぞれですので、親がお住まいの地域で評判の良い医療機関に受診しても、あなたにとって納得のいく結果が必ず得られるという保証はありません。とは言え、あえて評判が良くない所に行く必要もありませんので、もし親の介護を経験した知り合いなどがいるのであれば、そうした方々にも「おススメの医療機関があるか」などを尋ねてみるとよいでしょう。

万が一、受診した医療機関の医師の診断方法やアドバイスに不信感を抱かれた場合は、別の医療機関を受診することもできますので、まずは肩肘張らずに探されてみてください。

そして、3番目は「親が入院中にはじめて介護申請をする」というケースです。一口に入院と言っても、高齢者の入院が必ずしも介護申請につながるわけではありません。第2章 第2節でも説明しましたが、「はじめて介護申請をする」という状況においては脳血管疾患や大腿骨頸部骨折で入院したときなどのケースが多くなります。

このようなときは、長年通っている医療機関があったとしても、入院中の申請であれば手術やリハビリを担当している医師に「主治医」のお願いをすることになるでしょう。なぜなら、長年通っている医療機関は入院前の親の状態しか把握していないため、介護が必要になった現状について主治医意見書に記入することができないからです。ただし、入院がきっかけではじめて介護申請をすることになったとしても、入院前の様子なども主治医に伝えていた方が迅速に対応してくれるでしょう。

退院後については、病状によって長年通っていた診療所で治療が再開される場合もありますし、入院した病院に通院する場合もあります。そのため、2回目の要介護認定については更新時期に通院している医療機関の医師にお願いすることになるでしょう。

このように、はじめての介護申請では、「主治医を誰にお願いすればよいのか」ということで悩まれる人もいますが、重要なポイントは「自宅での親の様子」や「親に対してどのような支援（介護）をしているのか」ということを主治医意見書の作成を依頼する医師に伝えておくことです。そうすることができれば、親や家族が必要とする介護サービスを利用するために必要な要介護認定はおりますので、正確な情報提供を心がけましょう。

3 親の介護にかかるお金の話

日本では2007年に超高齢社会となり、2016年10月には65歳以上の人口が3,400万人を越えました。このようなことから、多くのメディアでは老後に必要な資金や介護にかかる費用などについての特集が組まれる機会も増えています。

私は仕事柄、老人ホームの毎月の費用などの質問を受ける機会が多いのですが、いろいろな相談を受ける中で「老後資金はいくらあったら足りるのか」ということをよく考えるようになりました。その中で感じているのは、「老後資金はあるに越したことはないが、貯金がなくてもどうにかなる」ということです。実際には子供の支援があったり、公的年金の範囲内で費用を抑えたりというように人それぞれで生活状況は異なりますが、日本では健康で文化的な最低限度の生活が保障されています。そのため、収入に見合った生活を心がければなんとか生活していけるのです。

とは言え、老後資金は「たくさんあった方が自由な暮らしができる」ということに間違いはありません。また、介護が必要になったときでも、お金をかけることで手厚い介護サービスが受けられるでしょう。そのため、現役世代のうちに老後を見据えてお金を貯めておくことは重要なのです。

ただ、老後に必要な資金という視点で考えていると、人それぞれで生活水準は異なりますので、いつまで経っても答えが出せなくなってしまいます。したがって、この節では「親の介護にかかる費用」にテーマを絞って説明していきたいと思います。

●ひと月にかかる介護サービスの利用料金

親の介護にかかるお金の目安として活用できるのが、認定を受けた要介護度です。この要介護度は「要支援１，２」「要介護１～５」の７段階に分かれていますが、はじめに要支援と要介護認定の状態像の違いから説明します。

まず【要支援状態】とは、「日常生活上の基本的動作（歩行、起き上がりなど）については、ほぼ自分で行うことが可能であるが、日常生活動作（入浴、排泄など）に介助が必要になることを予防するために手段的日常生活動作（掃除、買い物、調理など）について何らかの支援が必要な状態」を指します。次に【要介護状態】とは、「日常生活上の基本的動作についても自分で行うことが困難であり、すでに何らかの介護が必要な状態」を指します。

そして、要介護度別に詳しく説明すると【要支援状態】では、買い物などで外出した際に長い時間歩けなかったり、重たい荷物が持てなかったりするような場合は「要支援１」、下半身の筋力低下により、自宅内での歩行も不安定になる。また今後、日常生活において介護が必要になる可能性があるような場合は「要支援２」の認定がおりることもあります。

次に【要介護状態】では、片足での立位が難しくなったり、日常の意思決定で家族の支援が必要になったりした場合は「要介護１」、歩行や入浴の介助が必要になったり、金銭や服薬の管理に支援が必要になったりした場合は「要介護２」、寝返りや排泄の介助が必要になったり、口腔内の清潔を保つために支援が必要になったりした場合は「要介護３」、長時間座位を保つことが難しくなったり、ベッドから車いすへの移乗などにも介助が必要になったりした場合は「要介護４」、さらには食事摂取にも介助が必要になったり、記憶障害で意思疎通が困難になったりした場合は「要介護５」というような状態像になります。

※要介護度別の状態像の定義はありませんので、あくまで参考としてご覧ください。

図版3-5 要介護状態区分別の状態像

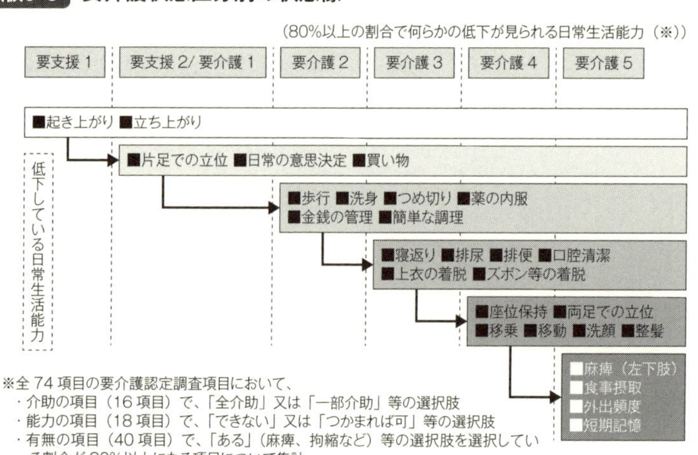

※全 74 項目の要介護認定調査項目において、
・介助の項目（16 項目）で、「全介助」又は「一部介助」等の選択肢
・能力の項目（18 項目）で、「できない」又は「つかまれば可」等の選択肢
・有無の項目（40 項目）で、「ある」（麻痺、拘縮など）等の選択肢を選択している割合が 80%以上になる項目について集計

注 1）要介護度別の状態像の定義はない。
注 2）市町村から国（介護保険総合データベース）に送信されている平成 26 年度の要介護認定情報に基づき集計（平成 28 年 2 月 15 日時点）
注 3）要介護状態区分は二次判定結果に基づき集計
注 4）74 の各調査項目の選択肢のうち何らかの低下（「全介助」、「一部介助」等）があるものについて集計

出典：厚生労働省「要介護認定の仕組みと手順」P11参照
https://www.mhlw.go.jp/file/05-Shingikai-11901000-Koyoukintoujidoukateikyoku-Soumuka/0000126240.pdf

実際はこうした状態像に照らし合わせて判定されるわけではなく、要介護認定で行う「訪問調査」や「主治医意見書」で得られた情報を基に要介護度が決まります。そして、ここで判定された要介護度ごとに支給

図版3-6 要介護度別支給限度額

要介護度	ひと月の支給限度額※
要支援1	50,030円
要支援2	104,730円
要介護1	166,920円
要介護2	196,160円
要介護3	269,310円
要介護4	308,060円
要介護5	360,650円

※介護報酬の１単位を10円として計算。

限度額（ひと月に利用できるサービスの量）が決められており、利用者や家族はこの限度額を考慮しながら必要とする介護サービスを利用することになります。

この限度額はひと月に利用できる介護サービス量の上限額とも捉えることができますが、利用者が支払うのは実際に介護サービスを利用した費用の１割～３割のいずれかです。たとえば、要介護１の利用者（１割負担とする）がひと月の支給限度額いっぱいの介護サービスを利用した場合、介護事業所に支払う金額は約16,000円になります。

ここで支払う自己負担割合の判定基準は利用者の年金収入などによって異なります。単身世帯で年間の年金収入等が280万円未満の人が１割負担、次に「合計所得金額（給与収入や事業収入等から給与所得控除や必要経費を控除した額）160万円以上」かつ「年金収入＋その他合計所得金額280万円以上」の人が２割負担、そして、2018年８月以降は「合計所得金額220万円以上」かつ「年金収入＋その他合計所得金額340万円以上」の人が３割負担になりました。

その他、夫婦世帯であれば、年金収入＋その他合計所得金額が346万円以上になる場合は２割負担、また463万円以上になる場合は３割負担となることもあります。ただし、夫婦世帯の場合は、夫婦それぞれが単身世帯と夫婦世帯の基準を同時に満たしていることが条件になっています。そのため、夫の年金収入等が年間300万円で妻が100万円だった場合、世帯の合計収入は400万円となりますが、妻の収入は単身世帯の280万円以上という基準を満たしていないため１割負担となります。その一方で、夫については年間280万円以上という基準も同時に満たしているため２割負担となります。

したがって、先ほどの例で考えると、利用者の自己負担割合が１割ではなく、２割だった場合は、単純に２倍の約32,000円を介護事業所に支払うことになります。なお、この負担割合については、利用者（要介護認定を受けている方）がお住まいの市区町村から「介護保険負担割合証」が送られてきますので、そちらで確認することができます。

図版3-7 現役世代並みの所得のある者の利用者負担割合の見直し

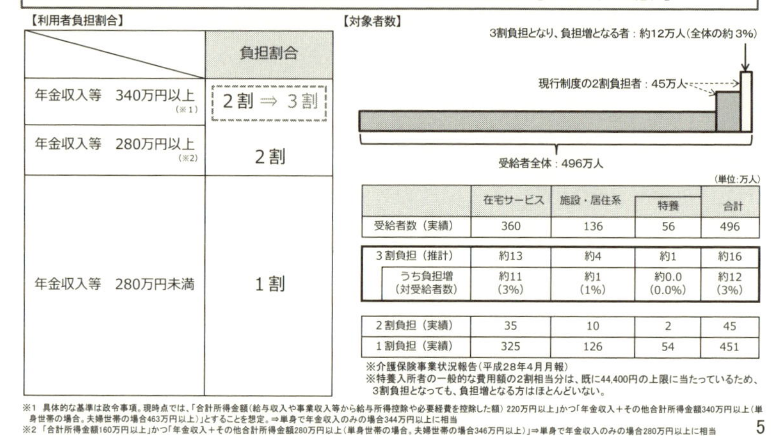

見直し内容

世代間・世代内の公平性を確保しつつ、制度の持続可能性を高める観点から、2割負担者のうち特に所得の高い層の負担割合を 3割とする。ただし、月額44，400円の負担の上限あり。【平成30年8月施行】

【利用者負担割合】

	負担割合
年金収入等 340万円以上（※1）	2割 ⇒ 3割
年金収入等 280万円以上（※2）	2割
年金収入等 280万円未満	1割

【対象者数】

（単位：万人）

	在宅サービス	施設・居住系	特養	合計
受給者数（実績）	360	136	56	496
3割負担（推計）	約13	約4	約1	約16
うち負担増（対受給者数）	約11（3%）	約1（1%）	約0.0（0.0%）	約12（3%）
2割負担（実績）	35	10	2	45
1割負担（実績）	325	126	54	451

※介護保険事業状況報告（平成28年4月月報）
※特養入所者の一般的な費用額の2割相当分は、既に44,400円の上限に当たっているため、3割負担となっても、負担増となる方はほとんどいない。

※1 具体的な基準は政令事項。現時点では、「合計所得金額（給与収入や事業収入等から給与所得控除や必要経費を控除した額）220万円以上」かつ「年金収入＋その他合計所得金額340万円以上（単身世帯の場合。夫婦世帯の場合463万円以上）」とすることを想定。⇒単身で年金収入のみの場合344万円以上に相当
※2 「合計所得金額160万円以上」かつ「年金収入＋その他合計所得金額280万円以上（単身世帯の場合。夫婦世帯の場合346万円以上）」⇒単身で年金収入のみの場合280万円以上に相当

5

出典：厚生労働省「平成29年（2017年）介護保険法改正」P5参照
http://www.mhlw.go.jp/file/06-Seisakujouhou-12300000-Roukenkyoku/k2017.pdf

こうしたことから、介護サービスの費用が最も多く発生するのは要介護5の認定者で自己負担割合が3割の方になります。このケースで支給限度額いっぱいの介護サービスを利用した場合の費用はひと月で約11万円となってしまいます。しかしながら、「高額介護サービス費」の制度を活用することにより、自己負担限度額を超えた分の費用が払い戻されますのでご安心ください。利用者の世帯が現役並みの所得であったとしても、限度額の44,400円を超えた費用が払い戻しとなりますので、対象者は必ず申請するようにしましょう。ただし、住宅改修や福祉用具購入の利用者負担額及び介護保険施設等での食費、居住費（滞在費）、日用品費などは対象外となりますのでご注意ください。

図版3-8 高額介護サービス費

【高額介護サービス費】

	自己負担限度額(月額)
現役並み所得相当(※3)	44,400円
一般	37,200円 ⇒ 44,400円 ＋ 年間上限額の設定 (1割負担者のみの世帯)
市町村民税世帯非課税等	24,600円
年金収入80万円以下等	15,000円

※3 世帯内に課税所得145万円以上の被保険者がいる場合であって、世帯年収520万円以上(単身世帯の場合は383万円以上)

1割負担者に対する年間上限額の設定
1割負担者(年金収入280万円未満)のみの世帯については、過大な負担とならないよう、年間の負担総額が現行の負担最大額を超えない仕組みとする。(3年間の時限措置)年間上限額: 446,400円 (37,200円×12)

出典:厚生労働省「1.介護保険制度の見直しについて」P30参照
https://www.mhlw.go.jp/topics/2017/01/dl/tp0117-k01-05-02p.pdf

このようなことから、1世帯当たりの介護サービスの費用は「高額介護サービス費」の申請により、ひと月44,400円以内に収めることができるといってもよいでしょう。なお、今回は支給限度額いっぱいの介護サービスを利用するケースで説明しましたが、実際にそのような利用の仕方をする人はそれほど多くはいません。厚生労働省「区分支給限度基準額(平成29年4月審査分)」の調査結果からも要介護度別の支給限度額に占める割合(平均的な利用率)は最も値が高いところでも7割を下回っていることがわかります。つまり、多くの方は要介護度ごとに決められた支給限度額の範囲内の介護サービスでこと足りているのです。

しかしながら、次の表でもわかるように支給限度額以上の介護サービスを利用されている人がいることも忘れてはなりません。なお、この場合は支給限度額を超えた介護サービスの費用については全額自己負担となりますが、費用のことよりも気にしなければならないのが家族の介護負担です。在宅の介護において、「支給限度額を超えた介護サービス（全額自己負担）を利用する」というケースでは、家族が無理をしながら介護を続けている可能性もあります。したがって、このような状況が続けば、家族の体調面を考慮して「一時的に親を老人ホームに預ける」という決断を迫られる場面がくることも想定しておかなければなりません。

図版3-9 要介護度別の平均的な利用率等

要介護度	受給者一人当たり平均費用額※	支給限度額に占める割合	利用者に占める支給限度額を超えている者の割合
要支援1	18,918円	37.8%	0.4%
要支援2	33,434円	31.9%	0.2%
要介護1	74,507円	44.6%	1.7%
要介護2	104,047円	53.0%	3.6%
要介護3	156,020円	57.9%	3.0%
要介護4	189,613円	61.6%	4.0%
要介護5	235,565円	65.3%	5.0%

※利用者が実際に支払うのは平均費用額の１～３割（自己負担割合による）になる。

出典：厚生労働省「区分支給限度基準額（参考資料）」P4を基に作成
http://www.mhlw.go.jp/file/05-Shingikai-12601000-Seisakutoukatsukan-Sanjikanshitsu_Shakaihoshoutantou/0000175118.pdf

老人ホームの入居にかかる費用

前項で紹介した介護サービスの費用については、介護保険制度で定められているため、同じ条件（要介護度・サービスの種類・時間の長さなど）でサービスを利用するのであれば、どの地域でも利用料金の差はほとんどありません。

※地域ごとの人件費の地域差を調整するために設定された「地域区分」により、利用料金に若干の違いがあります。

そのため、同じ介護サービスを利用するのであれば、「頼りになる介護事業所に依頼したい」と思われるのではないでしょうか。実際、在宅の介護サービスを利用するときの相談では、利用料金のことよりもサービスの内容や質に関する質問が多いです。つまり、親の希望と介護をする家族の要望に見合った事業所を選びたいと考えているのです。したがって、条件に見合うアドバイスをした後に「利用料金が高いから」という理由で介護サービスの利用に至らないケースはそれほど多くはありません。やはり、介護保険適用のサービスであれば1～3割の自己負担となるため、必要とする介護サービスは積極的に利用するのです。

しかしながら、これが老人ホームの入居となれば話は大きく変わってきます。なぜなら、老人ホームの種類や施設を探す地域によって利用料金が大きく異なるからです。たとえば、同じ介護施設でも入居一時金がない特別養護老人ホーム（以下、特養）もあれば、一時金が5,000万円を超えるような介護付有料老人ホームもあります。また、同じ介護付有料老人ホームでも月額利用料が15万円の施設もあれば、都内では50万円を超える施設もたくさんあるのです。

こうした料金の差が出てくると、在宅の介護サービスの利用のようにサービスの内容や質だけにこだわった事業所の選び方はできなくなります。つまり、予算の範囲内で希望に見合った老人ホームを探すことになるのです。そこで、この項では老人ホームの種類ごとに料金の違いなどを説明していきます。

入所者の所得や資産等に応じて月額利用料が異なる介護保険施設

在宅での介護が困難になり、親を老人ホームに預けることを検討するようになった場合、家族が気にすることは「入所の申し込みをしてもすぐには入れないのではないのか？」「親の貯金や年金で老人ホームの費用を支払っていけるのか？」ということです。

新聞やテレビなどで特養の待機者問題の報道を見て「入所の申し込みをしても2，3年は待たなければならないのではないか？」と心配されている人は少なくありません。施設ごとで待機者の人数はそれぞれ異なりますが、待機者が200人を超える特養も多数存在します。

老人ホーム（高齢者向け住宅なども含む）の種類としては、この特養以外にも「介護付有料老人ホーム」「グループホーム（認知症対応型共同生活介護）」「サービス付き高齢者向け住宅」などがありますが、特養のような待機者数を維持している施設はないと言っても過言ではありません。

では、なぜ特養にだけ入所申込者が殺到するのでしょうか？　大きな理由として挙げられるのが、入所者の所得や資産等に応じて「特定入所者介護サービス費（居住費や食費の負担軽減制度）が受けられる」ということです。

たとえば、利用者負担段階が第１段階の方が特養のユニット型個室に入所したケースで考えてみましょう。この場合、ユニット型個室では居住費として１日当たり1,970円の費用がかかるのですが、特定入所者介護サービス費の対象者となることで１日820円の負担で済むのです。さらに、１日当たり1,380円の食費についても、１日300円の負担に抑えることができます。

図版3-10 利用者負担段階と負担限度額

<table>
<tr><th rowspan="2">利用者負担段階</th><th colspan="3" rowspan="2">対象者</th><th colspan="4">負担限度額（日額）</th></tr>
<tr><th colspan="3">部屋代</th><th>食費</th></tr>
<tr><td rowspan="5">第1段階</td><td colspan="2" rowspan="5">・世帯の全員（世帯を分離している配偶者を含む。）が市区町村民税を課税されていない方で老齢福祉年金を受給されている方
・生活保護等を受給されている方</td><td rowspan="15">かつ、預貯金等が単身で1,000万円（夫婦で2,000万円）以下</td><td colspan="2">多床室</td><td>0円</td><td rowspan="5">300円</td></tr>
<tr><td rowspan="2">従来型個室</td><td>（特養等）</td><td>320円</td></tr>
<tr><td>（老健・療養等）</td><td>490円</td></tr>
<tr><td colspan="2">ユニット型準個室</td><td>490円</td></tr>
<tr><td colspan="2">ユニット型個室</td><td>820円</td></tr>
<tr><td rowspan="5">第2段階</td><td rowspan="3">平成28年7月まで</td><td rowspan="3">・世帯の全員（世帯を分離している配偶者を含む。）が市区町村民税を課税されていない方で合計所得金額と課税年金収入額の合計が年間80万円以下の方</td><td colspan="2">多床室</td><td>370円</td><td rowspan="5">390円</td></tr>
<tr><td rowspan="2">従来型個室</td><td>（特養等）</td><td>420円</td></tr>
<tr><td>（老健・療養等）</td><td>490円</td></tr>
<tr><td rowspan="2">平成28年8月以降</td><td rowspan="2">・世帯の全員（世帯を分離している配偶者を含む。）が市区町村民税を課税されていない方で合計所得金額と課税年金収入額と<u>非課税年金収入額</u>の合計が年間80万円以下の方
新設</td><td colspan="2">ユニット型準個室</td><td>490円</td></tr>
<tr><td colspan="2">ユニット型個室</td><td>820円</td></tr>
<tr><td rowspan="5">第3段階</td><td colspan="2" rowspan="5">・世帯の全員（世帯を分離している配偶者を含む。）が市区町村民税を課税されていない方で上記第２段階以外の方</td><td colspan="2">多床室</td><td>370円</td><td rowspan="5">650円</td></tr>
<tr><td rowspan="2">従来型個室</td><td>（特養等）</td><td>820円</td></tr>
<tr><td>（老健・療養等）</td><td>1,310円</td></tr>
<tr><td colspan="2">ユニット型準個室</td><td>1,310円</td></tr>
<tr><td colspan="2">ユニット型個室</td><td>1,310円</td></tr>
<tr><td>第4段階</td><td colspan="3">・上記以外の方</td><td colspan="4">負担限度額なし</td></tr>
</table>

出典：厚生労働省「食費・部屋代の負担軽減の見直しについて」参照
https://www.city.satte.lg.jp/material/files/group/16/kaigohoken-panfuH28.pdf

図版3-11 介護老人福祉施設（特別養護老人ホーム）、短期入所生活介護の場合（日額）

		基準費用額（日額）	負担限度額（日額）		
			第1段階	第2段階	第3段階
食費		1,380円	300円	390円	650円
居住費	ユニット型個室	1,970円	820円	820円	1,310円
	ユニット型個室的多床室	1,640円	490円	490円	1,310円
	従来型個室	1,150円	320円	420円	820円
	多床室	840円	0円	370円	370円

出典：厚生労働省「介護サービス情報公表システム」参照
http://www.kaigokensaku.mhlw.go.jp/commentary/fee.html

介護サービスの費用（1～3割負担）については、こうした負担軽減制度がないため、その他の種類の施設と比べても多少の違いしかありませんが、居住費や食費を抑えることで特養の個室に入所をしても月額利用料が総額で10万円を下回るケースも多いのです。実際、介護付有料老人ホームやグループホームに入居した方の月額利用料（介護サービスの費用も含む）が10万円を下回るケースはほとんどありません。こうしたことから、多くの家族が「親を特養に預けたい」と入所を申し込むのです。

ただし、「特定入所者介護サービス費」については、お住まいの市区町村に申請して「介護保険負担限度額認定証」の交付を受けなければなりません。なお、この認定証の有効期間は原則として申請日の属する月の初日から毎年7月31日までとなります。また認定証を交付されている場合でも、新年度も引き続き減額を受けるためには、あらためて申請手続きが必要ですのでご注意ください。

立地や居室の広さなどで費用は大きく異なる

先ほど紹介した特養では入所者の所得状況等により、月額利用料を大幅に抑えることができる人がいることがわかりました。しかしながら、申し込みをした人すべてがすぐに入所できるわけではありません。中には「半年も経たずに入所できた」というケースもありますが、「順番が来るのを1年以上待ち続けている」という人もたくさんいます。

実際、特養に入れるようになるまで在宅の介護を続けることができるのであれば問題ありませんが、家族が「親を老人ホームに預けよう」と検討するのは、在宅介護に限界を感じたときです。そのため、入所の順番がくるまで悠長に待ち続けるわけにはいかないのです。

なお、家族が在宅の介護に限界を感じるときは、少なくとも親の要介護度は「要介護１」以上の認定がおりているケースが多いです。このようなときに次の選択肢として挙がってくるのは「介護付有料老人ホーム」「グループホーム」の入居になります。ただし、こうした施設は特養とは違い、入居時の費用や月額利用料は施設ごとで大きく異なります。そのため、「介護付有料老人ホームとグループホームではどちらの方が費用負担は少ないのか？」「施設ごとで入居一時金が大きく異なるのはなぜなのか？」というようなことがわからずに家族は不安になってしまうのです。

この月額利用料が異なる要因は大きく分けると「施設の所在地」「居室の広さや設備」「人員配置」の３つになります。まず１つめの要因である「施設の所在地」については、都心部で交通の便が良い場所にある施設の費用が最も高くなります。反対に地方で交通の便が悪い場所の施設を選んだ場合は費用負担が少なくて済みます。

次に２つめの「居室の広さや設備」については、特に介護付・住宅型有料老人ホームの場合で大きな違いがあります。こうした有料老人ホームでは入居者のさまざまな要望に応えることができるよう、２人部屋を確保したり、各部屋に浴室を作ったりしているところもあります。実際、居室の広さも特養の２倍以上あるという施設もそう珍しくはありません。また、設備に関しても機能訓練室で毎日リハビリが行えたり、寝たきりの状態になった方でも入浴ができるよう特殊浴槽を備え付けたりしている施設もあります。こうした設備の違いでも費用は大きく異なります。

そして３つめの「人員配置」については、介護職員や看護師などの配置の違いです。介護付有料老人ホームの指定基準では要介護者３名に対して看護・介護職員１名以上を配置しなければなりませんが、要介護者２名に対して介護職員を１名配置して手厚い介護を行う施設もあります。

その他にも日中のみの常駐でよい看護師を24時間体制にして医療面を強化している施設もあります。こうした違いが特養ではみられない費用の差を生んでいるのです。第５章では老人ホームの選び方などについても詳しく説明していますので、そちらも合わせてご覧ください。

第4章

在宅介護サービスの導入

1 介護サービスを導入する前にまずは支援（介護）してほしいことを整理する

介護サービスを利用するためにはケアマネジャーの支援が必要になります。そのため、ケアマネジャーに親の介護で困っていることなどを伝えれば、適切なアドバイスがもらえると考えている人は多いです。

実際、ケアマネジャーになるためには、特定の法定資格（看護師、介護福祉士など）を保有しており、医療や介護の現場で通算５年以上の実務経験が必要になります。したがって、介護サービスを利用する人が「それだけの実務経験がある人だから安心して相談できる」と考えるのは仕方のないことです。

とは言え、同じケアマネジャーでも相談者（親の介護をしている人）の希望や困っていることを上手に聞き出してくれる人もいれば、簡単なヒアリングだけで済ませて相談者の要望に合わない介護サービスを提案してくる人もいます。このようなときに相談者が「この提案は私の要望に合っていないかもしれない」と気づくことができれば問題はないのかもしれません。

しかしながら、介護保険制度のことをよく知らない相談者がケアマネジャーの提案の不備に気づくことは非常に難しいことです。それに、たとえ不備に気づいたとしても介護のプロであるケアマネジャーに対して「もっと良い方法が他にもあるのではないか」と指摘することは難しいのではないでしょうか。こうしたことから、ケアマネジャーの提案に疑問を感じながらも「プロのアドバイスだから最善の方法なのだろう」と話を合わせてしまうのです。

では、このような状況になることを防ぐために相談者はどうするべきなのでしょうか。その予防法の鍵となるのがケアマネジャーに相談する前の情報整理です。具体的には親を介護する子供はどのような支援を受けたいのか？　また介護が必要になった親はどのような生活を望まれているのか？　こうした情報を整理しておくことで、あなたの要望がケアマネジャーにきちんと伝わり、結果として的確なアドバイスが得られるのです。そこで、この節ではケアマネジャーが必要とする情報の整理の仕方について解説していきます。

介護サービスを選ぶための情報の整理

これから在宅の介護サービスを利用しようと思ったとき、相談者は「どのようなサービスが介護を受ける人（以下、利用者）にとって必要なのか」を検討する必要があります。相談者にとっては、介護サービスをはじめて利用することになるため、「まずはケアマネジャーに相談をすればよいのではないか」と思われている人は多いのですが、実際にあなたが困っていることは、第三者であるケアマネジャーにはわかりません。

したがって、ケアマネジャーに相談する前にあなたが「どのような介護サービスが必要なのか」を決めておくことで、ケアマネジャーとの話もスムーズに進みますし、的外れな提案をされなくて済みます。その結果、あなたにとって必要な介護サービスがいち早く利用できるのです。

第２章 第３節でも親に必要な介護の内容の整理方法なども紹介しましたが、この節では、仕事と介護を両立する上で「どのような介護サービスが必要になってくるのか」などについて、さらに詳しく説明していきます。

課題①　室内での移動について

室内の移動ではじめに検討するべきことは、住宅改修（介護リフォーム）や福祉用具を活用することで「室内を安全に移動できるようになるのか？」ということです。もし、親一人で自宅内を安全に移動できないのであれば、移動時は必ず誰かが付き添う必要性が出てくるからです。そのため、親の歩行が不安定な場合は現状の身体機能や身体に残ったマヒの状態などを考慮しながら住環境を整えていく必要があります。

このようなときに一番の課題になるのが「トイレまでの移動」です。その理由として「一人でトイレに行けなくなる」という状況が在宅生活をより困難にしてしまうからです。人間の生理的欲求（排泄）というのは、生きている限り逃れられませんし、そもそも我慢するべきではありません。そのため、親一人でトイレに行けない状況では介護をしている家族は長い時間、外出することができなくなるのです。

そうなると、仕事と介護の両立ができなくなってしまいますので、介護サービスでこの課題を解消することができるのかを検討することになります。まずは親自身の身体状況から検討してみます。重要なポイントは部屋の家具や必要に応じて取り付けた廊下の手すりにつたいながら一人でトイレに行くことができるかどうかです。もしそれが可能であれば、日中のトイレ問題は解消するでしょう。

その一方で、家族の介助なしではトイレに行くことができない場合はどうなるのでしょうか？　少なくとも自宅で親が一人になる場合は、介護ベッド上で過ごすことになるでしょう。そして、ベッドサイドに設置したポータブルトイレで排泄してもらうのです。

さらには、このポータブルトイレにも自力で移乗できない場合は、「親を一人にする時間を短くする」「デイサービス（デイケアも含む）を利用する」などの対応策が必要になります。仕事と介護の両立に関していうと、前者の実現は難しいため、現実的にはデイサービスの利用などを検討することになるでしょう。そこで整理しておく情報は、「①何時から何時まで親を施設に預けなければならないのか？」「②親にリハビリをして少しでも身体が動かせるような状態になりたいという意欲があるのか？」「③親自身はデイサービスでどのような過ごし方がしたいと考えているのか？」の３つです。

１つめの施設に預ける時間については、あなたの職場の勤務時間などが最も影響してきます。たとえば、今回は「毎朝８時前に家を出て帰宅するのは夜の19時すぎになってしまう」というケースで考えてみましょう。まず前提条件として把握しておかなければならないことは「デイサービスの営業時間は９時～18時の施設が多い」ということです。したがって、朝早くの送迎をお願いしても、施設のスタッフが迎えにくるのは朝の８時半すぎになりますし、帰りも17時台になるケースが多いです。

このようなことから、フルタイムで仕事をしている家族が親の介護を担っている場合は、デイサービス以外の時間帯について親が自宅でどのように過ごせるかが重要になってきます。実際、仕事で家を出る前に親のトイレ介助を済ませておけば、デイサービスのスタッフが迎えにくるまで待つことができる場合もあります。ただし、日によっては迎えに来るのを待っている間に便意や尿意をもよおす可能性もあるため、念のために紙パンツなどを着用しておくとより安心です。そして、デイサービスから帰ってきた後も同じように家族（配偶者や孫も含む）の誰かが自宅に戻ってくるまでの間、親が一人で過ごせるのであればデイサービスを利用することで仕事が両立できるようになります。

こうしたことから、親をデイサービスに預ける場合は「何時から何時まで預けなければならないのか？」ということを事前に検討しておきましょう。

次に２つめのリハビリについては、親の年齢や介護状態になった原因などで考え方も変わってきます。たとえば、60代後半の父親が脳梗塞を患ってしまい、後遺症として右半身にマヒが残ったケースで考えてみましょう。このようなケースでは親自身だけでなく、介護をする家族も「今は身体が自由に動かせなくても、いずれは親一人でも歩けるようにリハビリを頑張ってほしい」と強く願っているのではないでしょうか。

そのため、デイサービスの利用時間の確認と合わせて、「施設でどのようなリハビリが受けられるのか？」ということも家族が気にするポイントになります。とは言え、たとえリハビリをするための環境が整っていたとしても、親自身にリハビリをする意欲がなければ何の意味もありません。それに高齢になればなるほど人間の身体機能は衰えていきますし、「リハビリを頑張りたい」という意欲も少しずつ失われていくものです。もちろん、本人がやる気を出すための働きかけは大切ですが、嫌がる親に対して強引にリハビリをさせるわけにはいきません。したがって、親の身体の状況やリハビリに対する意欲などを冷静に見極めておくことが大切です。

そして、3つめのデイサービスの過ごし方については、親の性格やこれまでの生活習慣などによって選ぶ施設が異なってきますので、この点もしっかりと考慮しなければなりません。実際、同じデイサービスでも一日の利用者が50人以上もいる大規模な施設もあれば、民家を改装した10人程度の小規模な施設もあります。

また、福祉の業界といえどもそれぞれのデイサービスはライバル関係にあるため、サービス内容にも違いがありますし、施設の雰囲気も異なるのです。したがって、デイサービスであれば「どこでもよい」というわけではありません。

ただし、親が介護状態になってしまった場合、「どのデイサービスを利用するのか？」ということについて、ケアマネジャーと話し合うのは家族（主に子供）になります。もちろん親も話し合いの場には参加しますが、実際は介護をする家族が中心になってケアマネジャーや利用する介護事業所の担当者とサービス内容を決めていく場合がほとんどです。

そのため、中には介護サービスの利用対象者である親の希望がきちんと反映されないままケアプラン（居宅サービス計画）が作られたり、利用する介護事業所が決められたりするケースもあります。このようなとき、子供以上に介護保険のことを知らない親は「自分の希望に合っているデイサービスを本当に利用しているのか？」ということをご自身ではなかなか判断ができません。それに「子供に迷惑をかけているから」という気持ちもあって、愚痴や不満を口にしない可能性もあるのです。

では、不満を口にしないのであれば、親は「現在利用しているデイサービスで満足している」と考えて、そのままにしておいてもよいのでしょうか？　中には目に見えるトラブルが発生しない限りは問題ないと考える家族もいるでしょう。ただ、長期的な視点で考えた場合、そうした対応はお勧めできません。

なぜなら、利用するデイサービスで親の心身の状況は大きく変わってくるからです。したがって、親の性格やこれまでの生活習慣を考慮しながら施設を選ぶようにしましょう。そこで、今回は20代から専業主婦として長年家庭を支えてきた母親を例に挙げて考えてみたいと思います。

≪20代から専業主婦として長年家庭を支えてきた母親≫

60歳になるまで子育てや家事に専念して、自分の時間を持とうとしなかった母親。元々人見知りだった母親は60歳を過ぎてからも一人でいることが多く、趣味の編み物や庭でのガーデニングを楽しんでいました。そうした中、90歳を目前にして玄関先での転倒により、大腿骨を骨折。自力での歩行が困難になりました。しかしながら、本人は趣味である編み物やガーデニングの継続を望まれています。

このようなケースであなたがデイサービスを探さなければならなかった場合、どのような施設を親に勧めますか？　人見知りである母親のことを考えて一日の利用者数が少ないアットホームなデイサービスを勧めようと考えるかもしれませんね。そして、デイサービス内で編み物やガーデニングもさせてもらえるような施設を探されるのではないでしょうか？　編み物であれば利用者側で道具を揃えておけば、どのデイサービスに通っても問題ないでしょう。その一方で、ガーデニングについては親がどのような内容まで求めるかにもよりますが、施設によっては「うちにはガーデニングをするようなスペースがありません」と言われることもあります。

日中をデイサービスで過ごすことを考えれば、やはり本人がやりたいことが行える環境を選ぶべきです。それに、利用者の中にはデイサービスに通い出した後に新たな趣味が見つかる場合もあります。そのため、今まで趣味にしていた事だけでなく、「母なら絵を描いたり、フラワーアレンジメントを習ったりすることも好きかもしれない」と考えてみてもよいでしょう。そうすることで、親が気に入ってくれるようなデイサービスが必ず見つかるはずです。

課題②　認知症の親を一人にしておけない

先ほどは身体機能の障害などで親一人を残して仕事に行くことができないケースについて説明しました。ただ、実際には親の身体が自由に動く場合でも、一人にしておけないというケースがあります。それは認知症の進行により、周辺症状（妄想、徘徊など）などが悪化してきたときです。

認知症の種類によっても症状は異なりますが、その症状が軽いもの忘れだけであれば、家族も「仕方がない」と割り切って仕事に出る人もいます。しかしながら、そうした中で「道に迷ってしまうのに一人で外出しようとする」「ガスコンロの消し忘れで何度も鍋を焦がしてしまった」というような出来事が起こってしまえば、家族も何かしらの手を打たなければならないのです。

こうしたときに検討するのはデイサービスや小規模多機能型居宅介護の利用になります。家族が仕事で家を空けている間、親をデイサービスなどに預けておくことで一人になる時間を少しでも減らすのです。

やはり、この場合でも利用する施設を探す前に、「親を預けておきたい時間と曜日」「どのような雰囲気の施設が親に合いそうか？」などについて考えておくとよいでしょう。ただし、認知症を患った親にデイサービスの利用を勧める場合は、親に合った施設を探す前にまずは説得方法から考えておかなければなりません。

第２章 第２節でも詳しく説明しましたが、家族が丁寧に説得してもデイサービスの利用につながらないケースがあるからです。特に親の身体が自由に動くときは、親自身がデイサービスに行く必要性を感じていません。こうした状況では、ケアマネジャーが訪問して介護サービスについて丁寧に説明しようとしても、一向に耳を傾けてはくれません。むしろ、このような提案は親にとって迷惑な話にしかならないのです。さらに説得方法を誤ってしまうことで親子関係を悪化させてしまうこともあります。

したがって、親に介護サービスの話をする前に本人の性格や現状を見極めながら「どのような説得方法が一番良いのか」ということについて考えておかなければなりません。

はじめに考えることは「本人に病識（自分が病気であるという自覚）があるのか」ということです。なぜなら、道に迷って警察のお世話になったり、鍋を何度も焦がしたりしても、親自身がそのことを覚えていなければ問題意識が芽生えてこないからです。そのため、このような状況で親を説得しても「私はボケてないから介護サービスなんて必要ない」というような答えが返ってきます。こうした親の反応に家族は憤りを感じることもありますが、当の本人には悪気がありません。したがって、その感情はグッと抑え込まなければならないのです。

また、それと同時に「介護サービス（主にデイサービスなど）の利用を勧めたときに親はどのような反応を示すのか？」ということも想像しておくとよいでしょう。あなたが親の心境などを察したときに「年相応に身体は動くし、頭もまだまだしっかりしていると思っているのではないか？」と感じた場合、普通にデイサービスの利用を勧めて素直に理解を示してくれるでしょうか？　どちらかと言うと、「私は年寄りが集まるようなところに行くほど衰えてはいません」などと言われそうな気がしませんか？

もし、あなたがそう感じたのであれば、高確率でその予想は当たるでしょう。そうしたときは、普通に介護サービスの利用を勧めても上手くいかないため、別の方法を考えなければなりません。ここで家族の中には「ケアマネジャーやデイサービスの方が上手く親を説得してくれるのではないか？」と期待する人もいますが、家族の話にも耳を傾けてくれない状況では第三者であるケアマネジャーの話を聞いてくれることはほとんどありません。

少なくとも親自身に「とりあえず介護保険の話だけでも聞いてみようかな」という気持ちが無ければ、ケアマネジャーも説得のしようがないのです。そのため、ケアマネジャーとの話し合いの場を持つことすら難しいのであれば、長期戦となることを覚悟しなければならないでしょう。

ただし、例外として「デイサービスに通ってほしい」と正直に説得するのではなく、「私（子供）の友人が運営している施設が人手不足で困っているから料理を手伝ってほしい」というような声かけでデイサービスの利用に至ったケースもあります。このような声かけは誰にでも通用するわけではありませんが、親の性格などを見極めながらあなたなりの説得方法を考えてみてください。

課題③　屋外での移動について

屋外の移動ではじめに検討しなければならないことは「どのようなシチュエーションでの外出になるのか？」ということです。一口に外出といっても、要介護者である親が一人で外出するのか？　あるいは介護者である子供などが親の外出を支援するのかによって、検討内容は異なります。

そこで、まずは親が一人で外出するケースで考えてみましょう。要介護認定を受けられている方の主な外出理由は「通院」「買い物」などが多いです。こうしたケースでは、「親が一人で外出することに問題はないが、長い距離を歩くことができない」などの理由から介護サービスの利用を検討することになります。

そして、外出時の転倒リスクを軽減するために杖やシルバーカーなどの使用を検討するのですが、ここで注意しておかなければならないことは、福祉用具には介護保険の対象となる製品とそうでないものがあるということです。介護相談者の中には買い物を便利にするために「シルバーカーを介護保険でレンタルすることはできますか？」と質問される方もいますが、厳密にいうと介護保険でシルバーカーをレンタルすることはできません。

その一方で、これと似た製品で「歩行車」と呼ばれるものがあります。歩行車にもシルバーカーと同じようにペットボトルや折り畳み傘などが

＜シルバーカー＞

荷物の持ち運びを便利にするためのシルバーカーは全額自己負担での購入となります。

＜歩行車＞

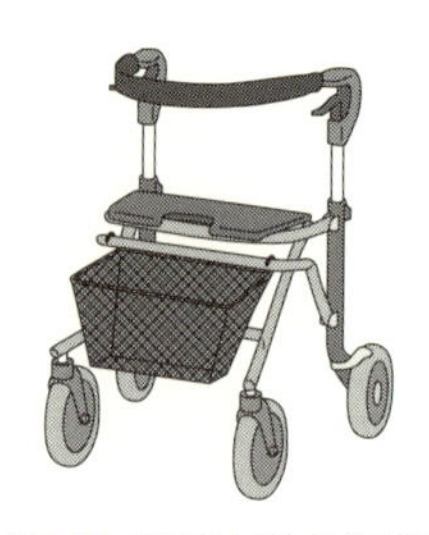

歩行の安定性を高める歩行車は介護保険で借りることができます。

収納できるバッグやカゴが付いている製品もありますが、こちらであれば介護保険の対象となります。

この２つの製品で最もわかりやすい違いは、主な使用用途がシルバーカーでは「荷物の持ち運びを便利にする」に対し、歩行車は「歩行の安定性を高める」になっています。見方によってはシルバーカーも歩行の安定性を高めますが、介護保険でレンタルすることはできませんので注意が必要です。また歩行を補助する杖についても、現在最も普及している一本杖（T字杖）も介護保険の対象にはなりません。レンタルの対象となるのは杖の先端が３～４本の足に分かれている多点杖などになります。

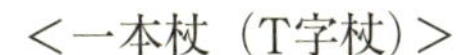

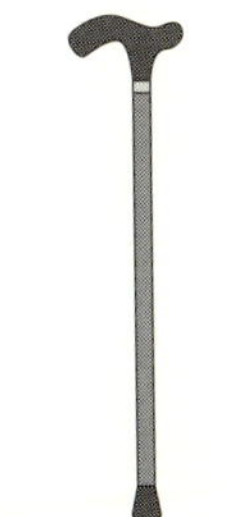

一本杖は介護保険の対象とならないため、全額自己負担での購入になります。

<多点杖>

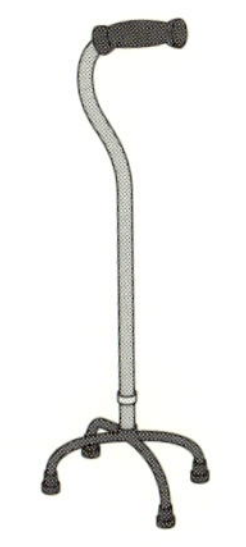

多点杖は介護保険で借りることができます。

このように、同じ福祉用具でも介護保険の対象となる製品とそうでないものがありますので、購入を検討している福祉用具がある場合は、ケアプランの作成をお願いするケアマネジャーや福祉用具専門相談員にその製品が「介護保険の対象になるかどうか」について購入前に相談するようにしてください。

次に親が外出するときは必ず誰かが付き添わなければならないというケースを考えてみましょう。この場合も先ほどと同じように福祉用具を使用することになりますが、杖や歩行車だけではなく、車椅子の使用も検討することになるでしょう。車椅子には大きく分けると「自走式」と

「介助式」がありますが、介護者が付き添わなければならない状況では後者を選ぶことになります。

＜自走式車椅子＞

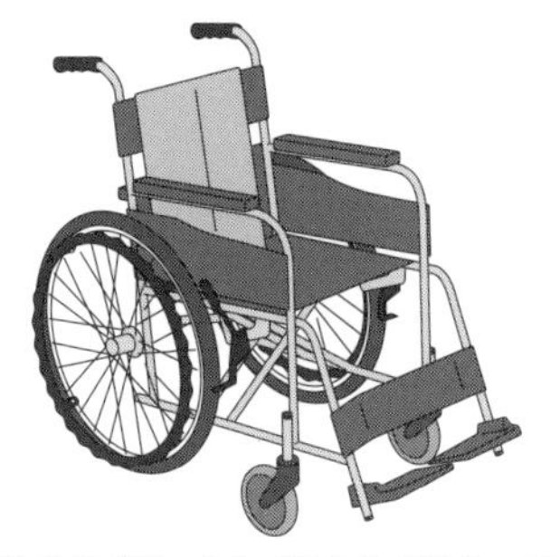

後輪の外側にハンドリムが付いているため、自走が可能になります。

＜介助式車椅子＞

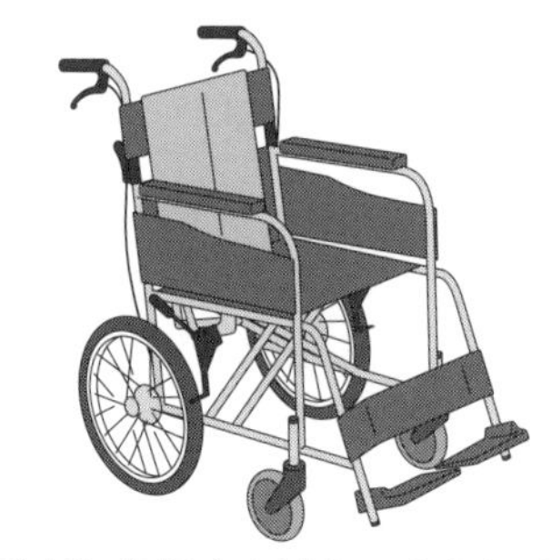

介助者に負担をかけないように重量が軽いものや小回りが利くものが多くあります。

※介護保険で車椅子をレンタルするためには原則として要介護２以上の認定を必要とします。

なお、介護保険では外出の目的が「通院」「日用品の買い物」などであれば、訪問介護（ホームヘルパーの派遣）を利用することにより、外出介助を依頼することができます。ただし、介護保険で行う外出介助は「利用者の日常生活上で必要性が認められる援助」となりますので、「日用品以外の買い物」や「地域のイベントなどの付き添い」などは対象になりません。また、介護保険の対象である通院介助も病院内で「単に横に座って待っているだけの時間」などについては対象外となりますので注意が必要です。

こうしたことを踏まえて、外出介助を依頼する場合は「定期受診の曜日と時間」「目的地（病院やスーパー）までの移動方法」などの情報を整理しておきましょう。

課題④　食事の確保について

加齢に伴う身体機能の低下などで親が料理をすることができなくなると、毎日の食事を確保することが難しくなります。さらに家族（主に子供）が実家から離れた地域で生活している場合は直接支援することができません。

このようなとき、まず家族で検討するのは「親との同居」、もしくは「親子のどちらかが近隣に引越しをする」ということです。ただ、実際にはお互いの事情で実現に至らないケースも少なくありません。そこで、家族は次の対応策として介護サービスの利用を検討することになります。

そうした中で介護サービスを利用するようにした場合は、はじめに食事を確保しなければならない曜日などを具体的に考えておくとよいでしょう。たとえば、親の家の近くに住んでいる子供が土日の食事を用意するようにして、「平日の昼食と夕食を介護事業所にお願いする」というように希望を整理しておくのです。

ただし、利用者となる親も人それぞれで「自宅にホームヘルパー（他人）を入れたくない」「知らない人が集まるデイサービスには行きたくない」というような希望を持たれています。したがって、あなたの親が食事の確保でどのような希望を持たれているかについても事前に確認しておきましょう。

なお、毎日の食事の確保で利用を検討するサービスとしては「訪問介護」「デイサービス（デイケアも含む）」「小規模多機能型居宅介護」などになります。

まず訪問介護では、親の自宅で調理をしてもらったり、買い物代行として弁当や総菜の購入をお願いしたりすることができます。中には１日おきに訪問介護を利用して２日分のおかずをまとめて作ってもらう人もいますし、それに合わせて掃除や洗濯の支援なども受けられている人もいます。

次にデイサービスでは、日中を施設内で過ごしながら食事の提供に加えて、入浴やリハビリなどを行います。また施設によっては朝食や夕食に対応しているところもありますが、反対に食事の提供をしていないデイサービスもありますのでご注意ください。

そして、小規模多機能型居宅介護では、「訪問」「通い」「宿泊」の３つを兼ね備えたサービスが受けられます。訪問介護と同じようにホームヘルパーが自宅を訪問したり、デイサービスと同じように施設に通ったりすることもできます。また、宿泊サービスも提供していることもあり、朝食や夕食の要望にも柔軟に対応してくれる施設が多いので、毎日の食事の確保が困難な方にとっては心強いサービスとなるでしょう。

その他にも、介護サービスには含まれませんが、高齢者向けの食事の宅配（配食）サービスを提供している事業者も少しずつ増えています。この配食サービスを行う事業者についてはお住まいの市区町村や担当のケアマネジャーに尋ねることで情報を集めることができます。

その他にも、インターネット検索で「○○（お住まいの地域名） 配食サービス」などと検索することでさまざまな事業者情報を集めることができます。なお、配食サービスについては玄関先に配達される食事を親が受け取ることができるのであれば問題ありません。あとは介護サービスと配食サービスをうまく組み合わせることができれば毎日の食事の問題も解決することができるでしょう。

2 依頼する介護事業所を探す

前節の内容から、あなたが必要とする介護サービスは具体的に絞られてきましたか？　もしここで、迷わず「はい」と答えられる状況であれば、次はいよいよ介護事業所（以下、事業所）選びになります。

図版4-1 開設者別事業所数の構成割合

平成12年10月

	事業所数	構成割合（%）								
		総数	地方公共団体	公的・社会保険関係団体	社会福祉法人	医療法人	非営利活動法人（NPO）	協同組合	会社	その他
（訪問系）										
訪問介護	9 833	100.0	6.6	0.0	43.2	10.4	2.1	4.6	30.3	2.7
訪問入浴介護	2 269	100.0	8.6	0.0	63.5	2.6	0.4	0.9	23.1	0.8
訪問看護ステーション	4 730	100.0	5.1	3.3	10.4	53.3	0.3	4.3	6.0	17.3
（通所系）										
通所介護	8 037	100.0	22.2	0.0	66.0	4.2	1.3	1.1	4.5	0.7
通所リハビリテーション										
介護老人保健施設	2 638	100.0	5.4	2.1	15.7	73.2	·	-	·	3.6
医療施設	2 273	100.0	2.0	1.1	…	70.3	·	…	0.2	26.4
（その他）										
短期入所生活介護	4 515	100.0	13.5	0.1	84.9	0.8	0.0	0.0	0.6	0.0
短期入所療養介護										
介護老人保健施設	2 616	100.0	5.5	2.1	15.5	73.3	·	-	·	3.7
医療施設	2 035	100.0	4.8	1.6	…	72.3	·	…	0.3	21.0
痴呆対応型共同生活介護	675	100.0	3.6	-	37.5	31.1	5.5	0.3	21.2	0.9
福祉用具貸与	2 685	100.0	1.6	-	8.3	2.6	0.5	3.6	82.6	0.8
居宅介護支援	17 176	100.0	11.9	0.3	35.0	25.1	0.9	3.3	18.1	5.5
医療施設										
訪問看護	13 728	100.0	7.0	1.4	…	49.4	·	…	0.2	41.9
訪問リハビリテーション	3 979	100.0	8.1	2.7	…	58.5	·	…	0.3	30.4

出典：厚生労働省「平成12年　介護サービス施設・事業所調査の概況　III 居宅サービス事業所の状況」
http://www.mhlw.go.jp/toukei/saikin/hw/kaigo/service00/kekka3.html

その前に、まずはさまざまな介護サービスの中で最も事業所数（全国）が多い３つを紹介します。それは「居宅介護支援（ケアプランセンター）」「訪問介護（ホームヘルパーの派遣）」「通所介護（デイサービス）」の３つになります。介護保険制度が施行された2000年の10月時点では居宅介護支援が17,176事業所、訪問介護が9,833事業所、通所介護が8,037

図版4-2　施設・事業所数（基本票）

各年10月１日現在

	平成28年（2016）	平成27年（2015）	対前年	
			増減数	増減率（%）
介護予防サービス事業所				
介護予防訪問介護	34 113	33 977	136	0.4
介護予防訪問入浴介護	1 930	2 032	△ 102	△ 5.0
介護予防訪問看護ステーション	9 356	8 591	765	8.9
介護予防通所介護	41 448	41 181	267	0.6
介護予防通所リハビリテーション	7 537	7 422	115	1.5
介護予防短期入所生活介護	10 455	10 245	210	2.0
介護予防短期入所療養介護	5 179	5 189	△ 10	△ 0.2
介護予防特定施設入居者生活介護	4 528	4 364	164	3.8
介護予防福祉用具貸与	7 957	7 959	△ 2	△ 0.0
特定介護予防福祉用具販売	8 078	8 095	△ 17	△ 0.2
地域密着型介護予防サービス事業所				
介護予防認知症対応型通所介護	3 900	3 960	△ 60	△ 1.5
介護予防小規模多機能型居宅介護	4 611	4 438	173	3.9
介護予防認知症対応型共同生活介護	12 761	12 647	114	0.9
介護予防支援事業所（地域包括支援センター）	4 873	4 726	147	3.1
居宅サービス事業所				
訪問介護	35 013	34 823	190	0.5
訪問入浴介護	2 077	2 190	△ 113	△ 5.2
訪問看護ステーション	9 525	8 745	780	8.9
通所介護	23 038	43 406	△20 368	△ 46.9
通所リハビリテーション	7 638	7 515	123	1.6
短期入所生活介護	10 925	10 727	198	1.8
短期入所療養介護	5 331	5 348	△ 17	△ 0.3
特定施設入居者生活介護	4 858	4 679	179	3.8
福祉用具貸与	8 030	8 056	△ 26	△ 0.3
特定福祉用具販売	8 111	8 135	△ 24	△ 0.3
地域密着型サービス事業所				
定期巡回・随時対応型訪問介護看護	735	616	119	19.3
夜間対応型訪問介護	226	224	2	0.9
地域密着型通所介護	21 063	・	…	…
認知症対応型通所介護	4 239	4 308	△ 69	△ 1.6
小規模多機能型居宅介護	5 125	4 969	156	3.1
認知症対応型共同生活介護	13 069	12 983	86	0.7
地域密着型特定施設入居者生活介護	310	301	9	3.0
複合型サービス（看護小規模多機能型居宅介護）	305	250	55	22.0
地域密着型介護老人福祉施設	1 977	1 901	76	4.0
居宅介護支援事業所	40 686	40 127	559	1.4
介護保険施設				
介護老人福祉施設	7 705	7 551	154	2.0
介護老人保健施設	4 241	4 189	52	1.2
介護療養型医療施設	1 324	1 423	△ 99	△ 7.0

注：複数のサービスを提供している事業所は、各々に計上している。

出典：厚生労働省「平成28年　介護サービス施設・事業所調査の概況　施設・事業所の状況」
http://www.mhlw.go.jp/toukei/saikin/hw/kaigo/service16/dl/kekka-gaiyou.pdf

事業所となっているのに対して、2016年10月時点ではそれぞれ40,686事業所、35,013事業所、44,101事業所（地域密着型通所介護も含む）となっています。

介護サービスを利用する人（利用者）の増加とともに事業所の数も年々増えてきたため、それに伴って利用者の選択肢が広がってきました。これは、とても良いことのようにも思えますが、見方によっては利用者（利用者の家族も含む）を迷わせてしまう原因にもなっているのです。

ここで、日中を一人で過ごすことが難しくなった親を「デイサービスに通わせたい」と考えた家族が親の暮らす地域で事業所を探すというケースで考えてみましょう。たとえば、その地域は自然に囲まれたのどかな場所で高齢化率も高まっていますが、人口自体は年々減少しているため、デイサービスは３ヶ所しかありません。

このようなとき、家族はどう考えるでしょうか？　「たった３ヶ所しかないの？　これでは選べない……」と思うのでしょうか？　私はむしろ、「３ヶ所だけならまとめて見学に行ってみよう」と考えるのではないかと思います。実際、３ヶ所であれば、１日で見学を終えることはできますので、決断もすばやくできます。

その一方で、人口が多い都市で地域内に選択可能なデイサービスが30ヶ所以上あるような場合はどうなるのでしょうか？　先ほどの例のように「まとめて見学に行ってみよう」と考える人はほとんどいません。家族は「自分一人では探せない」と考えて、親の介護を経験した知り合いに聞いてみたり、役所や地域包括支援センターなどを訪問して施設情報を集めたりするのです。ただ、そうした方々の中にはデイサービスの情報を集めすぎたことにより、「利用する事業所がなかなか決められない」という人もいます。

＜介護事業所選び＞

選択肢が少ないと決断しやすい

このように、利用者の選択肢が多いということは、時によって人を悩ませる原因にもつながるのです。ただし、デイサービスの事業所数（選択肢）が増えることによるメリットも当然あります。それは一言でいうと「競争原理が働く」ということです。実際、事業所数が多ければ多いほど、新規利用者を獲得するためにそれぞれの施設が特色を打ち出していく必要があります。たとえば、男性の利用者向けに囲碁や将棋ができる環境を整えたり、退院後のリハビリを希望されている利用者のために専門スタッフ（理学療法士、作業療法士など）を国の基準より多めに配置したりして他の事業所と差別化を図っているのです。やはり、このような特色を持つデイサービスは人口の多い都市部に集中する傾向があります。

しかしながら、選択肢の少ない地域で暮らす高齢者が特色のあるデイサービスを利用するために「都市部に引っ越しをする」というのは現実的ではありません。この節では主に選択肢が多い地域で事業所を選ぶ際のポイントについて解説しますが、もちろん選択肢が限られている地域で探される方にも役立つ内容になっていますので、ぜひこのまま読み進めてください。

良い介護事業所とは

はじめに読者であるあなたに質問をさせていただきますが、良い事業所とはどのようなところだと思われますか？　まずはこの「良い事業所」の基準について、皆様と考えていきたいと思います。

良い事業所とはあなたがお住まいの地域で最も規模が大きいところを指すのでしょうか？　それとも、新聞やテレビなどでよく取り上げられているような事業所なのでしょうか？　私のこれまでの経験上では、そ

図版4-3　高齢者人口・高齢化率（政令指定都市）

(3)　北九州市と政令指定都市の比較

ア　高齢者人口・高齢化率（政令指定都市）

	総人口	高齢者人口（65歳以上）	高齢化率（%）		後期高齢者人口（75歳以上）	総人口に対する後期高齢者の割合（%）		高齢者人口に対する後期高齢者の割合（%）	
札幌市	1,941,832	479,535	24.7	⑩	220,829	11.4	⑪	46.1	⑬
仙台市	1,056,503	231,576	21.9	⑱	107,662	10.2	⑯	46.5	⑪
さいたま市	1,270,476	280,856	22.1	⑰	125,025	9.8	⑱	44.5	⑯
千葉市	964,424	235,172	24.4	⑪	103,025	10.7	⑭	43.8	⑲
横浜市	3,729,357	866,557	23.2	⑯	402,712	10.8	⑬	46.5	⑪
川崎市	1,459,768	280,379	19.2	⑳	128,018	8.8	⑳	45.7	⑮
相模原市	716,643	169,183	23.6	⑭	71,774	10.0	⑰	42.4	⑳
新潟市	802,936	216,396	27.0	③	106,828	13.3	③	49.4	②
静岡市	712,184	201,565	28.3	②	97,714	13.7	②	48.5	⑤
浜松市	809,027	208,545	25.8	⑦	102,490	12.7	⑤	49.1	④
名古屋市	2,269,444	545,497	24.0	⑬	259,192	11.4	⑪	47.5	⑧
京都市	1,419,549	382,081	26.9	④	182,175	12.8	④	47.7	⑥
大阪市	2,681,555	669,067	25.0	⑧	319,281	11.9	⑧	47.7	⑥
堺市	845,960	224,158	26.5	⑤	99,136	11.7	⑨	44.2	⑱
神戸市	1,547,850	408,262	26.4	⑥	193,578	12.5	⑥	47.4	⑨
岡山市	707,615	175,190	24.8	⑨	83,117	11.7	⑨	47.4	⑨
広島市	1,191,030	280,467	23.5	⑮	124,869	10.5	⑮	44.5	⑯
北九州市	971,608	278,304	28.6	①	136,916	14.1	①	49.2	③
福岡市	1,500,955	304,864	20.3	⑲	139,756	9.3	⑲	45.8	⑭
熊本市	735,234	177,072	24.1	⑫	88,272	12.0	⑦	49.9	①
福岡県	5,122,448	1,302,653	25.4		625,969	12.2		48.1	

【出所】総務省「住民基本台帳に基づく人口、人口動態及び世帯数（平成28年1月1日現在）」

北九州市『北九州市の少子高齢化の現状「高齢者人口・高齢化率」』参照
http://www.city.kitakyushu.lg.jp/files/000776861.pdf

の答えは「人それぞれで違う」ということがわかりました。

ここで、私の体験談からお話しします。私は2004年から北九州市小倉北区にある訪問介護事業所の管理者として約７年半勤務しました。2016年１月１日現在では全国の政令指定都市の中で最も高齢化率の高い地域であり、私が勤務していた事業所の周りにも競合他社がたくさんあったと記憶しています。

とは言え、当時20代だった私は周りの事業所を気にしている余裕はありませんでした。事業所の立ち上げから関わっていたこともあり、利用者と働いてくれるヘルパーさんを集めることで精一杯だったのです。利用者から選ばれる事業所になるために一生懸命働き、「自分が働いている事業所が地域で一番良い」と心から思いながら広報活動に汗を流しました。

ただ、2011年にその事業所を退職した後に感じたのは「自分が知らなかっただけで良い事業所はたくさんある」ということでした。現在は親の介護でお悩みの方と相談者（以下、相談者）の要望に見合った事業所をおつなぎする仕事をしていますが、その中でいろいろな事業所の方々と連携したことがきっかけで自分が小さな世界で物事を判断していたことに気がついたのです。

しかしながら、実際には自分が働いているところより、「他の事業所の方が良いサービスを提供している」と思いながら仕事をすることはできません。なぜなら、そのような気持ちを持った時点で、自信を持って自社の広報活動を行うことができなくなるからです。

ただ、こうした心境の変化から「どの事業所も利用者から支持を受けている」ということも考えるようになりました。なぜなら、規模の大小はあるにしても、利用者から評価されなければ事業所として存在し続けることができないからです。つまり、良い事業所はたくさんあるのです。

それに極論を言えば、あなたが選んだところが良い事業所かどうかについては実際に利用してみなければわかりません。半年、一年と利用し続けてその事業所の良さが身にしみてわかるのではないでしょうか。もし仮に利用した後の対応に不満があったとしても、自由に事業所を変更することもできます。こうしたことから、事業所選びでは「絶対に失敗できない」と身構える必要はありませんのでご安心ください。
とは言え、これだけでは身も蓋もない説明になってしまいますので、今回は親や家族が支援してほしい内容ごとに「事業所選びのポイント」などについてご紹介します。

事業所情報の集め方

私は生まれ育った北九州市で2004年から介護の仕事をしています。その中で、多くの方々と一緒に仕事をしてきましたので、市内にある事業所の情報（老人ホームなども含む）はたくさん持っています。そのため、私の親が介護状態になった場合、事業所選びで悩むことはあっても、「どのように情報を集めていいのかわからない」と困ることはありません。
ただし、このような状況は介護業界で長年仕事をしている人だけに当てはまることなので、他の業界で働く人にとっては何の参考にもなりません。そこで、縁もゆかりもない地域で事業所を探す場合、「どのようにして情報を集めるのか？」というように条件を変えてお話ししていきます。
なお、ここで説明をする前にもう１つの条件を付け加えます。それは「インターネットを活用するのか？」ということです。現在ではスマートフォンやタブレットなどの普及に伴い、インターネットでさまざまな情報を集めることができるようになりました。とは言え、事業所情報を集める方の中には、インターネットを使うことに慣れていない人もいます。私の中では、縁もゆかりもない地域で事業所情報を集めるのに「インターネットは欠かせない」と考えていますが、それはあくまで個人的な見解ですので、まずはインターネットを活用しないときの方法からご紹介します。

「地域包括支援センター」を活用する

地域包括支援センター（以下、センター）では、地域住民の保健医療の向上及び福祉の増進を包括的に支援することを目的として「介護予防ケアマネジメント」「総合相談・支援」「権利擁護」「包括的・継続的ケアマネジメント支援」などを行っています。もう少し具体的に説明すると、要支援１、２の認定者に対して介護状態にならないようにセンターの担当者が「介護予防ケアプラン」を作成してくれたり、要介護認定の申請や介護全般の相談にも対応してくれたりします。

その他にもセンターが管轄している地域の福祉全般の情報が豊富に揃っているため、居宅介護支援事業所やデイサービスなどの事業所リストをまとめて入手することができます。ただし、ここで相談者の悩みの種となるのが「お勧めの事業所はどこなのか」という質問に対して、センターの担当者から明確な回答が得られないことです。なぜなら、センターは相談者だけではなく、地域の事業所に対しても公正・中立な立場でなければならないため、特定の事業所を推奨することができないからです。

したがって、相談者はセンターなどで入手した事業所リストの情報を基に選んでいくことになります。縁もゆかりもない地域ということで介護業界の知り合いもいません。私（インターネットを活用できないと仮定）がそのような状況で行うのは、「家の近くにある事業所の何軒かに電話相談をしてみる」ということです。はじめから事業所を訪問するようなことはしません。なぜなら、事業所の人に直接会ってしまうと断りにくくなるからです。これは私の性格上の問題かもしれませんが、どちらにしても電話以上に時間をかけなければならないので、まずは電話で相談してみます。

あまりに単純すぎる方法ですが、相談できる知り合いもいないので仕方がありません。ただし、電話をする前に前節で紹介した「支援（介護）してほしい」情報をきちんとまとめておくことは最低条件です。

たとえば、居宅介護支援事業所のケアマネジャーに相談をするのであれば、「現在、親の介護で困っていること」「どのような特色があるデイサービスを利用したいのか？」などを頭の中で整理してから電話をします。ケアマネジャーに相談する際のポイントは「より具体的な質問」です。したがって、「要介護認定がおりたのでデイサービスを紹介してください」というような漠然とした質問はしないようにしてください。

相談をするときは「認知症を患った母にデイサービスの利用を勧めていますが、私（相談者）の話を全く聞いてくれません。母は元々人見知りの性格なのですが、身体を動かすことが大好きだったので、昔は一人でスポーツジムによく通っていました。なんとか説得できる方法はないのでしょうか？」「脳梗塞を患った父が来月の中旬に退院します。後遺症で右半身にマヒが残っていますが、本人は退院した後もリハビリを継続したいと話しています。ただ、デイサービス（デイケアも含む）に通うにしても人数が多い施設には通いたくないようです。このような要望を持つ父に合ったデイサービスは近くにありますか？」というように具体的な質問を心がけてください。

そうすることで、あなたの相談に対応してくださるケアマネジャーも具体的にアドバイスをしてくれるでしょう。そうした相談を何軒かに行い、それぞれの事業所の対応やアドバイス内容などを比較しながら「どの事業所に直接相談がしたいのか」ということを判断するのです。実際、このような経過を辿って事業所を選んだ場合は、直接会って話してみてもあなたが不安になるようなことはないでしょう。もし仮に「この事業所にはお願いできない」と感じたときは、相談だけで話を終わらせればよいのです。

なお、地域包括支援センターについては、利用者（親）がお住まいの市区町村の役所に問い合わせれば連絡先や所在地などを教えてくれます。

「介護サービス情報公表システム」を活用する

次は、インターネットを活用した情報の集め方です。ただし、私自身もインターネットの情報だけで利用する事業所を決めることはありません。あくまで効率的に必要な情報を集めるために活用するだけのものなので、先ほども説明したように「事業所に電話相談をしてみる」ということは必ず行います。

その中で主に利用するのは、各都道府県及び厚生労働省が運営しているホームページ「介護サービス情報公表システム」です。

図版4-4 厚生労働省「介護サービス情報公表システム」

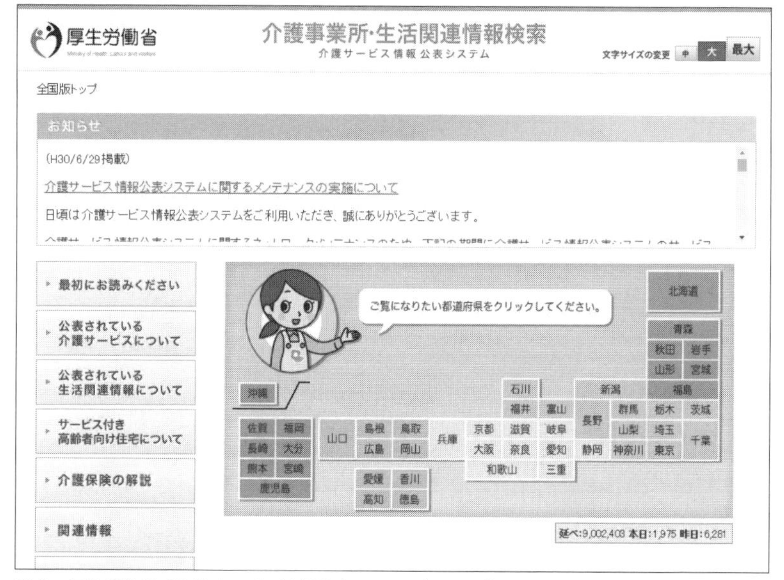

出典：厚生労働省「介護サービス情報公表システム」トップページ
http://www.kaigokensaku.mhlw.go.jp/

このホームページには、全国約21万ヶ所の事業所情報が検索・閲覧でき、それぞれの地域にある事業所の情報（老人ホームなども含む）を集めることができます。また、地域包括支援センターなどで入手できる事業所リストよりも詳細な情報を得ることができるため、私の仕事上でも本当に役立っています。

ここで、どのような流れで事業所情報をチェックしていくかについて、私が実際に行っている方法を基に説明させていただきます。今回は、「加齢に伴う意欲の低下で外出する機会が無くなった東京都杉並区在住の父親のために通所介護（デイサービス）を探す」というケースでチェックしてみましょう。

≪事業所検索の流れ≫

① 先ほどの厚生労働省「介護サービス情報公表システム」トップページ画面の地図で「東京」をクリックしてください。

② 東京都のページ内で「介護事業所を検索する」をクリックしてください。

※先ほど紹介した地域包括支援センターの検索もできます。

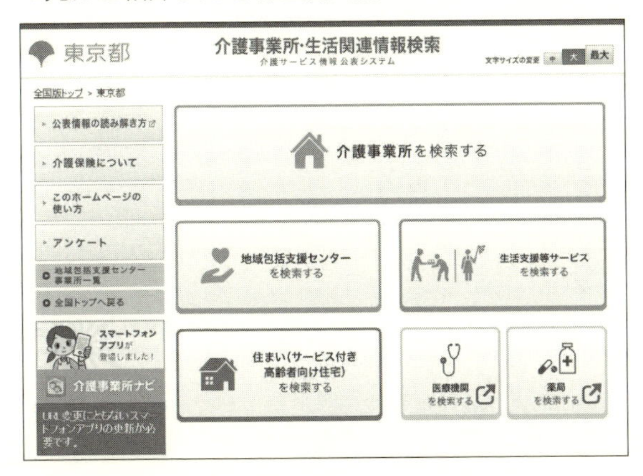

③「地図から探す」をクリックしてください。

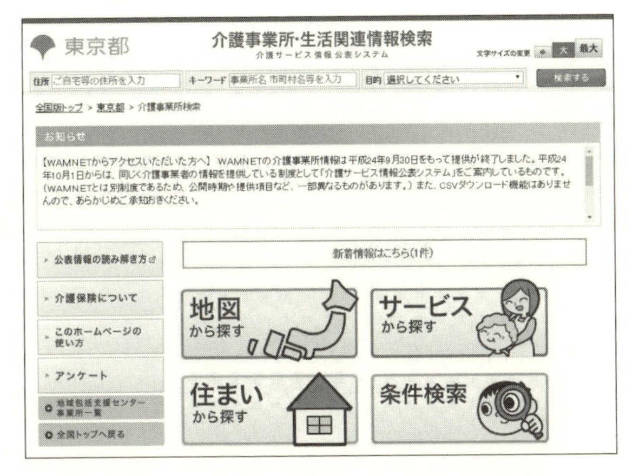

④ 「23区西部」をクリックしてください。

⑤ 「杉並区」を選択して地図の下にある「サービスを選択」をクリックしてください。

⑥ 【施設に通う】枠にある通所介護（52）にチェックを入れて、最上部、もしくは最下部の「検索する」をクリックしてください。

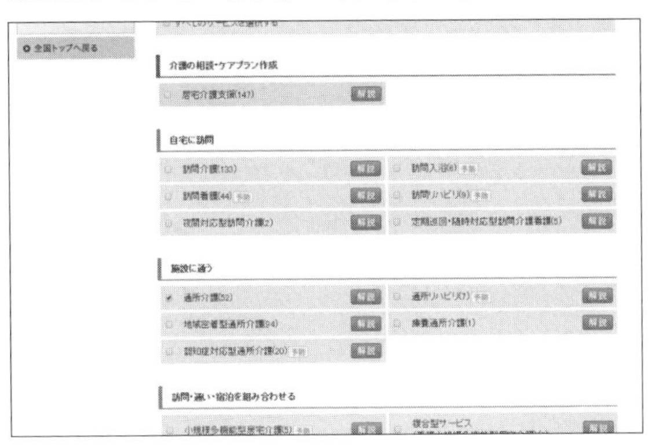

⑦ 検索結果として東京都杉並区にある通所介護の一覧が表示されます。この一覧で気になった事業所の「詳細情報を見る」をクリックしてください。

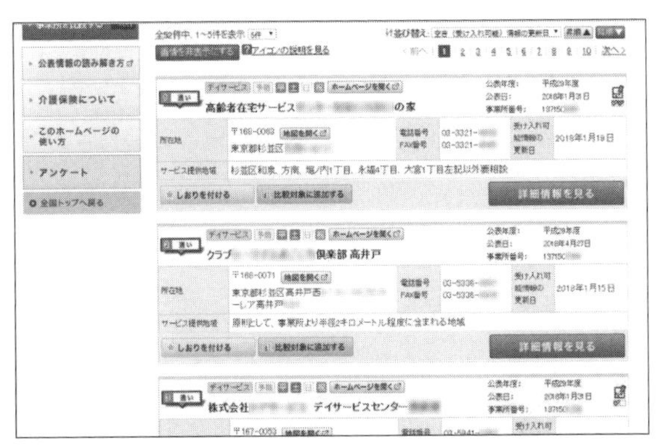

⑧　ここで上部に5つあるタブメニュー「事業所の概要」「事業所の特色」「事業所の詳細」「運営状況」「その他」の中で、私がよく閲覧するのは「事業所の特色」と「事業所の詳細」です。

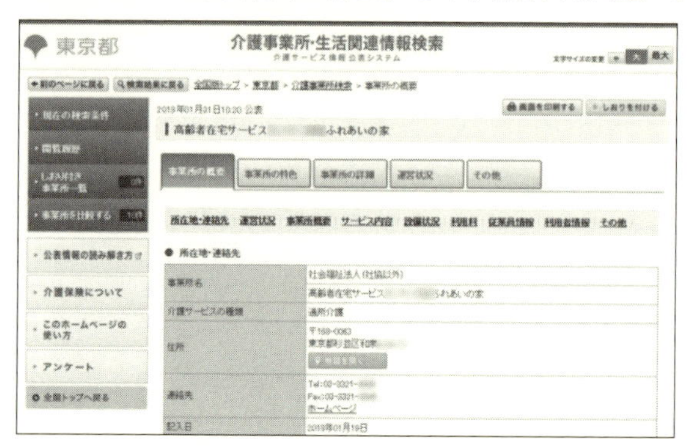

⑨「事業所の特色」では利用者の男女比・年齢構成などが確認できるため、「男性が多いデイサービス」「60代、70代の利用者が多いデイサービス」というような情報が入手できます。その他にも、受け入れ可能人数や従業員の男女比・年齢構成なども確認できます。ただし、各事業所が任意で入力する事項になるため、情報量に差があります。

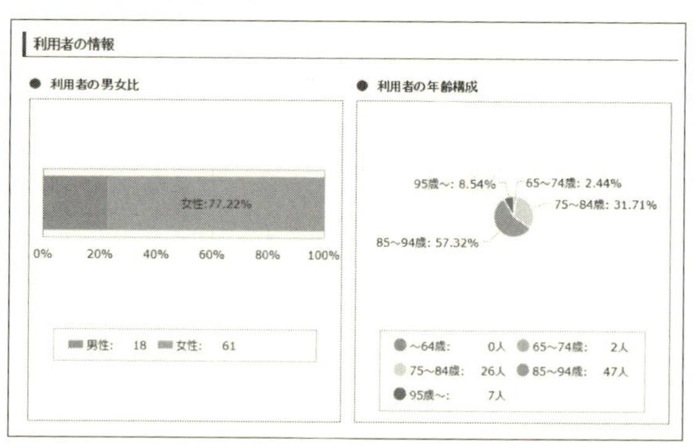

⑩「事業所の詳細」では下部に再び5つのタブメニュー「法人情報」「所在地等」「従業者」「サービス内容」「利用料等」があります。これらにはすべて目を通していますが、ここでは私が確認す

る事項をご紹介します。

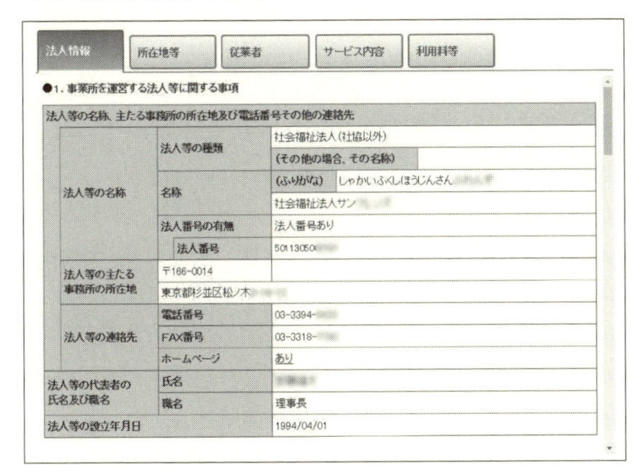
法人情報 所在地等 従業者 サービス内容 利用料等

●1．事業所を運営する法人等に関する事項

法人等の名称、主たる事務所の所在地及び電話番号その他の連絡先			
法人等の名称	法人等の種類	社会福祉法人（社協以外）	
		（その他の場合、その名称）	
	名称	（ふりがな）	しゃかいふくしほうじんさん
		社会福祉法人サン	
	法人番号の有無	法人番号あり	
	法人番号	50113050	
法人等の主たる事務所の所在地	〒166-0014		
	東京都杉並区松ノ木		
法人等の連絡先	電話番号	03-3394-	
	FAX番号	03-3318-	
	ホームページ	あり	
法人等の代表者の氏名及び職名	氏名		
	職名	理事長	
法人等の設立年月日		1994/04/01	

【法人情報】※画面の上から順に説明します。

・法人等の連絡先「ホームページ」

ホームページがある法人については、介護サービス情報公表システムに掲載されていない情報などもチェックしてみます。

・法人等が当該都道府県内で実施する介護サービス

通所介護の他にどのような介護サービスを提供しているのかをチェックします。たとえば、「ケアプランの作成もまとめてお願いしたい」という希望があれば、居宅介護支援事業所を運営していないかをチェックしてみます。

【所在地等】

・事業所の連絡先「ホームページ」

法人とは別に事業所専用のホームページがあるかもしれませんので、念のためにチェックしてみます。

・事業の開始（予定）年月日

通所介護の運営を開始してどれくらい経過したのかを確認します。運営年数の長さだけで判断することはありませんが、その他の情報をチェックするときの参考にする場合があります。

【従業者】

・実人数

通所介護を探す目的によっても異なりますが、医療的なケアを必要とする場合は看護職員、専門的なリハビリを必要とする場合は機能訓練指導員の常勤換算人数などをチェックします。

・従業者である介護職員が有している資格

介護職員で「介護福祉士」などの資格を持たれている方の人数をチェックしてみます。

・従業者である機能訓練指導員が有している資格

専門的なリハビリを必要とする場合は、機能訓練指導員がどのような資格（理学療法士、作業療法士、言語聴覚士など）を持たれているのかを確認します。

・前年度の退職者数

事業所の規模の大きさにもよりますが、他の事業所と比べて退職者があまりにも多い場合は理由を確認したほうがよいでしょう。

・業務に従事した経験年数

生活相談員や看護職員などの経験年数を確認します。経験年数は長いに越したことはありませんが、あくまで参考程度にチェックしてみます。

【サービス内容】

・事業所の運営に関する方針

事業所の方針を読んで共感できるかどうかを確認します。

・事業所の営業時間

通所介護の中には平日しかサービスを提供していない事業所もありますので、希望の曜日に対応してくれるのかどうかを確認します。

・利用可能な時間帯

先ほどと同じように事業所によってサービス提供時間が異なり

ますので、利用者の時間の要望に柔軟に対応してくれるのかどうかを確認します。

・事業所が通常時に介護サービスを提供する地域

同じ地域にある事業所でも事業所ごとで送迎の対応範囲が異なりますので、利用者の自宅が送迎の対応地域であるかを確認します。

・介護報酬の加算状況（記入日前月から直近１年間の状況）

この加算状況で閲覧している通所介護がどのようなサービスに力を入れているのかなどが確認できます。たとえば、認知症加算が「あり」となっている場合は日常生活に支障を来すような症状・行動や意志疎通の困難さがときどき見られ、介護を必要とする認知症高齢者を積極的に受け入れている事業所であると捉えることができます。

・利用定員

通所介護が利用できる人数の上限になります。そのため、あなたの親が「知らない人がたくさんいる場所に行くのは苦手」というような気持ちを持たれている場合は定員が少ない地域密着型通所介護を探すという方法もあります。

・利用者の人数

利用者数は多いほどよいというわけではありませんが、利用を検討している方にとっての安心感にはつながるでしょう。なお、提供実績のうち、利用者の人数については、「記入日の前月の状況」と併せて、「前年同月の提供実績」を確認します。利用者数の増減をみて、前年より著しく減少している事業所には理由を確認したほうがよいでしょう。

また利用者の人数とともに要介護度も確認することができます。そのため、「軽度者（要支援1,2・要介護１）が多い事業所」「重度者（要介護4,5）が多い事業所」などを効率よく探すことができます。

・送迎車輌の有無「リフト車輌の設置状況」

座位が安定しない利用者の送迎では、リフト車輌（福祉車輌）が必要な場合もあります。親の身体の状態を勘案してリフト車輌の有無を確認します。

・浴室の総数

まず入浴について親の希望を確認してみましょう。「入浴は一人がいい」というのであれば個浴がある事業所、「大きなお風呂にゆったりつかりたい」と希望しているのであれば大浴槽がある事業所を選びましょう。

また自力歩行が困難な人の入浴については特殊浴槽やリフト浴での対応になる可能性もありますので、対象となる場合は特殊浴槽などの有無を確認します。

・介護サービスの提供内容に関する特色等

事業所がどのようなサービスに力を入れているのかをチェックしてみます。

【利用料等】

・介護給付以外のサービスに要する費用

通所介護で提供される食事の費用やその他費用（延長料金、おむつ代など）を確認します。

私が確認する事項は以上となります。その他の情報もたくさん掲載されていますので、お時間に余裕のある方は気になる事項をご覧ください。

ただし、この項の冒頭でも申し上げましたが、あくまでインターネットは事業所情報を効率的に集めるための手段にすぎません。やはり利用する事業所を決める上で最も役に立つのは、自分の目で確かめた情報なのです。したがって、気になる事業所が見つかった場合はすぐに連絡を入れて「担当者に会って直接相談してみる」、もしくは「施設見学をして雰囲気を確かめる」というような行動に移すようにしましょう。

依頼する事業所の選び方

担当のケアマネジャーを探す

介護サービスを利用する上で身近で頼れる存在になるのがケアマネジャーです。ケアマネジャーは利用者の心身の状態を踏まえ、本人や家族の要望などを聞き取りながら利用者にとって適切なアドバイスをする役割を果たします。そのため、介護サービスを利用する人の多くが「ケアマネジャー選びはとても重要である」と認識しています。

また、これまで介護保険を利用したことのない人にとっては、ケアマネジャーから得られるアドバイスは貴重な情報源になります。ただし、同じ内容の相談をしたとしても、ケアマネジャーの考え方や経験により、返ってくる答えはそれぞれ異なります。したがって、親のケアプランを作成するケアマネジャー選びがあなたの介護生活に大きな影響を及ぼす可能性があるのです。

今回はこのような話をして、読者の皆様の不安を煽ることが目的ではありませんので、もう一つ私の経験から学んだこともお話しします。私はこれまでに何百人というケアマネジャーの方々と一緒に仕事をさせていただきましたが、その中で感じたのは「良い人が本当に多い」ということです。

他業界に比べて給与水準が低いと言われている介護業界。その中で休日でも家族の悩みに耳を傾けたり、自ら費用を負担して医療や認知症などの研修に参加したりしている人もたくさんいます。このような姿を見ていると、多くの人から重要だと考えられている「ケアマネジャー選び」は、そこまで慎重にならなくてもいいのではないかと感じています。

そうは言いながらも、私にも気の合わないケアマネジャーもいました。ただ、私がそう思っているときは、相手も同じ気持ちになっているのではないでしょうか（笑）。実際、そのような気持ちでケアマネジャーと毎月顔を合わせるのはお互いにとっても辛いことですし、依頼した後に担当のケアマネジャーを変更する際のやり取りは精神的にも負担がかかります。したがって、ケアプランの作成を依頼する前に「この居宅介護支援事業所（以下、事業所）と契約してよいのか」ということをきちんと判断しなければなりません。

ただし、そのためにはゆっくり時間をかけて事業所の話を聞いてみる必要があります。そして、「あなたの悩みをしっかり聞いてくれるのか？」「親のためにいろいろな提案をしてくれるのか？」「あなたや親との相性は良いのか？」ということを確認してみるのです。その他にも、「身だしなみがきちんとしている」「約束や時間をきっちり守る」「対応が素早い」なども良い判断材料になるでしょう。

<ケアマネジャーを選ぶ>

あなたにとっての良いケアマネジャー
あなたの悩みをしっかり聞いてくれるのか？
親のためにいろいろな提案をしてくれるのか？
あなたや親との相性は良いのか？
身だしなみがきちんとしている
約束や時間をきっちり守る
対応が素早い

とは言え、こうした確認作業を複数の事業所に行うことは介護をしているあなたにとっては大きな負担になりますし、何度も事業所の方に足を運んでいただくと反対に断りづらくなります。そのため、ケアマネジャー選びにどれだけの時間と労力を費やすかについては判断に迷うこともあるでしょう。実際、親の介護ではケアマネジャー選びでゆっくり時間をかけることができない場合も多いです。しかしながら、前項でもお話ししたように電話相談での見極めであれば対応も可能なのではないでしょうか。

そして、もう１つ言えることは、ケアプラン作成をお願いしたい人が見つかったとしても、そのケアマネジャーが「あなたの担当になってくれるかどうかはわからない」ということです。なぜなら、ケアマネジャーが所属している事業所の事情により、他の人が担当になる場合があるからです。

厚生労働省「平成29年介護事業経営実態調査結果の概要」の調査結果によると、2016年度においてケアマネジャー（常勤換算）一人当たりが対応している利用者の人数は35.6人になっています。つまり、どんなに仕事ができるケアマネジャーでも担当する人数には限界があるのです。

図版4-5 居宅介護支援の状況

第13表 居宅介護支援

			平成28年度概況調査				平成29年度実態調査		（参考）平成26年実態調査	
			平成26年度決算		平成27年度決算		平成28年度決算		平成26年3月収支	
			千円		千円		千円		千円	
1	Ⅰ 介護事業収益	(1)介護料収入	957		991		1,004		1,132	
2		(2)保険外の利用料	-		-		-		-	
3		(3)補助金収入	1		1		2		2	
4		(4)介護報酬査定減	−1		−1		−0		−0	
5	Ⅱ 介護事業費用	(1)給与費	828	86.5%	848	85.6%	846	84.1%	928	81.9%
6		(2)減価償却費	14	1.4%	14	1.4%	12	1.2%	18	1.5%
7		(3)国庫補助金等特別積立金取崩額	−2		−2		−1		−2	
8		(4)その他	136	14.2%	134	13.5%	147	14.6%	177	15.6%
9		うち委託費	8	0.8%	7	0.7%	5	0.5%	8	0.7%
10	Ⅲ 介護事業外収益	(1)借入金補助金収入	0		0		0		0	
11	Ⅳ 介護事業外費用	(1)借入金利息	2		1		1		2	
12	Ⅴ 特別損失	(1)本部費繰入	13		14		15		23	
13	収入 ①＝Ⅰ＋Ⅲ		958		991		1,006		1,134	
14	支出 ②＝Ⅱ＋Ⅳ＋Ⅴ		991		1,009		1,020		1,146	
15	差引 ③＝①−②		−34	−3.5%	−18	−1.8%	−14	−1.4%	−12	−1.0%
16		法人税等	3	0.3%	3	0.3%	3	0.3%	5	0.5%
17	法人税等差引 ④＝③−法人税等		−36	−3.8%	−21	−2.1%	−17	−1.7%	−17	−1.5%
18	有効回答数		1,093		1,093		910		1,531	

※ 比率は収入に対する割合である。
※ 平成28年度概況調査及び平成29年度実態調査における各項目の数値は、決算額を12で除した値を掲載している。
※ 各項目の数値は、それぞれ表章単位未満で四捨五入しているため、内訳の合計が総数に一致しない場合等がある。

			平成28年度概況調査		平成29年度実態調査		（参考）平成26年実態調査	
19	実利用者数		81.3人		83.9人		84.5人	
20	常勤換算職員数(常勤率)		2.5人	90.9%	2.5人	90.5%	2.9人	87.3%
21	介護支援専門員常勤換算数(常勤率)		2.2人	93.6%	2.4人	92.9%	2.7人	89.8%
	常勤換算1人当たり給与費							
22	常勤	介護支援専門員	376,161円		358,229円		373,121円	
23	非常勤	介護支援専門員	307,629円		318,654円		277,841円	
24	実利用者1人当たり収入		12,188円		11,989円		13,428円	
25	実利用者1人当たり支出		12,414円		12,153円		13,569円	
26	常勤換算職員1人当たり給与費		366,804円		363,552円		369,898円	
27	介護支援専門員(常勤換算)1人当たり給与費		371,750円		355,407円		363,381円	
28	常勤換算職員1人当たり実利用者数		32.6人		33.4人		29.6人	
29	介護支援専門員(常勤換算)1人当たり実利用者数		36.5人		35.6人		31.6人	

出典：厚生労働省「平成29年介護事業経営実態調査結果の概要」P15『29介護支援専門員（常勤換算）一人当たり実利用者数』参照
http://www.mhlw.go.jp/toukei/saikin/hw/kaigo/jittai17/dl/h29_soukatu.pdf

そのため、あなたが事業所に電話をしたときに対応してくれた人が担当のケアマネジャーになるとは限りません。ただし、どうしてもその人にお願いしたいと思った場合は「あなた（対応してくれたケアマネジャー）に担当してほしい」と伝えてみてください。そうすることで、そのケアマネジャーが担当になる可能性はグンと高まります。

なお、事業所の事情によって担当のケアマネジャーを選べない可能性があるとは言いましたが、事業所は何も考えずに担当を決めているわけではありません。実際には利用者の心身の状態や介護をする家族の状況などを考慮しながらの対応となります。したがって、担当のケアマネジャーだけでなく、依頼する事業所の見極めも重要なポイントになるでしょう。

その他の介護サービス事業所を探す

担当のケアマネジャーが決まると、次は実際に利用する介護サービス事業所（以下、事業所）を選ぶことになります。「一人暮らしをしている母の調理や買い物をヘルパーさんに手伝ってほしい」「父を日中一人きりにしないため、デイサービスに通わせたい」など、必要とする介護サービスは人それぞれで異なります。

ただ、私の経験上から言えることは、「ケアマネジャー選びがきちんとできていれば、その他の事業所選びでつまずくことはない」ということです。なぜなら、担当のケアマネジャーは親が暮らしている地域の事業所情報をあなた以上に把握しているからです。したがって、極端な言い方をすれば、あなた自身は事業所の情報を集めなくてもよいのです。

ただし、ケアマネジャー任せにして家族は何もしなくてもよいわけではありません。家族がしなければならないことは「ケアマネジャーが求める情報を提供する」ということです。

はじめにケアマネジャーは利用者の心身の状態や介護をする家族の状況などを確認しながら「どのような介護サービスが利用者に必要であるのか？」について検討します。そして、聞き取りをした内容を基に訪問介護やデイサービスなどの利用調整を行いますが、ケアマネジャーの仕事はただ単純に事業所を紹介するだけではありません。利用者の心身の状態を見極めながら本人の希望や家族の要望に見合った事業所を紹介する役割を担っているのです。

そのため、具体的に「あなたの親がどのような希望を持たれているのか？」、また「あなた自身はどのような支援を必要としているのか？」という情報を担当のケアマネジャーにきちんと伝えなければならないのです。

それでは、ケアマネジャーにどのような情報を伝えればよいのでしょうか？　その情報については前節でも触れた内容になりますが、ここではさらに詳しく説明していきます。

ケアマネジャーが求める情報を提供する

・室内や屋外での移動などを安全にする

室内や屋外での移動を安全にするための環境整備については「福祉用具貸与」「特定福祉用具販売」「住宅改修」などを行う事業所に依頼をすることになります。

まず福祉用具については、利用者が可能な限り自宅で自立した日常生活を送ることができるよう杖・手すり（取り付けに工事不要のもの）・介護ベッドなどの貸与（レンタル）を行う事業所（福祉用具貸与）と貸与にはなじまないポータブルトイレやシャワーチェア（入浴用いす）などの販売を行う事業所（特定福祉用具販売）の２つの介護サービスがあります。ただ、これら２つについては１つの事業所でどちらのサービスも提供しているケースが多いため、利用者は状況に応じて「事業所を使い分ける」ということを気にする必要はありません。

そして、介護保険の住宅改修では、利用者が自宅内を安全に移動できるよう廊下に手すりを取り付けたり、部屋と廊下の段差を解消したりすることができます。ただし、住宅改修を行う事業所の中には福祉用具の貸与などができないところもあります。反対に福祉用具の貸与は行えるが住宅改修ができない事業所もあります。

そのため、ケアマネジャーに相談をする際は、室内の移動を安全にするために「介護ベッド（原則として要介護２以上の方）を借りるとともにポータブルトイレも購入したい」「親は賃貸マンションに住んでいるので工事の必要がない手すりを取り付けてほしい」などの希望を明確にしておくようにしましょう。

・親を日中施設に預ける

介護をする家族が仕事などで外出するため、「親を日中は施設に預けたい」と考えた場合は、「デイサービス（デイケアも含む）」などを利用することになります。また、デイサービスの中でもリハビリに力をいれている施設もあれば、認知症の方を対象にして専門的な対応をしている施設もあります。

そのため、ケアマネジャーに施設紹介をお願いする前に「どのような施設を紹介してもらいたいのか？」ということを明確にしておかなければなりません。その際にあなたがまとめておく事項は「親を預けておきたい時間と曜日」「親がどのような過ごし方を望まれているのか？」「親はデイサービスを利用することにどのような気持ちを持っているのか？」などです。

まず、１つめの事項については、状況に応じて親と家族の希望のどちらを優先するのかがポイントになります。たとえば、下半身の筋力低下で「親一人ではトイレに行けない」というような状態であれば、家族の希望を優先することになるでしょう。その一方で、日中を一人で過ごすことはできるけれど、「毎日家に閉じこもっている親を外出させたい」というようなことであれば、親の希望も確認しておく必要があります。

なぜなら、はじめからデイサービスを長い時間利用することで本人の負担になり、継続利用を拒否される可能性があるからです。したがって、親の心身の状態と家族の仕事の状況などを考慮しながら、「平日の朝９時から夕方17時まで」というように具体的に考えておきましょう。

次に、２つめの事項については、親の性格やこれまでの生活習慣を考慮しながら希望をまとめるようにしてください。たとえば、あなたの親が昔からにぎやかな場所を苦手としていたのであれば、「落ち着いた雰囲気の施設」という１つの条件が出てきますし、元気なころはよく囲碁教室に通っていたというのであれば、「囲碁ができる（対戦相手がいる）施設」などの条件も出てくるでしょう。

このような希望は、親にデイサービスを利用することについて了承を得ているのであれば、本人に直接確認するとよいでしょう。ただし、ここで大切なことは、「家族の希望を優先しすぎない」ということです。なぜなら、日中を施設で過ごすのは親自身であるからです。もちろん、親のことを思って「しっかり体を動かしてほしい」などと考えることは大切です。しかしながら、親自身が「あまり体を動かしたくない」と思っていた場合、本人にとってはその思いが負担につながる可能性もあるのです。

ただ、実際にはデイサービスに通うこと自体も運動の中の一つになりますのでご安心ください。そして、親の希望などをきちんと伝えれば、ケアマネジャーもその内容に見合った事業所を何軒か紹介してくれるでしょう。あとは、お試し（体験）利用などを行って、親が気に入ったデイサービスの利用調整を行えばよいのです。

最後に、3つめの事項について説明します。これまでに何度も説明しましたが、デイサービスの利用で最も大切なことは「親はデイサービスを利用することに同意しているのか？」ということです。まずは私が実際に対応するときに気をつけていることからお話しします。

私がデイサービスの利用を勧めたい人（以下、対象者）が、まだ利用を決めかねている場合、はじめからデイサービスの良さなどを伝えようとはしません。対象者との会話の中で私が聞き取るのは「デイサービスに対してどのような印象を持たれているのか？」「なぜ、デイサービスの利用に同意できないのか？」ということです。

なぜなら、できれば利用したくないと思われている対象者にデイサービスの良さを必死になって伝えようとしても、話をきちんと聞いてくれないからです。そこで多くの対象者が考えているのは「どうすればこの提案（デイサービスの利用）を断れるのか？」ということなのではないでしょうか。

そのため、まずは対象者がどのようなことを考えているのかについて徹底的に聞き取るのです。ただ、私がデイサービスの利用について説明する機会を与えていただいているということは、少なくとも対象者は「一応話だけは聞いてみよう」と思ってくれています。したがって、説明の仕方によってはデイサービスの利用につながることも十分にあるのです。

実際は対象者の年齢や性格などで対応方法も異なりますが、デイサービスの話を聞いてくれる状況まで持っていけたのであれば、あとはケアマネジャーの説明次第です。そのため、ケアマネジャーが親を説得しやすいよう現状を正確に伝えるようにしてください。

・親を夜間（宿泊）施設に預ける

親の身体機能が低下してトイレの介助が必要になったり、認知症の進行に伴う睡眠障害（不眠や昼夜逆転など）で夜間も家族が眠れなくなったりした場合、家族の日中の仕事にも影響を及ぼすことになります。

このようなときに家族は「平日の夜間だけでも預かってくれる施設はないのか？」、もしくは「在宅介護をこれ以上続けることはできないから親を老人ホームに預けよう」ということを考えます。

なお、この章では在宅介護がテーマとなっていますので、今回は利用者を夜間預かってくれる施設（宿泊）について説明していきます。このようなときに利用を検討するのは、「ショートステイ（短期入所生活介護）」や「小規模多機能型居宅介護」などになります。

ショートステイでは、家族の介護負担を軽減するための目的で利用するのですが、ケアマネジャーに相談をする前に考えておくことは「利用したい曜日」「定期的に利用するのかどうか」などです。

今回はすでに担当のケアマネジャーがいると仮定して説明します。この場合、あなたの親の心身の状況を把握しているケアマネジャーは、「どのようなショートステイが本人に合っているのか」ということが素早く判断できます。

ここで夜間のトイレ介助などの介護負担を軽減するための利用であれば選ぶ施設の選択肢は広がりますので、「毎週の土日に利用したい」「仕事が大変な時期だけ利用したい」などの希望をまとめておくとよいでしょう。

その一方で、認知症の症状の悪化でショートステイを利用することになった場合は慎重に施設を選ばなければなりません。なぜなら、認知症の症状によっては対応できない施設もあるからです。たとえば、慣れない施設の環境に不安を感じて介護職員に「家に帰りたい」と何度も訴えたり（帰宅願望）、理性が抑えられずに大声を出したり（暴言）して他の利用者を不安にさせるような行為がある場合は、対応できる施設も限られてきます。

したがって、こうした状況では「親が気に入ってくれる施設を探す」というよりは、「認知症の方でも柔軟に対応してくれる施設を探す」ということになるのです。このようなことから、どうしても施設の選択肢は限られてくるため、家族が希望する曜日にサービスが利用できない可能性は高まります。

このようなとき、もう一つの選択肢として挙がってくるのが「小規模多機能型居宅介護（以下、小多機）」の利用です。小多機では施設への「通い（デイサービスのようなイメージ）」を中心として、短期間の「宿

図版4-6 小規模多機能型居宅介護

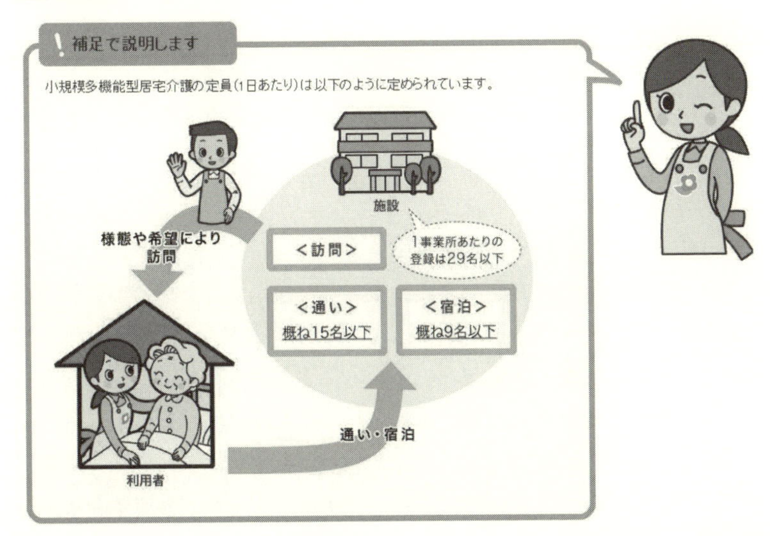

出典：厚生労働省「介護サービス情報公表システム　どんなサービスがあるの？ - 小規模多機能型居宅介護」参照
http://www.kaigokensaku.mhlw.go.jp/publish/group11.html

泊」や利用者の自宅への「訪問（訪問介護のようなイメージ)」を組み合わせながら、利用者や介護をする家族の在宅生活を支えるサービスになります。

今回のようなケースで小多機の強みが発揮できるポイントは「日中の通いと宿泊する施設が同じである」「日中も夜間も同じ施設内の職員が対応してくれる」の２つです。認知症を患われた方の中には、場所（施設）や人（介護職員）などが理解できなくなったり、なかなか覚えられなくなったりする人もいます。

そのため、特にショートステイをはじめて利用したときは「知らない場所」にいることを不安に感じて不穏（おだやかでない）な状態になってしまうのです。しかしながら、小多機では先ほども説明したように「いつもと同じ施設での宿泊」「顔なじみの職員」の対応となります。したがって、施設の職員も普段の本人の様子を把握しているため、柔軟な対応ができますし、そうすることによって利用者自身もおだやかに過ごせるのです。

ただし、小多機を利用する際は、それまでお世話になったケアマネジャー（訪問介護、デイサービスなども含む）を小多機に所属するケアマネジャーに変更しなければなりませんので、慎重に選ぶようにしましょう。

・一人暮らしの親の食事を確保する

親の加齢に伴って在宅生活を支えるためには家族の支援が不可欠になりますが、その中で欠かすことができないのが毎日の食事の確保です。掃除や買い物の支援であれば、まとめて行うこともできますが、食事については「１週間分をまとめて作る」というわけにはいきません。

そこで、利用を検討するのが「訪問介護（ホームヘルパーの派遣)」です。中には昼食と夕食が提供されるデイサービスや小多機を利用するという方法もありますが、デイサービスなどは毎日利用できるわけではありませんので、今回は訪問介護に絞って説明させていただきます。

まず、ケアマネジャーに相談する前に検討しておくべきことは「どのようなヘルパーさんに来てもらいたいのか？」「利用したい曜日と時間」の２つです。この２つは訪問介護事業所で勤めた私の経験上からお話ししています。

１つめの「どのようなヘルパーさんに来てもらいたいのか？」については、訪問介護事業所に直接相談するべき内容かもしれませんが、担当のケアマネジャーにも話していた方が親やあなたの要望に見合う事業所を紹介してもらいやすくなります。その内容とは、具体的に「親と話が合うように50代、もしくは60代のヘルパーさんにお願いしたい」「料理の味付けにこだわりがあるので柔軟に対応してくれるヘルパーさんにお願いしたい」というような希望を伝えておくのです。

このような要望を聞いたケアマネジャーはどのようにして訪問介護事業所を探すのでしょうか？　どう考えても「あなたが伝えた希望」に沿って事業所を探しますよね。こうしたことから、担当のケアマネジャーにも希望を伝えておくことの重要性をご理解いただけたのではないかと思います。

２つめの「利用したい曜日と時間」については、１つめの希望を満たすヘルパーさんに来てもらうため、この希望は少なめにしておくとよいでしょう。もう少しわかりやすく説明すれば、できるかぎりヘルパーさんが訪問できる曜日と時間に「利用者が合わせる」ということです。なぜかと言うと、全国的にホームヘルパーの慢性的な人材不足が続いているため、利用者の要望が多すぎると訪問できるヘルパーさんがいなくなるからです。実際に私もこの問題に長年苦しみましたので、心からそう思っています。

3 在宅介護を困難にする認知症の症状

親を介護する家族の精神的な負担を大きくするのが認知症の発症です。実際に足腰が丈夫であるにも関わらず、認知症が進行することでトイレの場所がわからなくなったり、シャワーの使い方がわからなくなったりするなどして生活全般で家族の見守りが必要になる場合もあります。

また、脳梗塞の後遺症で身体にマヒが残ったときとは異なり、認知症を患われた方は外見だけで「介護が必要な状態である」と判断することはなかなかできません。そのため、毎日接している家族は「認知症」と診断されるまで気持ちの整理がつかないこともあります。こうしたことから、認知症による「親の理解できない行為」をきちんと受け入れることができず、家族はつい感情的になってしまうのです。

実際に認知症を患われた方の介護（以下、認知症介護）では、介護者（家族）と要介護者（親）の間で言葉や思いがうまく通じ合わないことで、肉体的にも精神的にも負担が増していきます。そして、はじめての経験に対応方法もわからず、家族は先の見えない将来に不安を感じてしまうのです。このような状況では当然仕事に打ち込むこともできません。

では、こうした状況に対して家族は何もできずに毎日をやり過ごすことしかできないのでしょうか？　決してそのようなことはありません。認知症の症状や対応方法については介護の仕事をしている人だけではなく、家族も知っておくことで介護の負担を大きく軽減できるのです。

そうすることができれば、家族は気持ちに余裕を持って親に接することができます。実際、家族の心理状態というのは、言葉にしなくても自然と親に伝わるものです。落ち着いた気持ちで家族が対応することができれば、親は心穏やかに毎日を過ごすことができるでしょう。その一方で、家族に気持ちの余裕が無ければ、知らず知らずのうちに言葉がとげとげしくなっていまい、親の精神状態も不安定になってしまうのです。

そこで、今回は在宅介護をされている家族からよく相談される３つの事例を基に「家族も知っておきたい認知症を患う親との接し方」についてお伝えしたいと思います。

●何度も同じ話を繰り返してしまう

認知症の代表的な症状の１つに「記憶障害」があります。この記憶障害が原因で新しいことを覚えることができなくなった親が何度も同じことを家族に聞いてきたり、得意としていた料理の手順がわからなくなったりする場合もあります。

では、実際の日々の介護ではどのような問題が生じてくるのでしょうか。たとえば、つい先ほど家族で一緒に食事をしたにも関わらず、親に「ご飯はまだ？」と何度も尋ねられた場合、あなたはどのような心境になりますか？　すでに親が認知症と診断されているのであれば、「もう少し待ってね」と落ち着いて対応できるかもしれません。しかしながら、このようなやりとりが毎日続くとなれば、ついカッとなってしまう時もあるのではないでしょうか。

このような体験談は認知症介護に関わった方からよく聞く話です。実際、そのときに食事をしたことを話して本人が理解してくれるのであれば問題はないのかもしれません。その一方で、親が「私は食べていない！」と言い張って怒り出した場合はどうなるのでしょうか？　もちろん家族も良い気持ちにはなりませんよね。

それでは、こういった場面ではどのような対応をすれば良いのでしょうか。ここで本当は「食事をした」という事実を伝えたいところではありますが、その前にまずは相手（認知症を患われた親）の訴えを一旦は聞き入れることが大切です。

たとえば、もしあなたが食事をしていないのにも関わらず、家族に誤解されて「さっき食べたばかりでしょう」と言われた場合、あなたはどのように感じるでしょうか。あなた自身が家族から誤解されていることがわかっていたとしても決して気持ちのいいことではありません。

これと同じように、「食事をした」という事実関係は異なりますが、親自身はその記憶自体が抜け落ちているため、家族が丁寧に説得したとしても「食事をしていないのに嘘つき呼ばわりされた」と捉えてしまうのです。そう考えると、認知症の親が怒る気持ちも少し理解できるのではないでしょうか。

したがって、このようなときは否定的な言葉を使わないよう心がけましょう。たとえば、親に「ご飯はまだ？」と尋ねられたら、「まだ準備ができていなくてごめんなさい。お茶でも飲みながらもう少し待っていてくれる？」というように答えて、まずは本人がどれくらいの空腹感を感じているのかを確かめてみましょう。実際に食事をした記憶がなくなっただけではなく、本当にお腹が空いているのであれば、その後も同じことを何度も尋ねてくるはずです。

このようなときは、低カロリーのお菓子（饅頭やクッキーなど）を食べてもらい、空腹感を満たしてもらった方が良い場合もあります。ただし、訴えがあるたびに食べ物を用意してしまうと食べ過ぎになってしまうこともありますので注意が必要です。したがって、親の食べ過ぎが気になる場合は、１回の食事量を少しずつ減らしてみるなど１日の摂取量が増え過ぎないように調整してみてください。

その一方で、中にはお腹が空いたわけではなく、ふと時計を見たときに食事の時間帯になったのに「ご飯を食べた」という記憶がないため、家族に質問する場合もあります。このようなことを防ぐため、食後は片づけを親に手伝ってもらいながら「今日の味付けはどうだった？」というように食事をしたことを印象付ける会話をすることで記憶の定着につながるケースもあります。状況に応じていろいろ工夫してみてください。

そして、実際には食事のこと以外でも同じ話を何度も繰り返す人もいます。このようなときも「その話は前にも聞いたよ」などとは言わずに、初めて聞いた話として対応するよう心がけてください。そうすることで認知症を患われた親も穏やかに過ごせるのではないでしょうか。

●睡眠のリズムが乱れてしまう

人間には1日周期でリズムを刻む「体内時計」が備わっており、朝に太陽の光を浴びることで心身ともに活動的になり、夜には自然と眠気を感じるようになっています。しかしながら、認知症の発症や加齢に伴って夜中に何度も目が覚めたり、なかなか眠れなくなったりする人も少なくありません。

こうした睡眠障害には、昼間に寝てしまい、夜になると活動的になる「昼夜逆転」、また眠りについた後、夜中に何度も目が覚めてしまう「中途覚醒」や思ったよりも早く目が覚めてしまう「早朝覚醒」などがあります。

その中でも昼夜逆転がある親を介護するケースは、深刻な事態につながりやすいです。なぜなら、親が夜中に活動的になることで、介護をしている家族が心配になってしまい、落ち着いて眠ることができなくなるからです。実際にこのような状態が続くと家族も慢性的な睡眠不足になり仕事や体調にも影響を及ぼしてしまいます。

そのため、こうした症状がみられる場合は、早急に改善策を講じなければなりません。そこで、まずは昼夜逆転につながる原因を突き止めることが必要ですが、はじめに確認するのは「親の日中の過ごし方」です。

子供が仕事で家を出る時間帯になっても親はまだ寝室で寝ており、日中も一人で何をしているのかわからない。ただし、特に趣味もない親は外に出ることもないし、一日中家でダラダラと過ごしている状況が容易に想像できる。

実際にこのような過ごし方をしていれば、就寝時に適度な疲れもないため、親はなかなか寝付けません。こうした不規則な生活が睡眠のリズムを乱す原因につながるのです。とは言え、日中は外で仕事をしている家族が昼夜逆転の症状が出てきた親の過ごし方を変えることは、そう簡単なことではありません。たとえ一時的に変えることはできたとしても、いずれはまた不規則な生活に戻るでしょう。

したがって、このようなときは介護サービスを利用しながら日中の過ごし方を改善していく必要があります。そこで有効なのはデイサービスや小規模多機能型居宅介護の利用です。家族がいない日中をデイサービスなどで過ごすことで日常生活にメリハリをつけるのです。実際にデイサービスで適度な運動をしたり、他者との会話を楽しんだりすることが夜の睡眠障害の改善に大きな効果をもたらします。

ただし、睡眠のリズムを整えるため、夜中に起き上がる親を無理矢理に寝かせようとすると状況によっては興奮状態に陥る場合もあります。したがって、親に声をかけても落ち着かない時は無理矢理に寝かせようとはせず、少し間を空けて本人が落ち着くのを見計らいながら声かけをするようにしましょう。

＜昼夜逆転の改善＞

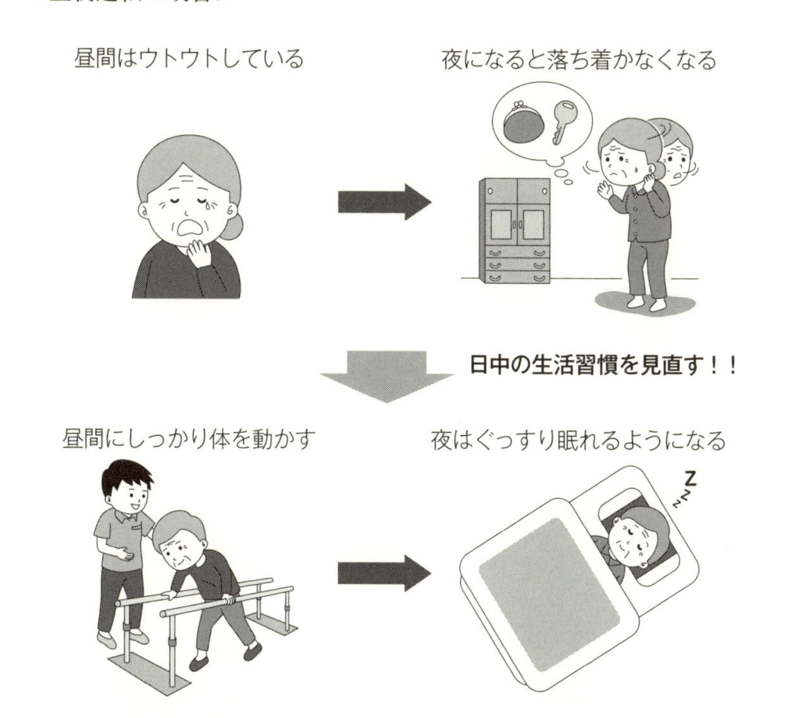

家族の言葉が上手く伝わらない

親の認知症が進行したり、加齢に伴って体力が低下したりすると毎日の入浴や着替えがだんだん面倒になり、家族の声かけに応じてくれない場合もあります。もちろん入浴自体が元から好きではないという方もいますが、中には家族が何を伝えようとしているのかがわからずに拒まれているだけかもしれません。

認知症介護では、必ず本人に声をかけてから１つ１つの動作を支援するのが基本になります。たとえ、認知症についての専門知識がなかったとしても要介護者（認知症を患われた人）を別の場所にお連れするときに無言で連れ出すような人はいません。とは言え、声をかけても要介護者が「かけられた言葉の内容が理解できていない」という状態であれば、無言で連れて行かれる状況と何ら変わらないのです。
したがって、要介護者に声をかけるときは、これから行う行為（入浴など）についてきちんと理解してもらえるように伝えることが大切です。特に認知症が進行していくと「献立を考えた後に買い物をして家で料理をする」というような複雑な動作だけではなく、「立つ」「座る」などの簡単な動作を表す言葉の意味もわからなくなることがあります。そのため、介護をする人が「お風呂に入るから浴室に行きましょう」と声をかけただけでは、要介護者が理解できない場合もあるのです。
そこで、今回は認知機能が低下した人とコミュニケーションをとる上で気をつけたい５つのポイントをご紹介したいと思います。

ポイント１：「相手の目を見て話すこと」

ただし、相手の目を見て話すだけではなく、要介護者の視界にあなたが入っていることを確認してから話しかけるようにしてください。
なぜなら、要介護者の背後から声をかけたり、本人の視線が定まっていない状況で話しかけたりすると「自分が話しかけられている」ということが認識できない場合もあるからです。したがって、「あなた（要介護者）に話しかけている」ということをきちんと認識してもらうためにも介護者は本人の視線を確認しながら声をかけるようにしましょう。

ポイント２：「ゆっくり話すこと」

仕事と介護を両立していると、時間に追われる日々が続くことも多々あります。特に朝の出勤前は限られた時間の中で親の食事の準備や介護者自身の身支度など、やらなければならないことがたくさんあります。
そのため、認知症の親に対して「ご飯を食べた後はすぐに着替えて！」とまくし立てるような声かけをしてしまう人は少なくありません。実際、認知機能が低下した人は介護者から続けざまにいろいろなことを言われても、正確に理解できない場合もあるのです。それどころか、どうしてよいのかがわからずに混乱してしまい、余計に時間がかかってしまうこともあります。

したがって、急いでいる時こそ、認知症の人の反応を伺いながら落ち着いてゆっくりと話しかけるようにしましょう。

ポイント３：「短い言葉で伝えること」

要介護者の中には、１つの話の中に複数の判断が求められる内容が含まれてしまうと、一度では理解することができない人もいます。そのため、要介護者に行動を促す際は１つ１つの動作を区切って説明していくことが大切です。

たとえば、認知機能が低下した人に入浴を促すときに「お風呂に入るのでイスに座って服を脱いでください」と一度に伝えようとしても、うまく伝わらない場合もあります。こうしたときは、まず１つ１つの動作を区切って「今からお風呂に入りましょう」と声をかけます。その上で、相手が理解したことを確認した後に「イスに座ってください」と伝えるのです。そして、イスに座ったことを確認した後に再度相手の視界に入ってから「服を脱いでもらってもいいですか？」というような声かけを行います。

そうすることで、認知症の人も１つ１つの動作を理解しながら安心して入浴することができるのです。

ポイント４：「ジェスチャーを交える」

１つずつの動作を説明する際にジェスチャーを交えるという方法も、相手の理解を促進します。特に加齢に伴って認知機能や聴力が低下している人は言葉だけで行動を促すのは非常に難しいことです。そのため、「服を脱ぐ」や「食べる」などの行為がうまく伝わらないときは、ジェスチャーを交えることで理解してもらいやすくなります。

その他にも移動を促したり、イスに座ってもらったりするときに「ここ」や「あそこ」のように指示代名詞を使うこともありますが、そのような場合は、指をさして場所を示したり、イス自体を手で触ったりしながら声をかけると相手にも伝わりやすくなります。

ポイント５：「実物を見せながら伝える」

認知症の症状が進行するにつれて、「トイレに行く」や「お風呂に入る」という言葉の意味が理解できなくなる場合もあります。したがって、そのような人に対しては、実際にトイレや浴室まで連れて行った後に声をかけることで伝わりやすくなります。

また、食事の際にイスの目の前まで来ているにも関わらず、なかなかイスに座ろうとしない方もいます。その場合には、傍にもう１つイスを持ってきて、実際に介護者が座る姿を見せながら相手に理解してもらう方法もあります。

このように、認知症の人に行動を促すときは気をつけなければならないことがたくさんありますが、今回ご紹介した５つのポイントを意識することで相手に伝わりやすくなりますので、ぜひ実践してみてください。

第5章

ケース別にみる「親を老人ホームに預ける」

1 老人ホームを探し始める時期をいつにするのか？

前章では、在宅の介護サービスを利用しながら親の生活を支援していく方法について説明しましたが、現実的には親を介護しながら仕事を続けることに限界を感じる人も少なくありません。こうしたときに介護をする家族が検討するのは「親を老人ホームに預ける」ということです。

しかしながら、いざ老人ホームを探そうとしても「まだ早すぎるのではないか？」と悩まれてしまい、なかなか行動に移すことができない人は多いです。こうしたことの根底には、家族の「もう少し私が介護を頑張れば、親も在宅生活が継続できる」という思いがあるからではないでしょうか。ただ、この「もう少し」という基準が世の中にはないため、多くの人は悩み苦しんでしまうのです。

＜親を老人ホームに預けるタイミングで悩む＞

とは言え、老人ホーム探しを先送りにしていても、親の介護問題が解決するわけではありません。むしろ、時間が経つにつれて支援しなければならないことは増えていくのではないでしょうか。「親を日中一人にすることができなくなった」「夜間にトイレ介助が必要になった」というように、家族の介護負担は増える一方です。

そうなると、家族の日常生活にも大きな影響を与えることになります。

たとえば、毎日の介護で心も体も疲れ果ててしまい、たまの休日でも「外出するような気力が残っていない……」という状況の方もいますし、実際に仕事でも「親の介護に手間取ってしまい始業時間に間に合わなかった」「仕事でミスが多くなった」というような影響が出てくる場合もあるでしょう。

それだけにとどまらず、体調を崩して「仕事を休んでしまった」、さらには「車の運転中に事故を起こしてしまった」というようなことにつながる可能性もあるのです。こうしたことから、親を老人ホームに預ける時期の見極めは非常に重要であることがわかります。

それでは、このような時期を家族はどのように見極めていけばよいのでしょうか？　この節では、老人ホームを探し始める時期を３つに分けて説明していきたいと思います。

【ケース１】老人ホームに入居する方（以下、入居者）が自ら探す場合

一口に老人ホームと言っても、必ずしも介護が必要になった方だけが施設に入るわけではありません。実際、入居者の中にはマイカーで毎年のように旅行に行かれる人もいますし、毎日の食事を自分で作られている人などもいます。このような方々は、お一人でも自立した生活が続けられるにも関わらず、元気なうちから施設に入居しているのです。

余計なことではありますが、私がこのような方々と出会ったときは、ついつい「まだ、老人ホームに入らなくてもいいのではないのか？」と思ってしまいます。ただ、こうした方々は将来の生活で困らないよう元気なうちから施設で生活しておきたいと考えているのです。したがって、このようなケースでは家族が老人ホームを探さなくても、入居者自身が積極的に施設の情報を集めて入居の手続きまで済ませることができます。そのため、施設選びで家族が苦労するようなことはありません。

しかしながら、入居者自身が老人ホームを探す場合でも、家族の支援が必要なケースもあります。それは、「一人暮らしを続けることが少しずつ難しくなってきた」と感じた親が老人ホームを探すときです。具体的には、「料理を毎日作ることがおっくうになってきた」「身体が思うように動かなくなったため、一人暮らしを続けることが不安になった」というような理由から老人ホームの入居を検討します。

このようなケースでは、先ほどの「元気なうちから施設に入居する」という状況とは異なり、親自身の体力や判断能力が大きく低下している場合が多いです。そのため、家族は地域の老人ホームの情報を集めたり、施設見学に同行したりする必要があります。

ただし、親のために老人ホームの情報を集めるとしても、本人の意向をきちんと確認せずに動いてしまうと二度手間になってしまう可能性があります。したがって、まずは親が老人ホームの情報をどれだけ集めているかを確認してみましょう。もし、気になっている施設が既にあるのであれば、まずは親が求めている条件に合っているかなどを確認するため、その施設に直接連絡してみるのもよいでしょう。

なぜなら、親が知っている施設が本人の求める条件に合っているとは限らないからです。したがって、あなたの貴重な時間を無駄にしないよう施設を見学する前に条件面などを確認しておくのです。そして、条件面に支障がないようでしたら、実際に見学に行って施設の雰囲気を確かめてみましょう。

私のこれまでの経験上では、このようなケースで親自身が老人ホームを探す場合は、子供が考えている以上に本人は慎重に施設を選びます。「預貯金や年金額を考慮しながら毎月きちんと支払っていけるのか？」「一人で歩けないような状態になっても介護サービスを利用することで生活し続けることはできるのか？」などについて、親自身がしっかり確認しますので、家族はその判断を見守るだけで問題ありません。あとは、親からアドバイスなどを求められた内容に対してあなたなりの助言をすればよいのです。

ただし、親が興味を持っていた施設が本人の希望に合わなかったり、そもそも施設の情報自体を持っていなかったりした場合は、家族が中心になって対応する必要があります。そのときは、この章の第２節と第３節の内容をご参照ください。そして、そこで集めた情報を基に興味を持った老人ホームから順に１軒ずつ見学することで親が納得する施設が必ず見つかるでしょう。

【ケース2】家族は在宅介護に限界を感じているが、親が老人ホームの入居を拒否している場合

家族が在宅での介護に限界を感じて「親を老人ホームに預けよう」と考えたとき、親にどのような説明をすればよいかを迷われてしまう人は少なくありません。中には、親の同意を得ることなく施設に預けなければならないケースもありますが、それはあくまでも最終的な手段です。やはり、家族自身も後悔することのないよう親の説得を試みることは大切です。

とは言え、親に老人ホームの話をしたときに「私もちょうど施設の入居を考えていた」というような回答が得られることはそれほど多くはありません。反対に「私はまだ一人で暮らしていけます」と言い返されてしまうケースの方が多いのではないでしょうか。ただ、このような回答は身近にいる家族としては容易に想像できることです。

そこで重要なポイントは、親から入居の拒否をされた後に家族は「どのような対応をするのか」ということです。もし親が嫌がった場合は「話を強引に進めない」とあなたが考えているのであれば、そのときは老人ホームに入居する時期ではありません。ただし、ここで注意をしておきたいのは、「そのままの状況で在宅介護を続けることができるのか？」ということです。

なぜなら、在宅介護に負担を感じていなければ親を老人ホームに預けようとは考えないからです。そのため、老人ホームの入居時期を延ばすときは、少なくとも家族の介護負担を軽減する必要があります。最もわかりやすくて効果があるのは、「利用している介護サービスの量を増やす」という方法なのではないでしょうか。「デイサービスの利用回数を増やす」「ショートステイ（宿泊サービス）を定期的に利用する」などして家族の休息時間を今以上に確保するのです。

その他にも、時には「完璧な介護を目指しすぎない」という思考の転換も必要になってくるのではないでしょうか。実際、親の介護で行き詰まってしまう人は、「一人暮らしの親が自宅で転倒していないか頻繁に確認しています」「親から連絡があったときはすぐに駆けつけなければならない」というように一人で頑張りすぎてしまう傾向にあります。

もちろん、親の緊急時にできるかぎり早く駆けつけることは大切ですが、その前に介護者である家族が疲労で倒れてしまっては元も子もありません。そして、そのような状況を親自身も望んではいません。したがって、どれだけの介護であれば家族にとって大きな負担にならないかを見極めながら足りない部分を介護サービスなどで補うようにしましょう。

その一方で、たとえ親が嫌がったとしても、「在宅介護をこれ以上続けることはできない」と家族が感じている場合もあります。そのときは、いつまでも親の同意を待ち続けるわけにはいきません。したがって、このようなときは「在宅介護サービスの利用内容を見直しながら老人ホームの入居につなげていく」という方法などを検討する必要があります。

実際にこうした状況になるのは、認知症を患っている親の介護をしている家族に多いです。具体的には「身体的（排泄や入浴）な介助はそれほど必要ないが、認知症の進行で日常生活の支援や見守りの必要性が日に日に増している」というような状況です。このようなとき、親自身に病識がなければ年相応に身体も動かせるため、本人は「老人ホームに入居する必要はない」と思ってしまうのです。

そうした状況で最も頼りになるのが、グループホーム（認知症対応型共同生活介護）を併設した「小規模多機能型居宅介護（以下、小多機）」です。第４章 第２節の中でも詳しく説明しましたが、小多機では利用者（親）や介護者（家族）の置かれた状況を考慮しながら「訪問」「通い」「宿泊」のサービスを柔軟に使い分けることができます。特に老人ホームの１種であるグループホームを併設している事業所であれば、小多機の「宿泊」サービスを少しずつ増やしながら、そのままグループホームの入居につなげていくこともできるのです。

ここではあえてグループホームを併設している小多機の話をしましたが、必ずしもそうした施設を選ばなければならないわけではありません。しかしながら、併設した施設を選んだ方が入居の手続きなどがスムーズにいく可能性は高まります。なぜなら、小多機を利用しているときに本人の日中や夜間の様子、また性格や適切な接し方などが事前に把握できるため、グループホームの入居後も利用者の心身の状態に合った対応ができるからです。そして、利用者自身も「通い慣れた施設の雰囲気」に安心感を持つことができるため、生活環境の変化に戸惑うことが少なくなるのです。

その他、デイサービスやショートステイを併設した有料老人ホームや特別養護老人ホームにも同じような期待が持てますが、「認知症を患われた方の入居」という意味では、グループホームを併設した小多機に依頼する方法が間違いないでしょう。

【ケース3】やむを得ず親を老人ホームに預ける場合

今回も先ほどと同じように家族は在宅介護に限界を感じているのですが、このケースで状況が大きく異なるのは親自身も「これ以上家族に負担をかけることはできない」と感じていることです。具体的には「親一人ではトイレに行くことができない」というような状況をイメージしてください。

そうなると、親自身も介護が必要な状態であることを認めざるを得ないため、家族の意向に従うしかないのです。もちろん、親がこのような状態になっても在宅で介護をしている人はたくさんいます。しかしながら、介護者である家族に「働きながら」という条件が加わると在宅介護の継続が難しい状況になります。

日中は正社員として働き続け、自宅に帰ってもゆっくり休む間もなく親の介護が始まる。果たしてこのような日々を介護者はいつまで続けられるのでしょうか？　その間にも、親が「ベッドから転倒したため、仕事を早退しなければならない」「インフルエンザにかかってしまったため、数日間はデイサービスに預けることができない」というような予期せぬ事態が発生する場合もあります。

このような状況に適切に対応するためには、少なくとも働く時間を自由に変えられる職場環境でなければなりません。ただ、実際にこのような働き方ができるような人はほとんどいませんので、そうした状況でも在宅介護を続ける場合は仕事を辞めざるを得ないのです。

その一方で、親は自宅内を一人で自由に移動できるにもかかわらず、老人ホームに預けなければならないケースもあります。それは、認知症が進行して「親の様子を日常的に見守っていなければならない」というような状況になったときです。

たとえば、一人で外出した親が道に迷ってしまい、何度も警察やコンビニ店員のお世話になったにもかかわらず、家族が目を離したすきに外出しようとする。しかしながら、親自身は迷子になってしまった記憶が抜け落ちているため、何度説得しても話を理解してくれません。

このようなとき、日中に関してはデイサービスなどを利用することで「一人で外出してしまう」という問題は解決できるでしょう。しかしながら、仕事の休日や夜間については家族が見守らなければならないのです。そのような状況になってしまうと、家族は安心して休むこともできません。

こうしたことから、やむを得ず「親を老人ホームに預ける」ことになるのです。ただし、このようなケースでは老人ホームを探す時間が限られているため、各施設の空き状況などを確認しながら素早く的確に対応していかなければなりません。したがって、次の節であなた（主に家族）の希望を整理したあとに条件に見合う老人ホームを探すようにしてください。

なお、今回ご紹介した３つの時期にあなたの置かれている状況をあてはめることで、「老人ホームを探し始める時期」を見極めることができます。とは言え、老人ホームを探す人の中には、まだ施設に入居する必要がないときから情報を集めようとする方もいます。いざという時に備えて事前に老人ホームについて調べておくことは大切ですが、実際に入居するときの親の心身の状況が変わってしまえば選択する老人ホームを見直さなければならない場合もあります。

そのため、事前に老人ホームを探す場合には、各施設の情報を集めるのではなく、まずは「老人ホームにはどういった種類（ケアハウスや特別養護老人ホームなど）があるのか？」ということを学んでおくことが大切です。そうすることで、在宅の介護が難しくなったときに適切な老人ホームを選ぶことができるでしょう。

具体的な老人ホームの種類については、本章の第３節に詳しく解説しています。

2 老人ホームを探す前にまずは希望を整理する

在宅での介護が難しくなって老人ホームを探す場合、「何から手を付けたらいいかわからない……」と悩まれる方は多いです。しかしながら、いろいろと悩んでも考えがまとまらずに知り合いや担当のケアマネジャーに聞いて回ることになります。そこで、「良い施設」「お勧めの施設」などの情報を集めようとするのですが、実際は聞く人によって答えが異なるケースも少なくありません。

その結果、再び考えがまとまらなくなってしまうのですが、ここで言う「良い施設」とは一体、どのようなところなのでしょうか？　はじめにその点について、私の経験談をお話ししたいと思います。

私は2011年に起業して、これまでに老人ホーム選びについて数多くの相談を受けてきましたが、その際、特に意識しているのは「相談者の希望に見合った施設を案内する」ということです。もちろん、案内した施設が相談者にとって「良い施設」だと認識してもらわなければならないことも十分理解しています。しかしながら、「良い施設」という基準だけで施設を案内することはありません。

なぜなら、案内した「良い施設」が相談者の希望に見合っているとは限らないからです。たとえば、今すぐにでも親を老人ホームに預けたいと考えているにもかかわらず、待機者でいっぱいの「特別養護老人ホーム」を探してしまう。また、家の近くにある施設が便利だと考えて見学に行ったが、「親の年金だけでは到底支払えない料金設定だった」というようなことはよくあります。

ただ、そうした経験を積みながら、最終的には希望に見合った施設を選んでいくのですが、老人ホームを探されている人からすれば「余計な手間はかけたくない」というのが本音ではないでしょうか？　したがって、まずは「良い施設」の情報を集める前にあなたがどのような条件で施設を探されるのかについて、希望をまとめておくことが大切です。
そこで、この節では老人ホームを探す前に整理しておくポイントについて説明していきたいと思います。

【ケース1】入居者が自ら探す場合（希望条件の確認）

親自らが老人ホームに入居しようと考えている場合は、すでにご自身で施設の情報を持たれている可能性もあります。前節でも説明しましたが情報を持たれている場合は、本人の希望に見合っているかどうかを確認するだけで問題ありません。
その一方で、親が持っていた施設の情報が「本人の希望に見合っていない」、もしくは、親一人では「老人ホームの情報を集めることができない」という状況であれば、家族（主に子供）の支援が必要になります。そこで、このようなときに家族が確認しなければならない「親の希望」の整理方法について説明していきます。
はじめに確認することは「どの地域で老人ホームを探すのか？」ということです。老人ホームは日本全国の至るところにありますが、良い施設であれば「場所はどこでもかまわない」と考える人はほとんどいません。そのため、まずはどの地域で老人ホームを探すのかについてあらかじめ決めておくことは大切です。
なお、親自らが希望して老人ホームに入居するケースでは、在宅の介護サービス（主に訪問介護）を利用することで一人暮らしが継続できるような方が多いです。そのため、まずは親の希望を確認するようにしましょう。
実際、入居者の中には「知り合いもたくさんいるため、住み慣れた地域を離れたくない」と望まれる人も少なくありません。また、その他にも「私（入居者）の体の状況をよく把握してくれているかかりつけ医を変えたくない」というような不安を訴えてくる方もいます。したがって、親が「住み慣れた地域で生活を続けたい」という希望を持たれているのであれば、その気持ちを優先してあげましょう。
その次に確認することは「毎月の予算」「いつまでに施設に入居した

いのか？」の２つです。老人ホームの種類（軽費老人ホームやサービス付き高齢者向け住宅など）や施設を探される地域によって月々の利用料金は大きく異なるため、まずは親が安心して支払える金額を確認することが大切です。

実際、入居者が老人ホームに「どれくらいの期間入居するのか？」ということは、誰にもわかりません。したがって、毎月の予算とその金額を「いつまで支払っていけるのか？」ということを、事前に検討しておく必要があります。そして、検討する際は入居者の年齢と心身の状況によって変わることを考慮した上で行わなければなりません。

たとえば、70代前半で入居する方だと入居期間が10年を超える可能性は高いでしょう。その一方で、90代後半の方だと５年以内に退去となるかもしれません。また、認知症を患っているけれども、その他の病気が全くなく足腰もしっかりとしているという方であれば、入居期間が長くなる可能性は高いでしょう。その一方で、食欲や生きる気力も薄れて毎日ベッド上で過ごされているような方だと、入居期間が半年になる場合もあります。

このように、入居者の置かれた状況によって、入居期間は大きく異なるのです。ここで、「老人ホームに入居させる前から、人生の最期を迎えることまで想定しておくなんて不謹慎だ！」と思われる方もいるでしょう。

しかし、もし毎月の支払いが出来なくなってしまえば、最終的には老人ホームを退去しなければならないのです。そうならないためにも、計画どおりに払い続けることができる予算を立てた上で、入居する老人ホームを決めるようにしましょう。

ただし、施設によってはその他にも入居一時金（家賃等の前払い金）や敷金の支払いが必要なところもあります。その金額も10万円程度で済む施設もありますし、都心では1,000万円を超えるところもたくさんありますので、月々の利用料金と合わせて入居一時金等も考慮しながら検討するようにしましょう。

なお、これから施設の情報を集めるという段階では、毎月の予算は

「ひと月に15～20万円くらい」というような確認の仕方でもかまいません。なぜなら、老人ホームを探す人の中には予算額を多少オーバーしても「居室が広いから」「居室にキッチンや浴室があるから」「交通の便が良い地域にあるから」というような理由で選ばれる方もいるからです。あとは、その予算内の施設を見学しながら比較検討することで本人が気に入る施設を見つけることができるでしょう。

そして、親の方から老人ホームに入居する意向を子供に伝えるケースでは、時間に余裕を持って施設を探せる場合が多いです。そのため、中には気に入った施設が満室だったとしても、「空き部屋が出るまで待ちたい」と考える人もいます。

したがって、このような考えを正確に把握するために具体的な質問を投げかけながら親の希望を確認するようにしましょう。たとえば、今すぐにでも入居したいのか？　もしくは半年くらいは待つことができるのか？　こうした質問をすることで、親自身も「できるかぎり夏が来るまでには引っ越しを終わらせておきたい」というように具体的に答えてくれます。

その他については親自身が老人ホームの入居に対して不安に思っていることや気になっていることなどを聞いてあげるだけでかまいません。私が老人ホームの入居相談を受けてよく質問されるのは次のような内容です。

Q　本格的な介護が必要になったり、認知症を患ったりしたときは施設を出なければならないのか？
Q　外出（外泊も含む）や外食は自由にできるのか？
Q　老人ホームにはどのような方（年齢や要介護度）が入居されているのか？
Q　居室にトイレや浴室、またキッチンはあるのか？
Q　居室の広さはどれくらいあるのか？

このような内容の確認は親の安心感にもつながりますので、施設見学をしたときなどに質問してみるとよいでしょう。

【ケース2】やむを得ず親を老人ホームに預ける場合（希望条件の確認）

前項とは違い、トイレに行くたびに介助が必要になったり、認知症の進行で常に見守りが必要になったりした場合は入居者が一人で老人ホームを探すことはできません。そのため、実際には親の希望などを考慮しながら家族が中心になって施設を探すことになります。

ただし、こうした状況では施設を探す時間が限られており、家族は短期間で多くの決断を求められるケースも少なくありません。また、入居者の心身の状況によっても、希望条件のまとめ方が異なります。そこで今回は最も多い２つの事例に焦点を当てて説明していきたいと思います。

まず１つめの事例は「脳梗塞の発症や大腿骨頚部骨折などにより親一人で歩くことができなくなった」です。このような状況では、入院先の病院からそのまま老人ホームに入居するケースが多いです。そのため、病院の入院期間に入居する施設を探すことになります。

入院期間については、病院所属の医療ソーシャルワーカーなどに教えてもらうことができますので、施設選びで慌てなくていいよう早めに確認するようにしましょう。そして、老人ホームを探す地域については、可能であれば親の実家の近くではなく、子供の家の近くの施設を選ばれた方が何かと安心です。

なぜなら、親を老人ホームに預けたからといって、家族が何もしなくてよいわけではないからです。たとえば、骨折などをして再び入院することになった場合、病院とのやりとりは家族の役割になります。そのため、親の家の近くにある老人ホームに入居した場合、家族は入院するたびに親元に帰らなければならない可能性もあるのです。

それに介護状態になった親が施設に入居するというのは本人にとって辛い出来事です。そのため、子供が通いやすい地域の老人ホームを選んだ方が頻繁に顔を出せるようになりますので、親も穏やかに過ごせるのではないでしょうか。

ただし、地元にはもう一人の親もいるが、体力的な問題から在宅介護ができずに配偶者を老人ホームに預けるケースもあります。このようなとき、親一人で外出することが大きな負担にならないのであれば、親元で施設を探されても問題はありません。

次に2つめの事例は「認知症が進行した親を在宅で支えることができなくなった」です。先ほどのケースとは違い、こうした状況では、親を説得する前にどのような流れで親を老人ホームに預けるのかについて検討しておかなければなりません。

実際、親に老人ホームの話をしたときに「本人はどのような反応を示すのか？」ということについては家族も事前に予想することができますし、その予想は当たることの方が多いです。そのため、何度想像をしても「拒否されるだろう」と感じたのであれば、別の説得方法を考えなければなりません。

このような場合は、すぐに説得しようとはせず、時間をかけながら粘り強く対応する必要があります。たとえば、前節でも紹介した小規模多機能型居宅介護（以下、小多機）の宿泊サービスやショートステイなどを利用して施設での生活に少しずつ慣れてもらいながら適切なタイミングを見計らって入居につなげていくのです。ただし、こうした在宅の介護サービスについては親元で利用することになりますので、老人ホームを選ぶ地域も親の家の近くに限定されます。

また、利用する小多機やショートステイ（デイサービスなどを併用）についても、「近ければどこでもよい」というわけではありません。これらのサービスを提供している事業所も現利用者数によって、日中通うことができる曜日や宿泊できる日数などにも違いがありますので、具体的に「毎週月、水、金曜日に通いのサービスを利用して土日に宿泊のサービスを利用したい」というような希望を整理しておきましょう。あとは、利用を検討している事業所に「希望の曜日にサービスを利用することができるのか？」を事前に電話で確認しておくことで見学に行くかどうかの判断ができます。

その一方で、入居者も認知症の進行で少しずつ家族（配偶者や子供）に負担をかけているという認識があり、老人ホームの入居をすんなり受け入れてくれる場合もあります。このようなときは、１つめの事例と同じような考え方で老人ホームを探す地域を検討してみてください。

そして、「老人ホームでどのような生活をしたいのか」について親子でしっかり話し合いましょう。「一人でゆっくり過ごす時間を大切にしたい」「日中はデイサービスに通って、趣味活動を楽しみたい」など、希望も人それぞれで異なります。ただし、実際にはそのような希望を上手く家族に伝えることができない場合もありますので、そのときは親の性格やこれまでの生活歴などを考慮しながら本人が安心して暮らせる施設を見つけてあげましょう。

なお、家族が中心になって老人ホームを探す場合、入居者一人ではお金の管理ができていないケースも少なくありません。そのため、本人の預貯金や年金額を考慮しながら「毎月の予算」などを検討するようにしましょう。また、ここでも参考として家族が老人ホームに質問することが多い内容をご紹介しておきます。

Q　退院後もリハビリを継続してもらえるのでしょうか？
Q　認知症を患われている入居者の方は多いのでしょうか？
Q　親が寝たきりの状態になったり、認知症が進行したりしたために退去しなければならないケースもあるのでしょうか？

このように質問自体は家族が気になっている内容が中心になります。同じ種類の老人ホームでも施設ごとで対応は少しずつ異なりますので、見学をする前に電話などで確認しておくとよいでしょう。

図版5-1 老人ホーム選びチェックシート

※あなた（介護者）や親の希望をまとめる時に参考としてご活用ください。

施設の所在地	□あなたが車で（15分・30分・60分）以内に通える場所 □あなたが公共の交通機関で（15分・30分・60分）以内に通える場所 □親の希望を最優先したい
毎月の予算 ※医療費、おむつ代など生活全般に必要な金額	□10万円未満　□10万円以上～15万円未満 □15万円以上～20万円未満　□20万円以上～25万円未満 □25万円以上～30万円未満　□30万円以上～
敷金や入居一時金 （入居時にかかる費用）	□費用はかけられない　□30万円未満 □30万円以上～50万円未満　□50万円以上～100万円未満 □100万円以上～500万円未満 □500万円以上～1000万円未満 □1000万円以上～
親の年齢	＿＿＿＿歳
介護サービスの利用者負担割合	□自己負担なし　□1割負担 □2割負担　□3割負担
施設を選ぶまでの期限	□1ヶ月以内　□1ヶ月～3ヶ月以内 □3ヶ月～1年以内　□1年以上～
希望する条件 ※複数チェック可	□居室に（トイレ・浴室・キッチン）がある施設がよい □居室の広い施設がよい（＿＿＿＿m^2以上） □寝たきりの状態になっても対応してもらいたい □認知症が進行しても対応してもらいたい □看取りまで対応してもらいたい □看護師が（日中・24時間）常駐している施設がよい □定期的にリハビリをしてもらいたい □入居してもデイサービスなどに通いたい
現在の要介護認定	□自立　□要支援1　□要支援2 □要介護1　□要介護2　□要介護3 □要介護4　□要介護5　□申請中
老人ホームの入居について	□親が老人ホームの入居を希望している □親が老人ホームの入居を拒否しているため、強引には進めることができない □身体が思うように動かないため、親も老人ホームの入居について納得している

3 入居者や家族の希望に見合った老人ホームの選び方

前節で入居者（親）や家族の置かれた状況と希望する条件をまとめることができた方は実際に老人ホームの見学をしてみましょう。ただ、その前に「どの施設を見学するのか」ということを決めておかなければなりません。

しかしながら、老人ホームにはさまざまな種類があるため、まずはその種類を理解しながら見学する施設を絞っていく必要があります。そこで重要なポイントになるのが、「誰が中心になって老人ホームを探すのか？」ということです。前節の話にも関連してきますが、入居者が自ら施設を探そうとする場合と家族が在宅介護に限界を感じて探す場合では、選択する老人ホームの種類も異なります。

そして、その他にも老人ホームにかけられる「毎月の予算」を考慮することで「老人ホームの種類」を４つに分けることができます。そのため、施設の情報を集める前に「どのような種類の老人ホームを選べばよいのか？」を検討しておきましょう。そうすることで、入居者や家族の希望に見合った施設を選ぶことができます。

なお、今回は仕事と介護の両立の問題を抱えた家族が検討する可能性が高い老人ホームに絞っています。ご了承ください。

【ケース１】入所者が中心になって毎月の費用を抑えた老人ホームを探す場合

「養護老人ホーム」「軽費老人ホーム」「ケアハウス」

１つめのケースでご紹介するのは、「養護老人ホーム」「軽費老人ホーム」「ケアハウス」です。これら３つの施設は、身の回りのことは自分でできるが「加齢による体力の低下で毎日の自炊に負担を感じるようになった」「体調を崩すことが多くなったため、このまま一人暮らしを続けることが不安になってきた」「有料老人ホーム等に入居したいが、毎月の利用料金が支払えない」というような状況の方に合った老人ホームとなります。

まず養護老人ホームは、65歳以上で環境上や経済的な理由により在宅での生活を続けることが困難になった人を養護することを目的とした施設です。そのため、入所の申し込み（市区町村へ申請）をしても本人の年金収入の状況、また家族等からの援助が受けられるという理由により入所ができない場合もあります。

次に軽費老人ホームは、60歳以上で主に家庭環境、住宅事情等の理由により居宅において生活することが困難になった人が低額な料金で入所できる施設です。軽費老人ホームは食事の提供があるA型、各居室の調理設備で自炊できる方が入所するB型、自立した生活を継続できるよう構造や設備の面で工夫されているケアハウスの３種類に分かれています。入所の手続きについては、市区町村に申請する養護老人ホームとは違い、各施設に直接申し込みます。なお、施設によって入所要件は異なり、所得制限を設けているところもありますので、申し込まれる際は事前に電話などで確認しておきましょう。

ここで、なぜ養護老人ホームや軽費老人ホーム等は毎月の費用を抑えることができるのかというと、その理由は入所者の収入に応じた費用負担になっているからです。そのため、年金収入などが少ない方であれば、食事代を含めてもひと月の生活費が10万円以内におさまる場合もあります。また、各施設が設けた要件を満たせば、要介護認定を受けていない「自立」の方でも入所することができます。

そのため、このタイプの老人ホームには、「施設に入所する必要がない」と思えるような元気な高齢者もいます。実際、入所者が自ら老人ホームを探す場合は、できるかぎり「元気な高齢者が多い施設」を選ぶ傾向にあります。また、自宅と同じように「自由な暮らしを続けたい」と望まれている高齢者が多いのも特徴です。

日中は自由に外出することができますし、施設に届出をしておけば外泊も可能です。したがって、老人ホームといっても自宅での生活とほとんど変わりません。

このようなことから、軽費老人ホームなどの入所を希望される方は多いのですが、他のタイプの老人ホームに比べると施設数が少ないのが現状です。また、先ほども説明したように施設で生活されている高齢者はお元気な方が多いため、空き部屋がなかなか出ないこともあります。

そのため、中には申し込みをして1年以上も入所を待ち続けている高齢者もいます。そうなると、入所者や家族の状況も変わってくるため、待機者の中には空き部屋が出るのを待ちきれずに別の施設に入所される人もいます。

なお、軽費老人ホームなどに入所する際に気をつけておかなければならないことは、「身体的な介助を目的として選ぶ施設ではない」ということです。あくまでも在宅生活を続けることが難しくなってきた方を支えるための老人ホームなので、日常生活の支援（食事の提供や安否の確認など）は受けられますが、「下半身の筋力低下などにより食堂まで一人で歩いて行けない」「認知症が進行して集団生活のルールを守ることができない」といった状態になってしまうと、施設を退去しなければなりません。

ただし、施設によっては特定施設入居者生活介護（以下、特定施設）の指定を受けて介護サービスを充実させている軽費老人ホーム（ケアハウスも含む）もあります。したがって、軽費老人ホーム等を検討する場合は、施設でどのような介護サービスを提供しているのかについて詳しく確認するようにしましょう。

それぞれの施設情報については、各市区町村の介護保険課や地域包括支援センターなどに「○○市（施設を探している地域名）にある養護（もしくは軽費）老人ホームの施設情報を教えていただけませんか？」と直接問い合わせる方法が迅速かつ正確です。あとは、施設数も限られていますので、親（入所者）を連れて見学に行きましょう。

【ケース2】入居者が中心になって介護サービスが充実した老人ホームを探す場合

「住宅型有料老人ホーム（住宅型）」「サービス付き高齢者向け住宅（サ高住）」

2つめのケースでご紹介するのは、「住宅型有料老人ホーム（以下、住宅型）」「サービス付き高齢者向け住宅（以下、サ高住）」です。この2つの施設は、先ほど紹介した軽費老人ホームなどのように「入所者の収入に応じて利用料金が変わる」という仕組みにはなっていません。そのため、軽費老人ホームなどに比べて毎月の費用は高くなります。ただし、入居者の年金収入等が年間で250万円を超えるような方であれば、軽費老人ホームよりも「住宅型」を選ばれたほうが毎月の費用を抑えることができる場合もあります。したがって、こうした条件に当てはまる場合は両方の施設を見学しながら比較してみるのもよいでしょう。

そして、その他にも住宅型では、デイサービスや訪問介護事業所などを併設して介護サービスの充実に力を入れている施設が多いです。中には一人で歩くことができなくなった入居者を介護職員が食堂までお連れしたり、認知症が進行しても他の入居者に迷惑をかける行為がなければ粘り強く対応してくれたりするような施設もあります。

ただし、各施設によって毎月の費用は大きく異なりますし、介護報酬の対象とならないサービスを提供したときは別途費用が発生する場合もありますので注意が必要です。その他にも、施設ごとで介護職員の人員配置は異なりますし、中には夜勤の職員を配置せずに緊急時の対応（駆けつけサービス）を警備会社に委託しているところもあります。そのため、同じ種類の老人ホームでも介護力に大きな差が出てきますので、「入居者がどのような心身の状態になるまで生活を続けられるのか？」について各施設に確認するようにしましょう。また、サ高住の中にも軽費老人ホームと同じように「特定施設」の指定を受けて介護サービスを手厚くしている施設もありますので、入居者の将来の生活を見据えながら比較検討してみてください。

なお、入居者によっては在宅で生活しているときからデイサービスを利用している人もいます。中には住宅型やサ高住に入居後も通い慣れているデイサービスを利用したいと希望する人もいますが、施設によっては入居者の急な体調不良などにも迅速かつ適切な対応が取れるよう併設しているデイサービスの利用を求められる場合もあります。

もちろん強制ではありませんので、その提案を見送ることもできますが、これからお世話になる施設ということもあり、現実的には断りづらいのが現状です。実際、デイサービスを自由に選べるような施設は、毎月の費用が割高になる傾向があります。その一方で「併設のデイサービスを定期的に利用してもらう」というような提案を持ちかけてくる施設は、毎月の費用が割安になるところが多いため、じっくり比較検討することが大切です。

したがって、これらの施設を選ぶ際は、併設しているデイサービスの雰囲気なども確かめておくことをお勧めします。なお、入居者は特にこだわりもなく「デイサービスはどこでもいいよ」と言ってくれるようであれば、家族も余計なことを考える必要はなくなりますし、施設に併設されたデイサービスを利用することで毎月の費用を抑えることができます。

反対に「今までお世話になったデイサービスを変えたくない」という強い気持ちがあるのであれば、施設外のデイサービスでも気兼ねなく利用させてもらえる老人ホームを選ばなければなりません。

住宅型の施設情報については、主に都道府県ごとで管理されています。もしインターネットが活用できるのであれば、YahooやGoogleなどで「○○県　有料老人ホーム」と検索することで検索結果に各都道府県のホームページが表示されます。そのページの中に住宅型の一覧表がありますので、効率的に施設情報を集めることができます。

次にサ高住の施設情報については、国土交通省・厚生労働省が所管する「サービス付き高齢者向け住宅情報提供システム」の活用が有効です。

図版5-2 サービス付き高齢者向け住宅情報提供システム

出典：「サービス付き高齢者向け住宅情報提供システム」
https://www.satsuki-jutaku.jp/index.php

このホームページでは、全国にあるサ高住の情報がまとめて閲覧でき、第４章 第２節で紹介した「介護サービス情報公表システム」と同様に私の仕事上でも活用しています。施設情報の検索方法もそう難しくありません。まずは地図上の都道府県を選択することで次のページが表示されます。

図版5-3 サービス付き高齢者向け住宅一覧（東京都）

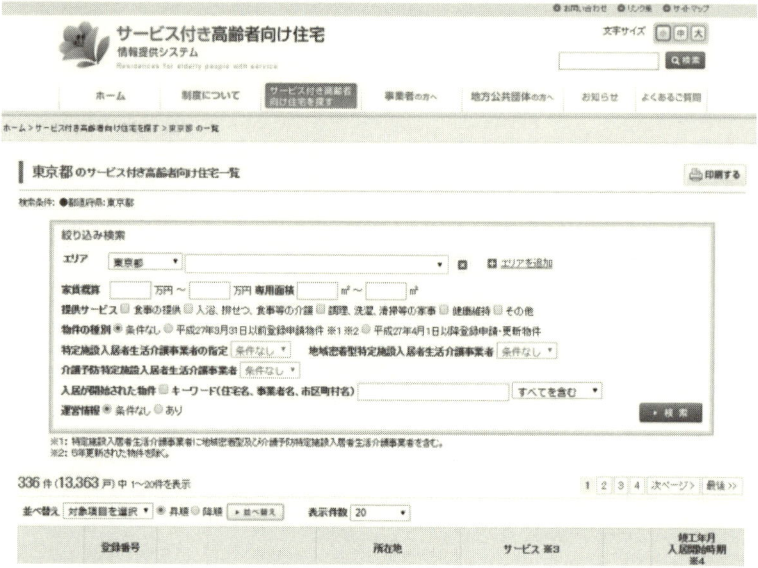

お問い合わせ　リンク集　サイトマップ

サービス付き高齢者向け住宅
情報提供システム

文字サイズ　小　中　大

検索

ホーム　制度について　サービス付き高齢者向け住宅を探す　事業者の方へ　地方公共団体の方へ　お知らせ　よくあるご質問

ホーム＞サービス付き高齢者向け住宅を探す＞東京都 の一覧

東京都 のサービス付き高齢者向け住宅一覧　印刷する

検索条件：●都道府県：東京都

絞り込み検索

エリア　東京都　エリアを追加

家賃概算　万円～　万円　専用面積　㎡～　㎡

提供サービス　食事の提供　入浴、排せつ、食事等の介護　調理、洗濯、清掃等の家事　健康維持　その他

物件の種別　条件なし　平成27年3月31日以前登録申請物件 ※1 ※2　平成27年4月1日以降登録申請・更新物件

特定施設入居者生活介護事業者の指定　条件なし　地域密着型特定施設入居者生活介護事業者　条件なし

介護予防特定施設入居者生活介護事業者　条件なし

入居が開始された物件　キーワード（住宅名、事業者名、市区町村名）　すべてを含む

運営情報　条件なし　あり

検索

※1：特定施設入居者生活介護事業者に地域密着型及び介護予防特定施設入居者生活介護事業者を含む。
※2：5年更新された物件を除く。

336件（13,363戸）中 1～20件を表示　1 2 3 4 次ページ＞ 最後＞＞

並べ替え　対象項目を選択　昇順　降順　並べ替え　表示件数　20

	登録番号		所在地	サービス ※3		竣工年月 入居開始時期 ※4

出典：「東京都のサービス付き高齢者向け住宅一覧」

次にページ上部で施設を探す「市区町村」を選択します。また「家賃概算」「専用（居室）面積」「提供（食事や介護）サービス」などの絞り込み検索も可能ですので、入居者や家族が必要とする情報がすぐに入手できます。そして、各施設のページには、「各居室に浴室や台所があるのか？」「家賃や食費、また敷金などの詳細情報」「併設している介護事業所の情報」などを事前に調べることができます。

こうしたことから、住宅型やサ高住の施設情報を効率よく集めるためにはインターネットの活用が重要であることがおわかりいただけたのではないでしょうか。したがって、パソコンやスマートフォンの操作に不慣れな方は、お孫さん（入居者から見て）や知り合いなどの支援を受けながらまずは施設情報を集めてみましょう。

【ケース3】家族が中心になって介護サービスが充実した老人ホームを探す場合

「グループホーム」「介護付有料老人ホーム（介護付）」

3つめのケースでご紹介するのは、「グループホーム」「介護付有料老人ホーム（以下、介護付）」です。2つめまでは入居者自らが老人ホームを探すケースでしたが、グループホームと介護付は、家族が中心になって探すときに選ばれやすい施設になります。

ここでなぜ、家族が入居者のために老人ホームを探すことになるのでしょうか？　それは、入居者が認知症を発症したり、脳梗塞の後遺症で体にマヒが残ったりして、ご自身では選べなくなるからです。そのため、こうしたケースでは、家族が「24時間365日の介護サービスが充実している施設」を選ぶ傾向にあります。

たとえば、認知症の方でも「夕食を食べたことを忘れてしまう」「服薬の管理ができない」などのように軽い症状であれば、先ほどご紹介した住宅型やサ高住でも対応できる施設はたくさんあるでしょう。しかしながら、認知症の症状が悪化して「突然大声を出してしまう」「施設を抜け出そうとする」というような行為が増えてくると住宅型などでは対応できなくなるのです。

そのため、同じ認知症でも症状の進み具合によっては、老人ホームの種類を使い分けなければなりません。それでは、認知症の症状が悪化した高齢者は、どのような施設を選べばよいのでしょうか？

実際、認知症を患われた方の中には、施設に入居していることをきちんと理解することができず、不穏（おだやかでない）になってしまう人も少なくありません。たとえば、入居して間もない方が「もう外も暗くなってきたので、そろそろ家に帰らせていただきます」と言って介護職員を何度も呼び出したり、他の入居者の部屋にあるものを勝手に持ち出そうとしたりする人もいます。

そうなると、入居者一人に介護職員が付きっきりで対応しなければなりません。また、認知症を発症していない方とは違い、論理的に説得しようとしてもなかなか伝わらないこともあるため、専門的な対応が必要となるのです。

このような状況になる可能性がある方の老人ホーム選びで検討するのが「グループホーム」です。グループホームには、医師による認知症の診断を受けた方だけが入居することができます。そのため、他の老人ホームで入居を断られるような認知症の方でも積極的に受け入れてくれます。

なぜなら、施設で受け入れる入居者も１ユニット（集団）につき６～９名という少ない人数にも関わらず、介護職員を日中は３～４名配置しているグループホームが多いため、不穏になった方でも粘り強く対応できるのです。そして、入居者自身も少人数での共同生活ということもあり、顔なじみの関係が作りやすくなります。

ただし、グループホームの人員基準には、看護師の配置が義務づけられていないため、「医療的なケアができない」という施設が多いのが現状です。こうしたことから、医療的なケアが多くなってきた場合は、退去を求められる可能性が高くなります。

そこで、転居先の候補として挙がってくるのが介護付です。介護付には看護師を１名以上配置することが義務づけられているため、医療的なケアも対応可能となります。また、認知症が進行した方でも対応してもらえる場合がありますので、家族にとって最も頼れる施設といえるでしょう。ただし、グループホームとは違い、施設の規模が大きくなるため、家庭的な雰囲気を望まれる入居者には向かない可能性もあります。したがって、入居者の性格や心身の状況を考慮しながら施設を選ぶようにしましょう。

あとは、グループホームや介護付は「ケアハウス」や「住宅型」などとは違って、施設外のデイサービスや訪問介護サービスを利用することができなくなります。そのため、入居者が「通い慣れたデイサービスを利用し続けたい」「いつも来てくれるヘルパーさんに掃除をしてほしい」と強く訴えたとしても、その希望は叶いません。

ただ、その一方で一人暮らしをしていたときも「デイサービスには通いたくない」「時間どおりにヘルパーさんが来るから落ち着かない」と家族に訴えていたような人にはグループホームや介護付がお勧めです。

実際、介護付でも機能訓練やレクリエーションが行われたり、介護職員が掃除や洗濯などの支援をしてくれたりするので日常生活で困ることはありません。また、施設で行われる機能訓練なども基本的には自由参加ですので、入居者が希望されなければ居室でゆっくりと過ごしていただくことも可能です。

さらに施設内の介護職員が24時間体制で入居者の生活を見守ってくれますので、「寝たきり」の状態になったとしても対応していただけます。しかしながら、介護付はあくまで介護サービスが充実した施設です。そのため、介護サービスだけではなく、夜間から早朝にかけて医療的なケアが必要な状態になってしまうと、施設としても対応が難しくなります。

その場合は、看護師が24時間常駐している施設の入居も検討しなければなりません。そうした施設では「飲み込む力が低下したため、夜間も痰（たん）の吸引をしなければならない」というような方でも受け入れてくれます。とは言え、このような体制を整えている施設では月額利用料が割高になってしまう傾向があります。したがって、夜間から早朝にかけての医療的ケアが必要ではないのであれば、看護師の24時間体制にこだわる必要性はないでしょう。

なお、グループホームと介護付の施設情報を集める際は、「介護サービス情報公表システム」を活用するようにしましょう。ホームページの利用方法については、第４章 第２節をご参照ください。

ただし、次ページ図版５－４「事業所検索（サービスから探す）」の画面に表示されているサービス名はグループホームが【地域に密着した小規模な施設等】枠にある「認知症対応型共同生活介護」、介護付が【施設などで生活】枠にある「特定施設入居者生活介護」となっていますので、お間違えのないようにお気をつけください。

図版5-4「介護サービス情報公表システム」での事業所検索

施設などで生活

- □ 介護老人福祉施設(15) 解説
- □ 介護老人保健施設(4) 解説
- □ 介護療養型医療施設(0) 解説
- □ 特定施設入居者生活介護(32) 予防 解説

地域に密着した小規模な施設等

- □ 認知症対応型共同生活介護(28) 予防 解説
- □ 地域密着型介護老人福祉施設入所者生活介護(0) 解説
- □ 地域密着型特定施設入居者生活介護(0) 解説

福祉用具

- □ 福祉用具貸与(19) 予防 解説
- □ 特定福祉用具販売(10) 予防 解説

検索する

出典：厚生労働省「介護サービス情報公表システム」
http://www.kaigokensaku.mhlw.go.jp/

【ケース４】家族が中心になって毎月の費用を抑えた老人ホームを探す場合

「特別養護老人ホーム（特養）」

４つめのケースでご紹介するのは、「特別養護老人ホーム（以下、特養）」です。この「特養」は、数ある老人ホームの種類の中で、「寝たきり」や「認知症」の高齢者の割合が最も多いのが特徴です。

そして、「特養」は、一般の方に最も知られている施設になります。なぜなら、入所の申し込みをしても「すぐには入れない」とテレビや新聞で報道されているのが、この施設だからです。中には２年、３年待っていても入所できないケースはよくあります。

なぜ、この「特養」にだけ入所者が殺到するのでしょうか？　特養に申し込みが殺到する一番の理由は、入所者の収入に応じて居住費や食費の補助があるからです。また介護サービスも充実しており、毎月の費用も入所者の収入（主に年金）によっては10万円以下の人もたくさんいます。

こうしたことから、「常に空き部屋がある」というような施設はほとんどありません。そのため、老人ホームを探す人の多くは、「申し込みが殺到している ⇒ 評判が良い施設 ⇒ 入所者や家族が理想とする施設」と考えているようです。

実際、この特養はすべての面で好条件が揃っている施設なのでしょうか？ 私が老人ホームの入所相談に対応しながら感じるのは「入所者や家族の希望」は皆それぞれ違うということです。

たとえば、脳梗塞を患った男性が「リハビリを頑張って自宅に戻りたい」と望んでいる場合もあれば、母親がどのような状態になっても「最期まで看てほしい」と家族が望んでいる場合もあるのです。

その他にも、「家族が通いやすい場所に施設はあるのか」「頭がしっかりしている人はたくさんいるのか」「申し込みをしたら、すぐに入所させてもらえるのか」など、それぞれの置かれた状況で要望も異なります。

したがって、特養が誰にとっても希望に見合った施設というわけではないのです。そして、特養に申し込めるのは原則として要介護３以上の認定がおりている方となりますので、他の老人ホームに比べて一人で歩くことができる人や他の入所者との会話を楽しむことができる人の割合は少ないのが現状です。また、先ほども申し上げたとおり、入所を希望される人が後を絶ちませんので、状況によっては何年も待たされてしまう可能性もあるのです。

ただし、特養は必要性の高い方が優先的に入所できるような仕組みになっているため、中には２ヶ月ほどで入所できる方もいます。具体的には「要介護度が高い方」「身寄り（配偶者や子）がない方」「在宅で介護サービスをたくさん利用されている方」などが優先されます。したがって、特養の申し込みをした時点の認定は「要介護３」、また現在は介護付有料老人ホームに入居しており、身寄りとなる子供は親（入所者）と同じ地域で生活をしているというような状況の方はなかなか入所できない場合もあるのです。

※注： 特養の入所判定基準は各市区町村によってそれぞれ異なります。

図版5-5 入所のための判定基準

入 所 判 定 基 準

	項目		項目内最高加点		配点	説明
本人の状況	要介護度	要介護１	１５０	１００	２０	申し込み時の要介護認定が１である場合。
		要介護２			４０	申し込み時の要介護認定が２である場合。
		要介護３			６０	申し込み時の要介護認定が３である場合。
		要介護４			８０	申し込み時の要介護認定が４である場合。
		要介護５			１００	申し込み時の要介護認定が５である場合。
	特別な状況	排泄		５０	１０	介護者が、オムツや尿とりパットの交換等の介助を要する場合に限る。
		摂食			１０	食事中に介助を要する場合に限る。
		徘徊			１５	当てもないのに外へ出かけてしまう、家や施設のでひっきりなしに歩き回ったりする行動がある場合に限る。
		暴力・抵抗・その他問題行動			１５	介護者が話しかけたり、介護を行う際に、手で払いのける、足でける、たたく等の明らかに介護の支障となる行動をとる場合に限る。
		非該当			０	上記の特別な事情のいずれにも該当しない場合。
介護者の状況	身寄り等の有無	身寄りなし	８０	８０	８０	同居・別居を問わず、身寄り（親、配偶者(内縁関係を含む)、子、子の配偶者）がいない場合に限る。
		実質的な介護者なし			７０	同居の介護者（親、配偶者(内縁関係を含む)、子、子の配偶者）がいる場合は、その者が要介護３以上であること。また、同居の介護者がいない場合は、その者が県外（下関市を除く）であるか、要介護３以上の場合に限る。
	介護者の状況	独居		６０ 重複可	２０	県内（下関市を含む）に介護者（親、配偶者(内縁関係を含む)、子、子の配偶者）がいる場合で、本人が１人暮らしを行っている場合に限る。世帯分離は対象外。
		介護者が高齢・疾病			２０	主たる介護者が７０歳以上の高齢である場合や、障害者（障害者手帳等を有するもの）、病気療養　の者（軽度の者は除く）である場合。もしくは主たる介護者が県内で北九州市に隣接しない市町村に在住する場合に限る。
		介護者が就労・複数介護・育児			２０	主たる介護者が週に２０時間以上就労している場合(非正規雇用等も含む）や、複数介護、就学前の育児を行っている場合に限る。
		非該当			０	上記の介護者の状況のいずれにも該当しない場合。
個別評価	待機場所	在宅	７０	５０	５０	在宅で生活をされている場合。短期入所生活介護等の入所サービスを受けている場合も含む。
		病院			３０	病院に入院している場合。
		軽費・ケアハウス等			２０	軽費老人ホーム、ケアハウス（一般）、有料老人ホーム（住宅型）等に入所している場合。
		養護・GH・老健・療養型等			１０	養護老人ホーム、グループホーム、老人保健施設、療養型病床、介護保険適用外施設等に入所している場合。
		特養・特定施設入居者生活介護			０	特別養護老人ホーム、介護付有料老人ホーム、ケアハウス（特定）等に入所している場合。
	特殊事情	特殊事情		１０	１０	待機場所が特養の場合で、ユニットから多床室、多床室からへのベッド移動、又は施設移動を希望するやむを得ない事情がある場合
		非該当			０	上記の事情がない場合
	住環境	住環境が不適応		１０	１０	住む家がない場合、もしくは、屋外の環境により適応できない場合。例えば、エレベータのない住宅で２階以上の階に住んでおり、車椅子を使用している方等。
		非該当			０	上記の住環境のいずれにも該当しない場合。
	待機期間	１年以上の待機		１０	１０	要介護３以上で、入所待機期間が１年以上の場合。変更となった場合は、変更後を起点とし積算する。
		非該当			０	上記の待機期間に該当しない場合。
		最高得点	３００	※ここでの内縁関係とは、当事者双方の婚姻の意思がある合意により、事実上の夫婦としての生活が存在する関係を指します。LGBTを含み法律上の性別は問いません。ただし、重婚的内縁関係は除きます。		

出典：北九州市「特別養護老人ホームの入所決定方法」入所判定基準表
http://www.city.kitakyushu.lg.jp/files/000747218.pdf

中には入所の順番がまわってくるまで「これ以上は在宅介護を続けることはできない」という方もいますが、そうしたときは介護付やグループホームに親を預けて特養の空き部屋が出るのを待つようにしてください。毎月の費用は予算を超えてしまうかもしれませんが、あなたが倒れてしまったら元も子もありませんし、実際にそうなった場合は希望している施設ではなく、空き部屋のある老人ホームに親を預けなければならないのです。

なお、特養の施設情報を集めるときも「介護サービス情報公表システム」を活用するようにしましょう。そこでは個室と多床室（相部屋）の数や待機者数なども閲覧することができますので、毎月の費用を抑えたい方は「多床室のある施設」、早めに親を預けたいと考えている場合は「待機者数の少ない施設」というような情報を事前に入手できます。私自身も特養の詳細情報を集めるときにはこのホームページを参考にしていますので、ぜひご活用ください。

●施設情報を絞り込んだ後は実際に見学に行く

この節では仕事と介護を両立する方を支援する老人ホームをご紹介しましたが、あなたの考えはまとまってきましたか？　具体的に「グループホームに親を預けよう」と考えた人もいるでしょうし、「通い慣れたデイサービスの利用を続けるために住宅型有料老人ホームを検討したいが、将来のことを考えると介護付有料老人ホームを選んだ方がよいのかもしれない……」と悩まれた方もいるでしょう。

ここで老人ホームの種類（軽費老人ホームやグループホームなど）を決めることができた方は、施設情報を集めて見学に行く施設を絞り込んでください。その一方で、老人ホームの種類を決めきれていない方については、気になっている種類の施設情報を集めて、それぞれ見学に行くようにしましょう。

なぜなら、本当に役立つ情報は人から聞いたり、インターネットで調べたりして集めたものではないからです。実際にあなたが見学したときに得た情報の方が何十倍も役に立ちます。したがって、あなたの考えがまとまらない場合でも、まずは気になる施設から見学に行くようにしてください。

そこで重要なポイントは、「親（入居者）の視点で見学する」ということです。なぜなら、あなた（家族）自身が気に入っても、親が気に入らなければスムーズな入居にはならないからです。そのため、親の性格やこれまでの生活歴などから「母には小規模で家庭的な雰囲気の施設が合っているのではないか？」「父が寂しい思いをしなくていいよう男性が多い施設を選んだ方がいいのではないか？」というようなことを考えながら見学するようにしましょう。そうすることで、さまざまな施設を見学するたびにあなたの考えはまとまっていきます。そして、見学する際は建物の雰囲気や入居者がどのように過ごされているのかなどを確認するだけではなく、施設がどういった方針で介護サービスを提供しているのかについても質問するようにしましょう。

具体的に「認知症が進行した場合は退去になる可能性があるのか？」「口からご飯を食べることができなくなったときはどのような対応をしてくれるのか？」「入居者や家族が看取りを希望すれば施設は対応してくれるのか？」というような質問を投げかけることで施設の比較検討をする際に役立つ情報が得られます。

ただし、これまで説明してきたとおり、老人ホームごとでそれぞれにメリットとデメリットがありますので、絶対的な答えはなかなか見つけることができません。ただ、判断に迷うということはどちらの施設にも魅力を感じているからではないのでしょうか。このようなとき、私自身は最終的にどちらを選ばれてもいいのではないかと考えています。なぜなら、同じ条件のもとで絞り込んだ施設はどちらもあなたの要望を満たしているからです。

あとは親を預けた施設に任せっきりにするのではなく、家族もできるかぎりの支援をしながら本人の生活を見守るようにしてください。そうすることで、あなた自身も「親を預けて本当に良かった」と思える施設を選ぶことができるでしょう。

第6章

仕事と介護を両立するポイント

1 他人とは比較しない

これまでに要介護認定の申請や在宅の介護サービスの利用方法、また老人ホームの選び方などについて説明してきました。本書を読まれているあなたが親の介護で現在どのような課題を抱えているかについて私に知る術はないのですが、少しはお役に立てたでしょうか。

一口に親の介護といっても、その捉え方は人それぞれです。広辞苑によると、介護とは「高齢者・病人などを介抱し日常生活を助けること」と記されています。この説明を私なりに解釈すれば、「介抱」とは親の排泄介助や食事介助と捉えることができますし、「日常生活を助けること」とは調理や買い物の支援と捉えることができるのではないでしょうか。

しかしながら、これらはあくまで私の解釈であって、普遍的なものではありません。中には親の食事を作ったり、定期受診の送迎を行ったりしても、そのことを「親の介護」と捉えない人もいるでしょう。

そして、仕事と介護の両立についても同じことが言えます。たとえば、平日は仕事に専念するために親をショートステイ（宿泊サービス）に預けて土日は自宅に連れて帰る。こうした状況を「両立している」と捉えるかどうかは人それぞれで異なるのではないでしょうか。

実際、「仕事と介護を両立している」とは、どのような状況を指しているのか？　その判断基準を国が定めているわけではありませんし、むしろそれを作る必要もありません。つまり、人それぞれでいろいろな解釈があっていいのです。

仕事も介護も人それぞれで解釈は異なる

先ほどは「介護」という言葉についていろいろ考えてみましたが、次は「仕事」という言葉の捉え方について考えてみましょう。本書を読まれている皆様もさまざまなお仕事をされているかと思いますが、これまでに「他人（同僚、部下など）に仕事を任せた経験がない」という方はいますか？　おそらく一人もいませんよね。

なぜなら、一人で完結する仕事は世の中に存在しないからです。中には「自営業者なのですべての仕事を一人でこなしている」と考える人もいるかもしれませんが、広い意味で捉えれば、「確定申告書の作成を税理士に依頼している」「顧客に書類を届けるために郵便局の郵送サービスを利用する」なども仕事を任せていることになります。

ここで他人に仕事を任せているからといって、「当事者は仕事をしていない」ということになるのでしょうか。決してそのようなことにはなりませんよね。つまり、同じ仕事でも自ら率先して行うものと他人の力を借りながら達成するものがあるのです。

この考えを介護に当てはめると、あなたや家族だけではできないことも介護のプロの力を借りることで実現できるのではないでしょうか。実際、このことを「介護のプロに任せているのであれば仕事と両立はできていない」と解釈するような人は少なくとも私の周りにはいませんでした。また両立できているかどうかについては当事者が判断することですし、他人がジャッジするようなことではありません。

それに、たとえ親を老人ホームに預けたとしても「介護を放棄した」と捉えるのは、一方的なものの見方になるのではないでしょうか。現に親を老人ホームに預ければ、日常的な介護からは解放されることになるでしょう。しかしながら、その老人ホームを探すのは誰になるのでしょうか？　もちろん、介護をしている家族になります。

私もこれまでにさまざまな介護相談に対応してきましたが、誰も好き好んで親を老人ホームに預けようとは思っていません。親と家族の生活を守るためにはそれ以外に選択肢がなかったからそうするのです。こうした思いを抱えながら親の希望に見合った施設を探すのですが、決して楽なことではありません。そのため、私自身は「老人ホームを探す」という行為についても、介護の１つであると考えています。

ただし、時間や気持ちに余裕があるのにもかかわらず、預けた施設に任せきりにして親の日常生活に関わろうとしていないのであれば、「親の介護に携わっている」とは言えないでしょう。その一方で、たとえ休日のわずかな時間でも、親と一緒に外出したりお茶を飲みながら昔話をしたりする。こうしたことは寂しい思いをしている親にとって、大切なひと時になるのではないでしょうか。

したがって、子供が「親にもっと会いに行くことができれば……」という気持ちでいたとしても、本人にとってできるかぎりの関わりをしているのであれば、それも１つの「介護のカタチ」と呼べるのです。あとは、そうした状況を子供の立場として「親の介護をしている」と捉えるかどうかの問題です。少し見方を変えれば、そのような「介護のカタチ」で納得できるのかが重要なポイントになります。

そこで、どうしても納得ができないようであれば、「親を老人ホームに預ける」という決断はしないでしょう。とは言え、親に必要な介護が増えれば増えるほど、子供は仕事の量を少しずつ減らしていかなければならないのが現状です。つまり、加齢とともに増える親の介護に専念すればするほど、仕事にも必ず影響が出てくるのです。

そうなると心の余裕も無くなり、冷静な判断ができなくなる場合もあります。こうしたことを防ぐために国が定めた「介護休業法」を利用して、一度立ち止まって考える時間を確保することは重要です。そこで、次の項ではこの法律で定められた制度をいくつか紹介していきたいと思います。

● 介護休業法で定められた制度と役割

1995年に労働者の仕事と育児や介護を両立できるように支援するための法律として育児休業法が「育児・介護休業法」に改正されました。この法律では、事業主に対して雇用した労働者から育児や介護の申請があった場合、雇用関係を継続したまま、一定期間の休暇を与えることを認めるよう義務付けています。

ただし、ここで注意しておきたいのは介護休業を「親の介護に専念するための時間として捉えない」ということです。なぜなら、介護休業の期間内に親の介護が終わることはほとんどないからです。

現に介護休業の期間は通算93日までになっていますが、厚生労働省「平成26年度 仕事と家庭の両立に関する実態把握のための調査」によると、介護期間が3ヶ月以内に終了している人の割合は全体の9.7%となっています。つまり、9割以上の方が「介護休業で定められた期間だけでは足りない」ということがわかります。

図版6-1 介護期間の割合

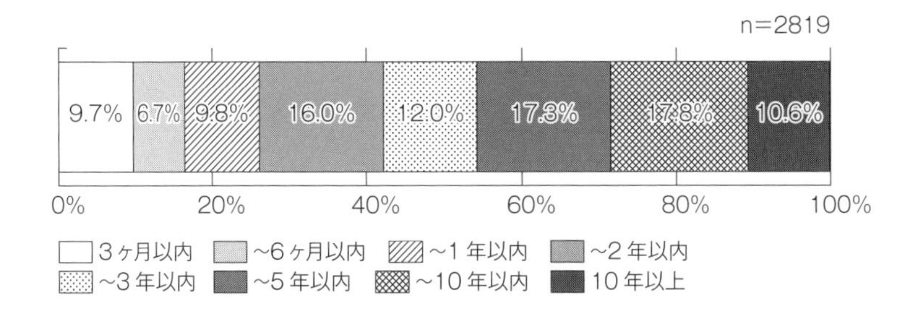

出典：厚生労働省「平成26年度 仕事と家庭の両立に関する実態把握のための調査」P2参照
（実施主体：株式会社三菱総合研究所）
https://www.mhlw.go.jp/file/05-Shingikai-11901000-Koyoukintoujidoukateikyoku-Soumuka/0000089984.pdf

こうしたことから、介護休業は「家族が介護に関する長期的方針を決めることができるようになるまでの期間」と捉えながら対応していくことが大切です。実際、介護サービスを利用するために必要な手続きなどを考えると、長期の休みを取らなくても介護体制を整えることは十分に可能です。

家族が対応すべきことは、主に「市区町村への介護申請」「受診（主治医）の付添い」「訪問調査の立会い」「介護事業所や老人ホームの選定」などになりますが、こうしたことは介護休業ではなく1日単位または半日単位の休暇である「介護休暇」や「有給休暇」でも十分なのではないでしょうか。

ただし、介護休業を利用しないからと言って、親に介護が必要になったことを会社に告げずに有給休暇を取得するのではなく、きちんと理由を伝えておくことも大切です。なぜなら、親に介護が必要な状況になっていることを上司や同僚に知ってもらうことで、今後不測の事態が起こったときでもまわりに相談しやすくなるからです。

また、親の心身の状態が悪化して数日間の休暇だけでは対応しきれずに介護休業が必要になるケースもあります。そこで、この項では育児・介護休業法に定められている内容についても触れておきたいと思います。

≪介護休業法について≫

図版6-2 厚生労働省発行「育児・介護休業法のあらまし」

出典：厚生労働省「【平成29年10月1日施行対応】育児・介護休業法のあらまし」パンフレット参照https://www.mhlw.go.jp/bunya/koyoukintou/pamphlet/dl/34_01.pdf

・介護休業

介護休業の対象となる労働者は、要介護状態にある対象家族を介護する男女労働者です。ただし、日々雇い入れられる者は除かれます。そして、期間を定めて雇用される者は、申出時点において、次のいずれにも該当すれば介護休業をすることができます。

① 同一の事業主に引き続き１年以上雇用されていること

② 取得予定日から起算して93日を経過する日から６ヶ月を経過する日までの間に、労働契約（更新される場合には、更新後の契約）の期間が満了することが明らかでないこと

また対象家族の範囲は、配偶者（事実婚を含む）、父母、子、配偶者の父母、祖父母、兄弟姉妹及び孫です。

図版6-3 介護休業の対象となる家族の範囲

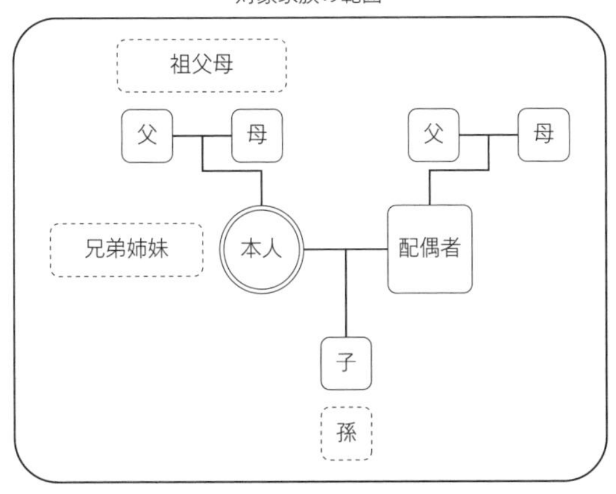

出典：厚生労働省「【平成29年10月１日施行対応】育児・介護休業法のあらまし」パンフレット p36参照https://www.mhlw.go.jp/bunya/koyoukintou/pamphlet/dl/34_01.pdf

これらの対象家族が、負傷、疾病又は身体上もしくは精神上の障害により、２週間以上の期間にわたり常時介護を必要とする状態にある場合

に申請することができます。ただし、介護保険制度と介護休業法でいう「要介護状態」の判断基準は異なるため注意が必要です。

図版6-4 常時介護を必要とする状態

(1) 介護保険制度の要介護状態区分において要介護2以上であること
(2) 状態①～⑫のうち、2が2つ以上又は3が1つ以上該当し、かつ、その状態が継続すると認められること

項目＼状態	1 (注1)	2 (注2)	3
①座位保持(10分間一人で座っていることができる)	自分で可	支えてもらえばできる(注3)	できない
②歩行(立ち止まらず、座り込まずに5m程度歩くことができる)	つかまらないでできる	何かにつかまればできる	できない
③移乗(ベッドと車いす、車いすと便座の間を移るなどの乗り移りの動作)	自分で可	一部介助、見守り等が必要	全面的介助が必要
④水分・食事摂取(注4)	自分で可	一部介助、見守り等が必要	全面的介助が必要
⑤排泄	自分で可	一部介助、見守り等が必要	全面的介助が必要
⑥衣類の着脱	自分で可	一部介助、見守り等が必要	全面的介助が必要
⑦意思の伝達	できる	ときどきできない	できない
⑧外出すると戻れない	ない	ときどきある	ほとんど毎回ある
⑨物を壊したり衣類を破くことがある	ない	ときどきある	ほとんど毎日ある(注5)
⑩周囲の者が何らかの対応をとらなければならないほどの物忘れがある	ない	ときどきある	ほとんど毎日ある
⑪薬の内服	自分で可	一部介助、見守り等が必要	全面的介助が必要
⑫日常の意思決定(注6)	できる	本人に関する重要な意思決定はできない(注7)	ほとんどできない

(注1) 各項目の1の状態中、「自分で可」には、福祉用具を使ったり、自分の手で支えて自分でできる場合も含む。
(注2) 各項目の2の状態中、「見守り等」とは、常時の付き添いの必要がある「見守り」や、認知症高齢者等の場合に必要な行為の「確認」、「指示」、「声かけ」等のことである。
(注3) 「①座位保持」の「支えてもらえればできる」には背もたれがあれば一人で座っていることができる場合も含む。
(注4) 「④水分・食事摂取」の「見守り等」には動作を見守ることや、摂取する量の過小・過多の判断を支援する声かけを含む。
(注5) ⑨3の状態(「物を壊したり衣類を破くことがほとんど毎日ある」)には「自分や他人を傷つけることがときどきある」状態を含む。
(注6) 「⑫日常の意思決定」とは毎日の暮らしにおける活動に関して意思決定ができる能力をいう。
(注7) 慣れ親しんだ日常生活に関する事項(見たいテレビ番組やその日の献立等)に関する意思決定はできるが、本人に関する重要な決定への合意等(ケアプランの作成への参加、治療方針への合意等)には、指示や支援を必要とすることをいう。

介護休業法でいう「常時介護を必要とする状態」とは、図版６－４の（１）または（２）のいずれかに該当する場合であることを指します。

この法律の介護休業は、労働者の事業主に対する申出が必要になります。また事業主は、要件を満たした労働者の介護休業の申し出を拒むことはできません。

申出は、対象家族一人につき３回までであり、申し出ることのできる休業は連続したひとまとまりの期間の休業です。当該対象家族について、介護休業をした日数の合計が93日に達している場合は、その対象家族について介護休業をすることはできませんのでご注意ください。

なお、労働者は希望どおりの日から休業するためには、介護休業を開始しようとする日の２週間前までに申し出なければなりません。しかしながら、対象家族の心身の状況によっては２週間以降の介護休業では対応が間に合わない場合もあります。このようなときは、事業主の承諾を得ることで休業を開始しようとする日を早めることができますので、申出を検討した時点で事業主（もしくは人事担当者）に相談するようにしましょう。

次に介護休業法で定められているその他の制度についてもご紹介していきます。

・介護休暇

要介護状態にある対象家族の介護や世話をする労働者は、事業主に申し出ることにより、１年度において５日（その介護、世話をする対象家族が２人以上の場合にあっては、10日）を限度として、介護休暇を取得することができます。また介護休暇は、１日単位又は半日単位で取得することもできます。

なお、「１年度において」の年度とは、事業主が特に定めをしない場合には、毎年４月１日から翌年３月31日となります。

・介護のための所定労働時間の短縮等の措置

事業主は、要介護状態にある対象家族を介護する労働者について、就業しつつ対象家族の介護を行うことを容易にする措置として、連続する3年間以上の期間における所定労働時間の短縮等の措置を講じなければなりません。また介護のための所定労働時間の短縮等の措置は、利用開始から3年の間で2回以上の利用（④を除きます）が可能です。

①短時間勤務の制度（1日の所定労働時間を短縮する、週または月の所定労働日数を短縮するなど）
②フレックスタイムの制度
③始業又は終業の時刻を繰り上げ又は繰り下げる制度（時差出勤の制度）
④労働者が利用する介護サービスの費用の助成その他これに準ずる制度

・介護のための所定外労働の制限（残業の免除）

事業主は、要介護状態にある対象家族を介護する労働者が請求した場合においては、事業の正常な運営を妨げる場合を除き、所定労働時間を超えて労働させることはできません。

なお、制限の請求は、1回につき、1ヶ月以上1年以内の期間について、開始の日及び終了の日を明らかにして、制限開始予定日の1ヶ月前までに行なう必要があります。また、要介護状態にある対象家族がいる限り、介護終了までの期間については請求できる回数に制限はありません。

これらの制度はあくまでも「育児・介護休業法」で定められている内容です。ただし、会社によってはこの法律で労働者の権利として定められたものより労働者に有利な条件が設定されている場合もあります。そのため、制度を利用する際は、まずあなたがお勤めの会社で定められている就業規則の内容を確認した後に申出（請求）をするようにしましょう。

2 親の介護では余力を残す

私は仕事柄、老人ホームやデイサービスなどで働く方ともよく交流させていただくのですが、その中でご自身の親の介護と仕事を両立している人の話を聞く機会も多いです。実際、長年介護の仕事をしているため、周りからは「親の介護も上手くこなしている」と思われてしまうとのことですが、現実は必ずしもそうではないようです。

やはり介護のプロであっても、相手が自分の親になると冷静に対応することができない場合もあるのです。特に仕事と在宅介護を両立する場合は時間に追われる日々を過ごすことになります。そのため、介護者自身の時間が取れなくなり、精神的にも肉体的にも疲労が蓄積していくのです。

現にそれが原因となって、「親を介護していた家族が倒れてしまう」というケースも少なくはありません。さらには介護に伴うストレスが要

図版6-5　養護者による高齢者虐待の相談・通報件数と虐待判断件数の推移

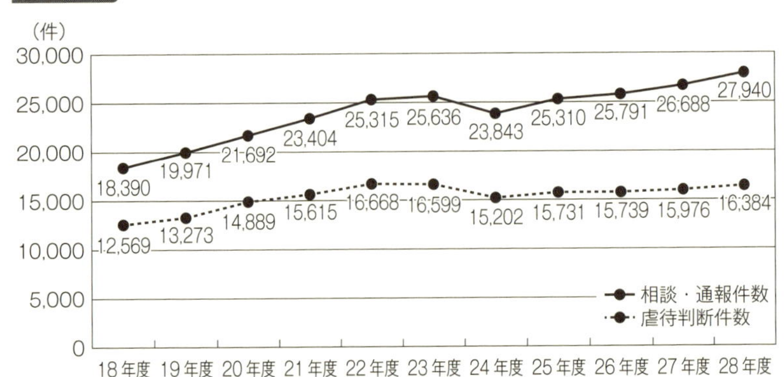

出典：厚生労働省『平成28年度「高齢者虐待防止、高齢者の養護者に対する支援等に関する法律」に基づく対応状況等に関する調査結果』P2ー図2参照
http://www.mhlw.go.jp/file/04-Houdouhappyou-12304250-Roukenkyoku-Koureishashienka/0000197120.pdf

介護者（親や配偶者）に対する暴言や暴力につながる可能性もあるのです。

実際、厚生労働省の調査では2006年からの10年間で介護をする家族による高齢者への虐待件数も大幅に増加していることがわかっています。

なお、虐待の発生要因としては「介護疲れ・ストレス」が最も多く、その他にも「虐待者の障害・疾病」「経済的困窮（経済的問題）」などが挙げられています。このようなことから、仕事と介護を両立する上では、ストレスを溜めこまない体制づくりが大切であると感じています。

●介護者がストレスを溜めこまない体制づくり

人はどのような状況でストレスを抱えてしまうのでしょうか？　私が相談業務をしている中で感じることは、親の介護でストレスを抱えている人の多くが「自分（介護者）の時間が十分には確保できていない」ということです。

朝起きて朝食の準備や親の着替えを支援し、息つく間もなく仕事に出かける。仕事から帰っても夕食の準備や親の入浴介助を行い、ふと時計を見ると夜の12時に……。このような生活が毎日続くため、疲れが取れずにせっかくの休日も一日中寝て過ごしてしまう。

このような状況では、介護者もストレスがたまる一方です。そうした中で親や介護者に予期せぬ出来事が起こったときは一体どうなってしまうのでしょうか？　そのときの状況によっては介護者も感情のコントロールができない場合もあるでしょう。こうしたことが積み重なって要介護者の虐待につながってしまうのです。

したがって、このようなことを防ぐためにも介護者は自由に使える時間をきちんと確保しなければなりません。そうすることで、不測の事態でも介護者は心に余裕を持って対応することができるのです。

そこで頼りになるのは、在宅の介護サービスです。仕事と在宅介護を両立するためには介護サービスを上手に利用することが大切です。はじめは介護サービスを利用することに躊躇される方もいますが、要介護度がおりているのであれば遠慮をする必要はありません。

実際、介護保険制度は要介護者の自立した日常生活を営むことを支援するだけではなく、家族の介護負担を軽減する役割も担っています。したがって、要介護度別に定められた支給限度額の範囲内であれば、介護サービスを自由に利用できるのです。ただし、判定された要介護度によっては「原則として要支援認定者は介護ベッドをレンタルすることができない」などのように本人や家族が希望するサービスを利用できない場合もあります。しかしながら、適切な方法で要介護認定を受けられたのであれば、日常生活を営む上で最低限必要な介護サービスを利用することはできますのでご安心ください。

とは言え、介護をしている家族の中には、親に要介護認定がおりていても、本人に遠慮して介護サービスを利用することができない人もいます。こうした状況では判定された要介護度は何の役にも立ちません。したがって、親の意向を考慮しつつも家族が必要性を感じた介護サービスの利用については強い意志を持って本人を説得するようにしてください。

ただ、ここで家族は介護サービスを利用し始める（もしくは、サービス量を増やす）時期をどうやって見分ければよいのでしょうか？　その時期については、人それぞれで異なりますので、判断に迷われる方も多いでしょう。実際、こうしたことを判断する際の目安になるのは、「あなた（介護者）が現在、心に余裕を持って親に関わることができているのか？」ということです。

たとえば、あなたが介護をする親に対して笑顔で接することができなくなったり、強い口調で本人を責めたりするようになったときは、「心に余裕がある」とは呼べない状況でしょう。また、そうした行為に及ばなかったとしても、日々の仕事や介護に追われて親の話をゆっくり聴いてあげられなくなった場合も注意が必要です。

このようなときは、デイサービスやショートステイなどを積極的に利用して、まずはあなたの介護負担を軽減するように努めてください。そうすることで、気持ちや時間にゆとりが持てるようになり、ぎくしゃくした親子関係も必ず改善していきます。そのような状況になると、反対にあなたは「親が喜ぶようなことをもっとしてあげたい」と思う気持ちが増してくるでしょう。

そのときは、本人が希望することをしっかり聞き出して、できるかぎりその願いを叶えてあげるようにしてください。中には気分転換に外食や買い物で外出することを望まれる人もいますし、時間を気にせずあなたと一緒に過ごすことを望まれる人もいるでしょう。

こうしたことは、介護者の心と時間に余裕が無ければ実現できませんし、実際には介護職員が代役を務めることもできません。したがって、あなたが必要性を感じた介護サービスは積極的に利用するようにしましょう。

＜介護者のストレスチェック＞

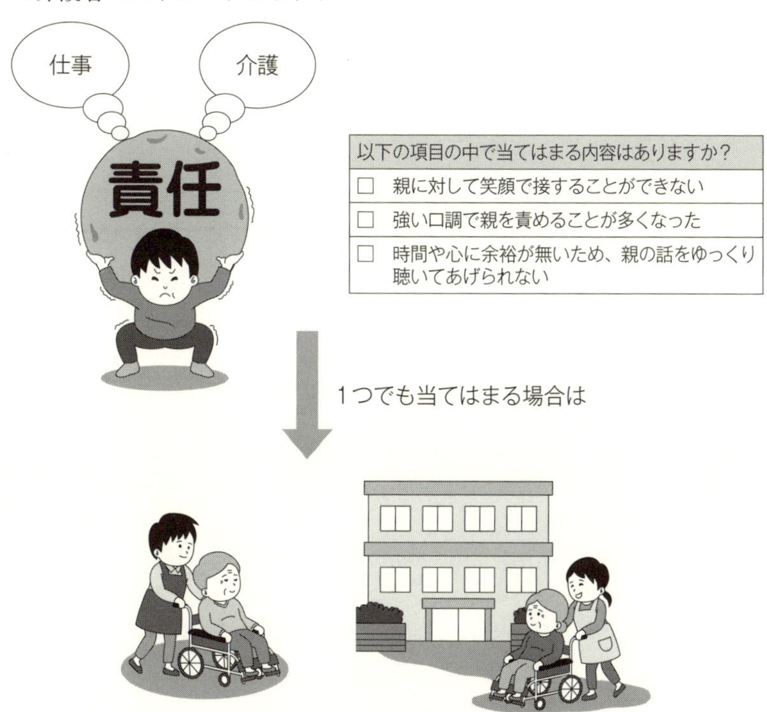

デイサービスやショートステイなどを積極的に利用して、
まずはあなたの介護負担を軽減するようにしましょう！！

3 仕事と介護は必ず両立できる

総務省統計局「平成29年就業構造基本調査」によると、介護をしている15歳以上の人口は627万６千人となっています。その中で15歳～59歳（現役世代を対象とする）の人口の割合は５割以上【約53%】を占めていますが、仕事を続けながら親の介護を行っている人（以下、有業者）は７割近く【約72%】になります。

図版6-6 男女，就業状態，従業上の地位，年齢階級別介護をしている者及び割合

（千人，%）

	年齢 男女 就業状態 従業上の地位	15歳以上人口	介護をしている							
			総数	40歳未満	40～49歳	50～54歳	55～59歳	60～64歳	65～69歳	70歳以上
実数	総数	110,976.7	6,276.3	540.1	895.7	842.4	1,047.5	978.6	869.4	1,102.6
	有業者	66,213.0	3,463.2	377.1	671.2	620.7	739.0	557.6	322.1	175.4
	うち雇用者	59,208.1	2,999.2	355.2	618.6	570.9	657.7	469.1	228.0	99.8
	無業者	44,763.7	2,813.1	163.0	224.5	221.7	308.5	421.0	547.3	927.1
	男	53,542.9	2,321.5	221.7	315.1	268.0	355.7	366.5	352.9	441.5
	有業者	37,074.1	1,514.9	166.5	275.3	233.2	312.2	267.0	166.9	93.7
	うち雇用者	32,536.2	1,267.2	156.1	247.3	208.9	269.1	220.4	112.9	52.7
	無業者	16,468.8	806.7	55.1	39.8	34.8	43.6	99.6	186.0	347.8
	女	57,433.9	3,954.8	318.3	580.6	574.4	691.8	612.1	516.5	661.1
	有業者	29,138.9	1,948.3	210.5	395.9	387.5	426.8	290.7	155.2	81.8
	うち雇用者	26,671.8	1,732.0	199.1	371.3	362.0	388.6	248.7	115.1	47.1
	無業者	28,294.9	2,006.4	107.9	184.7	186.9	264.9	321.4	361.3	579.3
割合	総数	100.0	100.0	100.0	100.0	100.0	100.0	100.0	100.0	100.0
	有業者	59.7	55.2	69.8	74.9	73.7	70.5	57.0	37.0	15.9
	うち雇用者	53.4	47.8	65.8	69.1	67.8	62.8	47.9	26.2	9.1
	無業者	40.3	44.8	30.2	25.1	26.3	29.5	43.0	63.0	84.1
	男	100.0	100.0	100.0	100.0	100.0	100.0	100.0	100.0	100.0
	有業者	69.2	65.3	75.1	87.4	87.0	87.8	72.9	47.3	21.2
	うち雇用者	60.8	54.6	70.4	78.5	77.9	75.7	60.1	32.0	11.9
	無業者	30.8	34.7	24.9	12.6	13.0	12.3	27.2	52.7	78.8
	女	100.0	100.0	100.0	100.0	100.0	100.0	100.0	100.0	100.0
	有業者	50.7	49.3	66.1	68.2	67.5	61.7	47.5	30.0	12.4
	うち雇用者	46.4	43.8	62.6	64.0	63.0	56.2	40.6	22.3	7.1
	無業者	49.3	50.7	33.9	31.8	32.5	38.3	52.5	70.0	87.6

出典：総務省統計局「平成29年就業構造基本調査」P5（表Ⅰ－６）参照
http://www.stat.go.jp/data/shugyou/2017/pdf/kgaiyou.pdf

こうしたことから、親が介護状態になったからといって「必ずしも仕事が続けられなくなるわけではない」ということがわかります。ただ、実際には「仕事と介護の両立をそつなくこなしている」という情報だけでは話題にならないため、テレビや新聞などで取り上げられるのは介護

離職に関する内容が多くなっているのです。

中にはこうした報道を見て「親の介護で仕事が続けられなくなるのではないか？」と不安になる人もいますが、実際に仕事をしていない残り３割の人（以下、無業者）は、どのような状況で介護をしているのでしょうか？　今回はその点についてお話ししたいと思います。

私の経験上では、親の介護を理由として仕事を辞める人は、仕事と介護が両立できないのではなく、「親の介護に専念したい」という思いから退職を決意するケースが多いと感じています。また親の介護でお金の問題を切り離すことはできませんが、経済的な不安を抱えながら無業になる人はそう多くありません。たとえ、親の介護に専念するとしても「夫が経済的な面を支えてくれている」「預貯金や親の年金で数年間は暮らしていける」ということを考えて仕事を辞めるのです。

したがって、親の介護がきっかけで「介護者（子供）の生活が深刻な状況になる」というケースは少ないのではないでしょうか。もしそうなるとすれば、その他の原因が考えられます。その原因の１つとして考えられるのは「親の介護と仕事のストレスで仕事が続けられなくなった」ということです。

ある日突然降りかかった介護問題にどう対応していいのかがわからない。親の介護をすることで同僚に迷惑をかけてしまう。こうした状況で適切な判断ができなくなり、仕事を辞めてしまうのです。

置かれた状況に見合った適切な判断で仕事と介護は両立できる

親の介護と仕事の両立で苦労する理由の１つに「初めての経験でどのように対応してよいかがわからない」があります。親の介護については義務教育や社会に出て学ぶ機会はほとんどありませんし、必ずしもその知識を身につけなければならないわけでもありません。こうしたことから、多くの人は「人生で初めての介護」を経験することになるため、手探り状態で対応することになるのです。

実際、介護をしていく中で家族が大変だと感じる時期としては「親の状態が急激に悪化したとき」や「在宅介護の限界を感じるとき」などが挙げられますが、本当は介護を始める最初の時期が一番大変なのかもしれません。なぜなら、介護についての知識がまったく無い状態で要介護認定の申請を行ったり、利用する介護事業所を探したりすることは家族にとって大きな負担になるからです。

とは言え、家族だけでは対応できそうにないと判断したときは病院の医療ソーシャルワーカーや市区町村の介護保険課などに相談をしながら申請の手続きなどを進めていくことができます。そのため、不測の事態に慌てていたとしても専門家のアドバイスを受けながらなんとか対応していけるのです。こうした手続きについては平日の日中に対応しなければならないこともあるため、介護休業や有給休暇を利用する場合もありますが、この期間で少なくとも問題解決の糸口を見つけることはできるでしょう。

しかしながら、中には介護休業などを利用しても、目の前の介護問題を解決することができない人がいるのも事実です。こうしたケースでは、介護問題が深刻だから解決しないのでしょうか？　そこで私が感じていることは、「親の介護以外の問題が潜んでいるのではないか」ということです。

その問題として考えられるのは「職場での人間関係や仕事自体が上手くいっていない」「介護や医療の専門家をどう頼ってよいのかがわからない」などになります。実際、こうした内容については当事者の問題であって介護保険制度だけで支援することはなかなかできません。その結果、誰にも相談できず、冷静な判断ができなくなった介護者は「仕事を辞める」という選択肢を選んでしまうのです。そして、その判断が社会との関わりをなくすことにもつながるため、介護問題はより深刻な状況になっていくのです。

※仕事を続けることはできるが、親の介護に専念するために無業者になる人を除く。

こうしたことにならないよう、親に支援、もしくは介護が必要になったときは、まずは「家族だけで対応できるのか？」ということを必ず考えるようにしてください。たとえば、買い物や料理の支援だけであれば、家族だけで対応することは十分可能です。したがって、家族だけで対応できると感じた場合は、要介護認定の申請（以下、介護申請）をする必要はありません。

その一方で、親に必要な支援（介護）が増えてきて「家族だけでは対応しきれない」と感じた場合は、実際にその支援が大きな負担になる前に介護申請（第３章 第１節・第２節を参照）をするようにしてください。なぜなら、これまで説明してきたとおり、在宅の介護サービスを利用するためには親をしっかり説得（第２章 第２節を参照）しなければなりませんし、信頼のおけるケアマネジャーや希望に見合った介護事業所（訪問介護やデイサービスなど）を探す時間が必要（第４章 第１節・第２節を参照）になるからです。

ここで特に大切なのはケアマネジャー選びになってきますが、判断基準のポイントは「相談したケアマネジャーのアドバイスにあなたは納得できたのか？」ということです。たとえ、経験豊富なケアマネジャーからアドバイスを受けたり、介護事業所を紹介してもらったりしても、その内容にあなたが納得できなければ、信頼のおけるケアマネジャーとは呼べません。

中にはケアマネジャーのアドバイスが家族の希望に沿うものでなかったり、相談してからの回答が遅すぎたりして「担当のケアマネジャーは当てにならない……」と感じている人もいます。しかしながら、そのように感じていても担当のケアマネジャーを変更することをためらってしまい、結局家族だけで自身の介護問題を解決しようとする人もいるのです。

これでは何のために専門家に依頼しているのかがわからなくなってしまいます。したがって、依頼した後に断らなくても済むように最初の段階で担当のケアマネジャーをしっかり選ぶようにしてください。そうすることで、必ず良い担当者が見つかります。

ただし、在宅の介護サービスをめいっぱい利用しても「これ以上は仕事と介護の両立ができない」という時期がいずれ訪れるかもしれません。そのときは、親を老人ホームに預けることも検討してください。なぜなら、在宅介護の限界についての見極めは介護の専門家でも難しいことですし、その時期を見誤ることで介護者の生命に危険を及ぼす可能性もあるからです。実際に介護者であるあなたが倒れてしまった場合は、必然的に親を老人ホームに預けることになります。

こうしたことを避けるためにも、在宅介護では肉体的にも精神的にも余裕を持って対応することが大切です。なお、在宅介護に限界を感じて老人ホームを探す場合は、介護をしている家族が中心になって施設を選ぶことになります。そのときに必要になるのは施設で生活することになる親の同意です。中には、親の同意をなかなか得ることができない場合もありますが、第5章 第1節や第2節を参考にしていただきながら時間をかけて説得してみてください。

あとは、「毎月の予算」「いつまでに親を老人ホームに預けなければならないのか？」「老人ホームを探す地域」「どのような介護が親に必要なのか？」などの希望（第5章 第2節を参照）をまとめて施設情報を集めるようにしましょう。そうすることで、親やあなたの希望に見合った施設を選ぶことができます。

とは言え、たとえ希望に見合う施設が見つかったとしても、実際に親を老人ホームに預ける日が近づくにつれて「このまま親を施設に預けてしまってよいのだろうか？」と思い悩む人も少なくありません。ただし、ここで私が最後に伝えたいのは「親を老人ホームに預けることが人生最後の決断ではない」ということです。なぜなら、親を老人ホームに預けている間に在宅介護ができる環境をきちんと整えて「親を自宅に連れて帰る」という方法もあるからです。

このように、それぞれの状況に応じて解決策は必ず見つかります。その解決策は人それぞれで異なりますし、他人と比較する必要もありません。ぜひ本書を参考にしていただきながら、あなたが考える「仕事と介護の両立」を実現してください。

あとがき

女性が社会で活躍することが当たり前になっている現代では、仕事と介護の両立は今後も重要な課題であることに変わりはないと考えています。私もこれまでにさまざまな介護相談に対応してきましたが、現役世代の介護者に限定して考えると、８割以上の方は仕事をしながら親の介護に携わられていました。

その他の方は、「元々仕事はしていなかった」「親の介護に専念するために仕事を辞めた」という２つのケースに分かれますが、実際に親の介護に専念するために仕事を辞めた方の人生はどのように変わるのでしょうか？

そこで私の仕事で連携させていただいているＨ（女性）さんの体験談を交えながらお話ししていきたいと思います。

銀行員として長年勤務した後、研修講師として独立されたＨさん。その矢先に70代後半の父親の介護生活が始まりました。検診で肺がんが見つかり、手術や放射線治療などで入退院を繰り返すうちに歩けなくなり、日常生活で常に介護が必要な状態になったのです。

入院中に歩けなくなった時点で地域包括支援センターの協力を得ながら介護申請を行い、退院と同時に介護ベッドや車いすをレンタルし、要介護認定がおりた後は父親の「しっかり歩けるようになりたい」という希望のもとにデイケアでリハビリサービスを受けました。しかしながら、施設で日中を過ごすことが次第に本人の負担になってきたため、デイケアの利用を断念。訪問リハビリや訪問入浴サービスなどに切り替えることになりました。

はじめの数ヶ月間は仕事復帰も考えていたのですが、思うように回復しない父親の状態で介護に専念することを決意しました。実際は仕事をしている間、「父親をショートステイやデイサービスなどに預ける」という選択肢もありましたが、Ｈさんはその方法を選ばれませんでした。なぜなら、父親の「自宅で過ごしたい」という願いを叶えたかったからです。

中途半端な気持ちで仕事と介護を両立して後悔したくないと考えたHさんは、講師業を続けることをあきらめました。とは言え、自身の生活や将来に不安が全くなかったわけではありません。そのため、父親の介護が終わった後の人生に備えて、介護の合間に資格を取得するための勉強も欠かさなかったとのことです。

そして、父親の介護は３年後に終わりを迎えたのですが、その経験から人の生き方について深く考えるようになり、地元である福岡市でファイナンシャルプランナーとして再び起業されました。現在は、自身の介護経験を活かしてファイナンシャル・プランニングだけではなく、後悔のない人生を送ってもらうための「終活アドバイザー」としてもご活躍されています。

私は仕事などで、今でもHさんとよく話をさせていただくのですが、介護離職という言葉で想像されるような暗いイメージをまったく感じることはありません。反対に親の介護をやり遂げたからこそ、現在も「仕事と私生活のバランスをとりながら充実した日々を過ごされている」といった印象を受けます。

こうしたことから、私自身は介護離職に対して「極端に悲観的な考えを持つ必要はないのではないのか」と考えるようになりました。親の人生だけではなく、自身の将来のこともきちんと考えて「親の介護に専念する」ことで、お互いに得るものはたくさんあることを知ったからです。実際にHさんは親の介護を経験したことで同世代の顧客にライフプランのことだけではなく、介護の相談にも対応することができるようになりました。また「その経験が無ければ、普通のファイナンシャルプランナーで終わっていたかもしれない……」とも感じているとのことです。

ただし、ここで注意しなければならないことは、「悲観的になりながら仕事を辞めてはいけない」ということです。親に介護が必要になったことが理由で仕事を続けることができない……。このように後ろ向きな気持ちで仕事を辞めた場合は得るものより、失うものの方が多いのではないでしょうか？

仕事と介護は両立できるけれど、前向きな気持ちであれば親の介護に専念することも決して悪い選択ではない。大切なことは他人と比較せずに、あなたと親が「どのような生活を望まれているのか？」ということをしっかり検討しながら結論を導き出すことです。そうすることで、あなたが抱える介護問題は必ず乗り越えることができるでしょう。

本書の原稿を作成する中でご協力いただいた皆様に心より感謝申し上げます。

はじめに株式会社日本能率協会マネジメントセンター出版事業本部の黒川剛さんとのご縁をつないでいただいたMASA 人材教育コンサルティング コンサルタントの恵下正純さん。恵下さんとの出会いがなければ、この書籍を世に出すことはできませんでした。そして、書籍出版の経験がない私の活動を認めていただき、足りない部分を丁寧にサポートしてくださった黒川剛さん。黒川さんの粘り強いサポートがなければ、原稿を最後まで書き終えることができませんでした。お二方と私の見えないところで書籍づくりにご協力いただいた皆様に心から御礼申し上げます。

また、原稿を作成する中で厳しくも温かいアドバイスをしてくれた広島文化学園大学の大塚文さん。大塚さんのアドバイスがなければ偏った見方で原稿を書き続けてしまっていたはずです。いつも自分の活動を温かく見守っていただき、本当に感謝しております。そして、2004年から介護の仕事をする中で連携してくださった方々との経験が書籍づくりでとても役に立ちました。この場をお借りして連携してくださった皆様に深く感謝いたします。

最後に2011年に起業して不安定な仕事を続けながらも私の体調面を常に気遣ってくれ、温かく見守ってくれる両親や妻の支えが仕事の活力になっています。いつも本当にありがとう!!　これからも社会に役立つ活動ができるよう頑張りますので、今後ともよろしくお願いします。

著者紹介

山川　仁（やまかわ ひとし）

1979年福岡生まれ。介護コーディネーター。2004年に訪問介護事業所の新規立ち上げを行い管理者として勤務。仕事内容は「在宅生活で支援（介護）が必要な高齢者に対してホームヘルパーを派遣すること」であったが、老人ホーム選びで悩まれている家族（介護者）の相談も多数受ける。そこで北九州市内の介護施設700軒以上の見学を実施。この経験を老人ホーム探しでお困りの方の支援に活用する。その後、2011年に在宅の介護サービスの導入から老人ホーム探しまで幅広く対応できる相談窓口「介護ぷらす」を開設。これまで介護相談に対応した数は500件を超える。こうした中、介護の現場では病気（脳梗塞や認知症）の症状に目が行くが、実際には「親と子供の人間関係のもつれ」が介護の問題を複雑にしていることを痛感する。こうしたことから、相談者（子供）に「介護サービスの利用を勧めていくだけでは介護の問題は解決しない」という壁にぶち当たる。そこで介護保険のことだけでなく、人間関係の修復に関する知識を学び、相談業務に活用。そうすることで、過去に解決できなかったトラブルでも、必ず解決の糸口が見つかるようになる。現在、これまでの経験をもとに「高齢者が安心して生活できる社会をつくる」をミッションに掲げ、活動中。

＜著書＞※電子書籍版
『老人ホームは本当に現代版「おばすて山」なのか?: 後悔しない老人ホームの選び方』
『親を老人ホームに入れるのはまだ早い?: 認知症になった親を自宅で看る方法』
『親を老人ホームに入れるのはまだ早い? Vol.2: 入院した親を在宅復帰させる方法』
『ウチの親、このまま行ったらボケるかも?: 家族の不安は高確率で的中する！！』など

＜公式ホームページ＞
【企業向け】仕事と介護の両立支援
http://kaigo-plus.net/

介護をする家族のためのお悩み相談
http://kazoku-care.com/

仕事と介護の両立に悩んだとき読む本

2018年11月10日　初版第1刷発行

著　　者――山川　仁

発 行 者――張　士洛
発 行 所――日本能率協会マネジメントセンター
〒103-6009　東京都中央区日本橋2-7-1　東京日本橋タワー
TEL　03(6362)4339(編集)／03(6362)4558(販売)
FAX　03(3272)8128(編集)／03(3272)8127(販売)
http://www.jmam.co.jp/

装　　丁――吉村朋子
本文DTP――株式会社明昌堂
印刷・製本――三松堂株式会社

ISBN 978-4-8207-2685-2　C2036
落丁・乱丁はおとりかえします。
PRINTED IN JAPAN